"1년 365일 소중한 당신의 행복을 응원합니다."

님께
____

드림
____

행복 플래너

세상에서 가장 쉬운 21일 행복 실천법

행복 플래너

레지나 리즈 지음 | 이고은 옮김

"내면이 외면을 결정한다."

- 고대 요가 수행자 -

왜 행복 플래너여야 하는가?

"늦었다. 늦었어. 아주 중요한 날인데"라고 중얼거리며 뛰어가던 《이상한 나라의 앨리스》의 흰 토끼를 기억하는가. 이 토끼는 오늘날 직장인들의 애환을 완벽하게 대변하고 있다. 가끔 자신이 흰 토끼 같다고 느낄 때가 있을 것이다. 항상 여기저기 뛰어다니고, 조금도 쉴 틈이 없고, 속은 쥐어짜는 듯 아프고, 자주 지각하고.

당신은 뛰어다니면서 이렇게 생각할 것이다.

'그래도 언젠가는 달라질 거야. 약속 시간에 늦지 않고 보고서도 제때 내야지. 잠도 충분히 자고 하루 세끼를 꼬박꼬박 먹을 거야. 반짝반짝 빛나는 내 사무실과 깨끗한 책상을 보면 모든 사람이 효율적으로 일하는 나에게 감탄하겠지. 어떻게 할 거냐고? 이제부터 정리를 시작하면 돼.'

그러나 현실은 기다려 주지 않고 계속 달리기만 한다. 의도와 상관없이 빡빡한 마감 일정과 쉽게 떨어지지 않는 독감 때문에 두고 두고 미뤄 둔 정리는 아예 엄두도 내지 못한다. 결혼이나 아이를 낳는 일처럼 인생의 빛나는 순간도 직장 일을 방해하는 요인이 되고 만다.

그뿐인가. 아침에 기분 좋게 출근해서 느긋하게 하루 계획을 짜고 싶지만, 의자에 앉자마자 전화벨이 울리고 동료가 와서 시시껄렁한 잡담을 하고, 답변을 요구하는 이메일이 도착해 있다. 지금 당장 필요한 서류가 책상 위 어딘가에 있을 텐데, 쌓인 서류들 사이에서 찾을 수가 없어 서류를 두 번 세 번 복사하게 된다. 하루가 끝날 때쯤에는 오늘의 할 일 목록은 오늘 하고 싶었던 일 목록으로 바뀐다. 당신이 이렇게 허우적거리면서 간신히 일을 하는 동안 동료들은 어떻게 그 많은 일을 해내는지 너무나 궁금하다.

집에서 아이들은 당신을 볼 수 없다고 아우성이다. 부모로서 아이들의 미래를 위해 진지하게 고민해야 한다는 것을 잘 알지만, 사무실에서 보내는 시간이 너무 길다.

지금까지 이야기한 것은 삶과 일이 분리된 우리의 현실이다. 이상하지 않은가. 우리는 더 나은 삶을 위해 일하고 있는데, 일을 하는 동안 일상생활은 포기하다시피 하고 있으니.

만일 앞에서 열거한 상황들 중 한두 가지라도 자기와 겹친다면, 이 책은 당신에게 꼭 필요한 책이다. 지금 당장 책의 내용을 실천하라고 하면, 불편해하거나 지금은 적당한 때가 아니라고 말할지도 모른다. 그런데 이것이 정리에 대해 이야기하면 대부분의 사람들이 반사작용처럼 나오는 반응이다. 여기서 한 가지 약속을 하자. 정리 작업에 대해 어떤 죄의식이나 부끄러움과 같이 부정적인 감정을 투영하지 말자는 것이다. 주변을 정리하는 일은 사람이 태어날 때부터 가진 재능이 아니라 그저 습득하는 기술일 뿐이다.

행복이 당신 곁을 떠난 이유

아주 오래전에 내가 배우로서 연극을 할 때였다. 연극이 점점 클라이맥스로 치닫고 있을 때, 갑자기 연극의 맥이 끊겼다. 어느 바보가 자신의 대사를 잊어버린 것이다. 순간 무대는 죽음 같은 정적이 흐르고, 나는 이 순간이 빨리 지나가길 바라며 속으로 '어떤 바보가 자기 대사도 잊어버린 거야?' 하며 짜증을 냈다. 그러나 다음 순간 등줄기에서 식은땀이 흘렀다. 그 바보는 바로 나였다! 당시 완벽주의자였던 나는 연극의 모든 요소들을 신경 쓰느라 정작 내 역할에 집중하지 못했고, 결국 연극을 망쳐버렸다.

잘하려고 애쓸수록 일이 더 복잡하게 꼬인 적이 있는가? 난 이날, 무엇이 내 행복을 가로막는지 곰곰이 생각해 보았다. 그리고 무엇을 원하는지도 모르고 그저 '모든 일을 잘하고 싶다'고만 열망하는 완벽주의적 성향이 오히려 일을 그르쳤다는 것을 깨달았다. 나는 그동안 내가 '헛똑똑이'였구나 싶어 착잡했지만, 그날의 교훈은 컸다.

이날의 교훈은 이후 정리전문가로 일할 때도 큰 도움이 되었다. 실수하지 않으려고 책상을 뒤덮은 서류를 단 한 장도 버리지 못하겠다는 고객들을 진심으로 이해할 수 있었으니까.

대부분의 경우, 정리 작업을 시작한 첫날부터 고객들에게 변화가 일어난다. 일이 끝날 때쯤이면 고객들의 집이나 사무실은 처음과는 확연히 달라지는데, 거기에는 눈으로 보이는 것 이상이 있다. 1988년 당시에는 그렇게 흔한 말이 아니었지만, 나는 동양에서 말하는 '기(氣)'라는 에너지가 그 공간에 존재한다고 생각한다.

다시 말해, 눈에 보이는 사무실이나 집은 그 주인의 생각이나 느낌 같은 내면세계를 반영한다. 그러므로 눈에 보이는 환경을 바꿀 수 있는 사람은 오로지 그 환경을 만든 주인만이 할 수 있다. 어떻게? 정리를 통해서.

여기서 말하는 정리법이란 '타고난 삶의 방향을 찾고 잃어버린 에너지를 되찾는 방법'을 말한다. 흔히 이야기하는 '어떤 물건을 어디에 놔두느냐'의 문제보다 더 깊이 들어간다. 나는 누군가의 사무실에 들어가면 그 사람과 이야기를 나누지 않아도 그 사람을 알 것 같다.

책과 서류 더미로 둘러싸인 공간이라면, 주인은 잡생각이 많고 머릿속이 복잡하다는 것을 짐작할 수 있다. 책과 서류 더미들이 아주 시끄러운 소음을 내고 있는 것 같다. 책상 위에 있는 서류들을 정리하다 보면 서류철에 보관해야 할 중요한 서류들이 발견된다. 그러면 과연 이 사람이 성공에 대해 관심이 있는 사람인지 의심스럽다. 이런 환경에서는 절대 좋은 전략이 나올 수 없기 때문이다. 그러나 심각할 것 없다. 이들에게는 모든 것의 위치를 결정하는 기술이 필요할 뿐이다.

씻지 않은 커피잔이나 버리지 않은 음식 포장지, 오래전에 제자리로 돌려놨어야 할 물건들이 사무실 곳곳에 있다면, 그는 일의 끝맺음이 얼마나 중요한지 모르는 사람이다. 이런 무질서함은 그 사람의 삶 전체를 관통하는 특징이기도 하다. 다른 측면에서 더 살펴보자.

차 안이 폭격 맞은 전쟁터 같은가? 오랫동안 들고 다닌 서류가방은 어떤가. 필요한 물건을 가방에서 쉽게 찾을 수 있는가? 6개월도 넘은 초코바가 굴러다니고 있지는 않은가? 이미 지난 서류들이 자리를 차지하고 있는가? 정리하지 않아 엄청나게 무거운 서류가방을 들고 다니는가?

출퇴근할 때 어떤 교통수단을 이용하든 가방이 무거우면 힘들 수밖에
없다.

공간이 그 사람을 대변한다고 해서 당신이 잘못했다는 뜻은 아니다.
앞에서도 강조했듯이 정리법은 그저 기술일 뿐이다. 춤을 추거나 수영을
하거나 피아노 치는 법을 배우듯이 배우면 된다. 당신에게 배우고자 하
는 열망이 있고 배운 것을 꾸준히 연습할 성실성이 있다면 차츰 완벽해
질 것이다. 당신에게 필요한 것은 자기 자신에게 솔직해지는 것과 연습
할 시간을 내는 것이다. 그리고 이러한 삶의 기술을 알려 줄 《행복 플래
너》를 준비하는 것이다.

‘사람이 뭔가 한 가지 일을 하는 방식은 그 사람이 모든 일을 하는 방식과 같다’는 말이 있다. ‘하나를 보면 열을 안다’는 말과 같은 맥락이다.

당신의 직업이 무엇이든 나는 이 책이 당신의 일에 도움이 될 것이라고 확신한다. 주로 회사 일에 초점을 맞추었지만, 여기서 익힌 정리법은 가정생활에도 혹은 다른 일에도 쉽게 적용할 수 있다.

행복의 비결

정리하기를 망설이는 가장 큰 이유는 정리 작업에 너무 많은 에너지를 소모하지 않을까 하는 두려움 때문이다. 그러나 단언하건대, 오히려 어지러운 환경이 할 일이 더 많고 낭비하는 시간도 더 많다. 정리는 한쪽으로 치우친 에너지를 다른 방향으로 돌려 더 좋은 방향으로 이끄는 힘이자 삶을 더 활기차게 사는 법이다.

어떤 일이 생겨서 혼란에 빠질 것 같으면 잠시 멈추고 에너지의 방향을 전환시켜라. 자신의 목표를 위해 매진하되 일을 쉽게 할 수 있는 방법을 택하라. 정말 중요한 일을 위해 자신의 에너지를 아껴야 한다.

정리된 삶, 효율적인 삶으로 가는 길을 새롭게 정비해 보자. 행복은 도달한 상태가 아니라 과정에 있다고들 한다. 맞는 말이다. 이 책과 함께하는 동안 원하는 만큼 재미있게 그 과정을 즐기길 바란다.

아래 제시한 분야는 성공적인 변화를 위한 기초가 되는 것들이다. 이 항목들을 염두에 두고 이 책을 읽어 나가길 권한다.

＊ 플래너

고백하자면, 나는 예전에 흔히 수첩에 무언가를 쓰고 효과를 지켜보라는 자기계발서들의 말을 믿지 않았다. 그러나 존 브래드쇼의 《상처 받은 내면아이 치유(Homecomming : Reclaming and Championing Your Inner Child)》라는 작품을 읽으면서는 예외적으로 나의 느낌을 적어 놓기로 했다. 그러자 놀라운 일이 벌어졌다! 내가 얻은 정보는 기대치를 훨씬 웃돌았다. 내 생각을 종이에 옮겨 놓자. 훨씬 깊은 곳에 있는 감정과 생각들이 종이 위로 쏟아졌다. 즉시 모든 강의에 이 기술을 접목시켰다.

당신이 이 책을 읽고 정리를 시작할 때도 기록하는 일이 매우 중요한 역할을 할 것이고, 이것이 모여 당신만의 '행복 플래너'가 될 것이다.

＊ 다이어트

다이어트라는 단어를 본 순간 당신 얼굴에 떠오르는 표정을 능히 짐작할 수 있다. 그러나 여기서 다이어트는 '살을 빼라'는 의미보다 '식이요법'에 가깝다. 기본부터 시작하자. 우리가 먹는 것이 곧 우리 몸이 된다. 음식은 우리 머리를 맑게 해주고 하루를 버틸 수 있는 에너지를 제공한다. 그러므로 초콜릿은 멀리 치우고 과일 한 쪽을 먹어라. 탄산음료나 몇 잔째인지도 모를 커피 대신 생수 한 병을 손에 들고 마셔라. 아침에 커피를 손에 들고 나갈 때 같이 먹을 토스트에 코티지치즈 약간이나 스크램블 에그를 넣어 먹어라. 건강한 먹거리에 대한 이러한 작은 변화가 축적되어 시간이 지나면 당신 안에 힘이 생기고 집중이 좀 더 잘 될 것이다.

☀ 운동

컴퓨터 앞에 몇 시간 동안 앉아 있는 것은 우리 몸에 맞지 않다. 주로 앉아서 하는 일을 한다면 매일 20분씩 걷기만 해도 인생이 달라질 것이다. 20분은 보통 사람이 1.6km를 걷는 시간이다. 20분이 힘들다면 처음에는 5분부터 시작하라. 후에 시간을 더 늘리면 된다.

간단한 요가 자세를 10~15분 정도 하는 것도 몸에 활기를 준다. 요가에는 간단하고 하기 쉬우면서도 몸에 매우 좋은 자세들이 있다. 그 외에도 당신이 즐기면서 할 수 있는 운동을 찾아서 운동이 생활의 일부가 되도록 하자.

☀ 명상

명상은 우리의 마음을 고요하게 하는 효과가 있다. 단 5분간의 명상으로도 건강에 엄청난 도움이 된다. 직장에서 스트레스가 쌓일 때는 혼자만의 공간을 찾아 눈을 감고 몸을 진정시켜 보자. 그곳이 화장실이어도 상관없다. 혼자 있을 수만 있다면.

✳ 소망 게시판

소망 게시판을 처음에는 정리와 상관없는 쓸모없는 프로젝트라고 여길 수 있지만 다시 생각해 보자. 자신의 꿈을 이루기 위해 실제 행동을 취하기 전, 소망 게시판이라는 것을 만듦으로써 그 꿈을 눈으로 볼 수 있다. 소망 게시판은 단순하고 독창적이며, 비용도 얼마 들지 않으면서 강력한 힘을 발휘한다.

만드는 방법은 가까운 문구점에서 메모판과 풀을 사서, 지난 잡지를 쌓아 놓고 자신이 꿈꾸는 삶과 직업, 원하는 사무실에 대한 사진을 찾아서 메모판에 붙이는 것이다. 만들기가 끝나면 눈에 잘 띄는 곳에 게시판을 붙이기만 하면 된다. 게시판이 눈에 띌 때마다 원하는 삶의 방향에 대해 다시 한 번 생각하고 영감을 얻게 될 것이다. 잡지에서 찾아낸 사진이 뜻밖이라고 해도 너무 놀라지 말라. 당신 안에 깊숙이 자리 잡고 있던 생각과 소망들을 밖으로 끌어올리는 순간, 당신은 진실한 자아의 모습과 자신의 삶에서 분명하게 나타내고 싶은 것들을 발견하게 될 것이다. 기분 좋게 놀라움을 받아들이자.

✳ 전자기기

소형 전자기기들은 당신에게 도움이 될 수도 있지만 시간 낭비의 요인이 될 수도 있다. 물건을 사기 전에 '이 기기가 정말 나에게 필요한가?'를 스스로에게 물어 보고, 꼭 사야겠다면 IT를 잘 아는 사람과 상의하여 그 사람이 추천하는 물건을 잘 살펴보자. 전자기기는 정말 빠르게 진화하기 때문에 조금만 시간이 지나도 새로운 아이템들이 쏟아져 나오므로 신중할 필요가 있다.

✽ 시간 관리 기술

시간은 음식이나 돈처럼 귀중한 자원이다. 일단 지나가 버리면 절대 되돌릴 수 없다. 그런데 왜 하릴 없이 날려 버리거나, 더 나쁜 경우, 자신의 시간을 다른 사람에게 줘 버리는가? 올해 당신이 시간을 관리하는 기술을 배운다면, 그저 수동적으로 참고 견디는 직장생활이 아니라, 당신이 진정으로 원하는 직장생활로 만들 큰 힘을 얻게 될 것이다.

✽ 좋은 습관 기르기

그동안 고객들이 아주 간단한 몇 가지 습관으로도 주위 환경과 관계를 개선시키는 모습을 지켜봤다. 심리학자들은 21일 동안 지속적으로 무슨 일을 실행하면 습관이 된다고 말한다. 여기서 중요한 요소는 지속적으로 실행하는 것이다. 하루라도 걸렀다면 처음부터 다시 날짜를 세야 한다. 그리고 새로운 습관은 실제 행동(Action)이 중요하다. 참고한 책들을 제자리에 돌려놓기, 서류는 서류함에 넣기, 커피를 마신 컵은 사무실 식기 코너에 씻어 놓기와 같은 행동 말이다.

✽ 규칙적인 일과

"선생님, 저는 항상 잘 정리를 했어요. 그런데 2주가 지나니 아무 것도 안

한 것 같아요. 그러면 뭐 하러 이렇게 해야 하나요?”

내가 강의를 할 때 학생들에게 가장 많이 받는 질문 중 하나다. 그럴 때 나는 학생들에게 이렇게 말해 준다. 그건 정리를 한 게 아니라 그냥 치운 것이라고. 정리를 한다는 의미는 책상이 엉망이 되지 않도록 유지하는 시스템을 확립한다는 뜻이다. 시스템은 규칙적인 일과로 바꾸어 말할 수 있다. 규칙적인 일과는 정리된 삶을 유지하는 핵심이다.

✳ 스스로를 위한 선물

이런 저런 힘든 일들만 하라고 하고는 아무 보상도 없다면 아주 허무할 것이다. 일이 어려울수록 다 끝난 후에 기대할 수 있는 작은 선물이 필요하다. 가끔은 아주 단순하고 작은 것들이 정말 큰 기쁨을 가져다주기도 한다. 나는 동물을 아주 좋아하는데, 올림픽 챔피언에서 은퇴한 말 한 마리와 친구가 되었다. 그 말은 26세로, 아주 늙은 축에 속한다. 나를 위한 최고의 선물은 이 말을 보러 가는 것이다. 울타리 안에 말을 풀어 놓고 나는 밖에 앉아서 본다. 우리는 꽤 사이가 좋은 오랜 친구다.

간단하지만 당신에게 기쁨을 주는 달콤한 경험들이 있는가? 이것은 예상 외로 중요하다. 기대를 관리하는 일은 행복을 느끼는 데 중요한 요소이기 때문이다. 자, 준비되었는가? 이제 출발해 보자.

10월 OCTOBER 출장 여유롭게 다녀오기

11월 NOVEMBER 인사고과 나만의 반전 준비하기

12월 DECEMBER 연말 넉넉한 삶 누리기

새로운 시작

바쁜 아침은 이제 그만!

1WEEK

마음의 방향을 알아보라

2WEEK

목표를 이뤄 줄 단계를 살펴보라

3WEEK

나만의 행복 플래너를 만들어라

4WEEK

아침 시간을 즐겨라

리얼 행복습관

우리는 연말이나 연초가 되면 변화와 성장을 위한 열망으로 가득 차서 계획을 세우곤 한다. 예를 들어 올해는 무슨 일이 있어도 다이어트에 성공하겠다고 굳게 결심하지만, 안타깝게도 그 결심은 오래가지 않는다. 그런데 체중을 줄이는 방법은 무엇일까? 핵심은 적게 먹고 많이 움직이는 것이다. 물이 무서운 사람이라면 마인드 컨트롤을 할 것이 아니라 수영을 배워야 하는 것과 같은 이치다.

당신이 변화를 원한다면 핵심을 알아야 한다. 일과 관련해 당신이 원하는 변화의 핵심은 무엇인가?

- 올해는 아침에 일찍 집을 나서서 절대 지각하지 않겠다.
- 지금보다 돈을 더 많이 벌려면 학사나 석사학위 자격증이 필요하다.
- 배우자나 아이가 나더러 '일만 아는 사람'이라면서 가족을 소홀히 여긴다고 생각한다. 균형 잡힌 삶을 위해 뭔가가 필요하다.
- 올해야말로 내 삶을 내가 관리할 것이다. 혹은 올해 꼭 승진할 것이다. 혹은 사무실에서 보내는 시간을 꼭 줄이겠다.

위 문장들이 익숙하다면 자신감을 가져도 좋다. 모두 이룰 만한 목표들이니 말이다. 올해 말이면 당신의 인생과 몸은 군더더기 없이 날씬하

"

게 정리되고 원하던 목표에도 가까워질 것이다. 여기서 잠깐, 당신이 생각한 모든 목표를 다 이루려고 하지는 말자. 시간이 흐르면서 당신이 이룬 성과는 차곡차곡 쌓일 것이다. 우리가 하려는 것은 행복으로 가는 삶의 기술을 익히는 것이지 생각한 목표는 무조건 다 이루어야 한다는 완벽주의가 아니다.

이 책에서는 당신이 일과 집(가정과 일상생활) 사이의 균형을 원하는 사람이라는 가정하에, 그러려면 이루어야 할 일을 매달 하나의 주제로 제시할 것이다. 또 이 주제의 구체적 실천지침이 될 '21일 행복습관'을 제시할 것이다.

심리학자들은 인간이 21일 동안 지속적으로 어떤 행동을 반복해서 하면 습관이 된다고 한다. 도움이 될 만한 좋은 습관을 21일 동안 반복하면 어느새 몸에 밴 습관이 된다는 말이다. 만약 그 달의 '21일 행복습관'을 이미 가지고 있다면, 다음으로 넘어가도 좋다. 그러나 아니라면, 21일 동안 지속해서 반복하기를 권장한다.

'21일 행복습관'을 실행하다 보면, 왜 주로 정리법에 관해 이야기하는지 의아할지도 모른다. 여기서 정리법이란 단순한 수납 정보가 아니라 심리적 요인을 포함한다.

사람은 자신이 무엇을 원하는지 알 수 없을 때 혼란을 느낀다. 자신의 내면을 들여다보는 데 방해 요인이 많은 탓이다. 방해 요인은 우선순위를 정할 새도 없이 밀려드는 일일 수도 있고, 끊임없이 나를 괴롭히는 인간관계일 수도 있고, 끝도 없이 쌓여 사무 공간을 뒤덮은 마감기한을 넘긴 서류일 수도 있다. 우리는 이런 문제를 매달 4주로 나누어 다루어 보려고 한다.

4주가 끝날 때마다 이런 심리적인 문제를 도와줄 '행복 실천하기'를 마련했다. '행복 실천하기'는 그 달의 핵심을 스스로 실천해 볼 수 있도록 구성했다. 필요할 때마다 펼쳐 보기를 권한다.

자, 이제 1월로 들어가겠다. 1월의 주제는 '새로운 시작, 바쁜 아침은 이제 그만!'이다. 하루의 시작은 하루의 기분을 좌우한다. 아침에 스트레스를 받거나 급히 서둘렀다면 직장에서도 그렇게 일하기 쉽다.

책상에서 떠나자

직장에서 해야 할 이번 달의 습관은 아주 쉽다. 매일 잠시 쉬면서 5분간 지속적으로 몸을 움직이는 것이다. 밖에 나가서 한 블록 걷고 오거나, 계단을 오르내리거나, 1인 사무실이라면 문을 닫고 요가 자세라도 취해 보자. 휴식을 거창하게 생각할 필요가 없다.

이런 운동이 일하는 데 무슨 도움이 되냐고? 잠시 휴식을 취하면서 하는 운동은 우리 몸의 배터리를 재충전해 주고 복잡한 머리를 정리하는 데 도움이 된다. 직업이 어떤 것이든 5분 동안의 간단한 휴식은 일의 능률을 높여 준다. 물론 시간이 충분하고, 더 하고 싶다면 5분 이상 해도 된다. 다만 한 번에 지칠 때까지 하는 것은 별로 권하고 싶지 않다. 그리고 주말에는 해야 할 모든 일을 내려놓고 완전한 휴식을 취한다.

침대를 정리하자

하루의 시작과 끝을 어디서 맞는가? 바로 침대다. 따라서 1월의 습관은 매일 침대를 정리하는 것이다. 흐트러진 침대는 아직 하루가 끝나지 않았다는 사인과 같다. 하루 동안의 에너지와 감정, 행동을 질질 끌어서 새롭게 시작할 틈도 없이 다음 날로 넘겨 버리는 것이다. 침대를 정리하면 침실로 들어갈 때마다 새로운 힘을 얻게 된다.

그런데 침대를 정리할 때 매일 시트를 벗기거나 군대에서처럼 각을 잡아 정리할 필요는 없다. 단지 침대 커버와 이불만 정리하면 된다. 1분도 채 안 걸린다. 마지막으로 베개를 부풀려 놓으면 된다.

마음의 방향을
알아보라

만약 당신이 아무런 계획도 없이 매일 직장에 가서 일을 처리하고 있다면, 목적지도 경로도 모른 채 운전하는 조종사와 다를 바가 없다. 경로를 벗어나도 알지 못하는 사람에게 기회가 주어질 리 없다. 설사 기회가 온다 해도 놓칠 확률이 높다.

앞으로 우리는 직장생활에서 지향해야 하는 것과 그래야 하는 이유를 알아보고자 한다.

'나'에 대한 조사 보고서

당신이 진정 원하는 것을 되찾는 한 해를 만들어 보자. 이를 위한 기본 골격을 만드는 것이 이번 주에 할 일이다. 이제 어디서부터 시작해야 할까? 바로 당신의 마음이다.

이때 필요한 도구는 수첩이다. 오래전 쓰던 공책도 좋고 가죽 표지가 있는 다이어리도 좋다. 여기에 앞으로 제시할 질문에 솔직한 답을 적어 보자. 그것이 이 '마음 보고서'의 핵심이다.

각 질문당 5분가량 방해 받지 않고 생각할 시간을 두자. 이런 일은 가까운 커피숍에서 하면 좋다. 집이나 직장에서 떨어져 있으면 생각이 자유로워지기 때문이다.

답을 적을 때는 너무 깊이 생각하지 않도록 한다. 무엇이든 제일 처음 떠오르는 것이 진실일 가능성이 높다. 깊이 생각할수록 처음 질문을 읽었을 때 생각난 답과 정작 수첩에 적은 답은 전혀 다르기 쉽다.

마음 보고서
─ 진심으로 원하는 것 찾기 ─

❶ 나는 지금 어디에 있는가?

인생의 어느 지점에 와 있는가? 직장에서 어느 위치에 있는가? 당신 삶의 계획대로 올바른 길을 가고 있는가? 아니면 길을 잃고 헤매고 있는가? 살다 보면 생각지 못한 대가를 치러야 할 때가 있다. 인생의 무서운 폭풍을 잘 피해서 제대로 길을 가고 있는가, 아니면 지금 하고 있는 일이 너무 뜻밖이라서 놀라고 있는가? 될 수 있는 대로 구체적으로 써 보자.

❷ 어떻게 여기까지 왔는가?

당신이 여기까지 오게 된 기본적인 상황을 추적해 보자. 몸이 아픈 가족 때문에 중도에 길을 바꿨는가? 지름길을 택했는가? 여기에는 정답도, 오답도 없다. 그저 과정의 역학관계를 명백하게 보려는 것뿐이다. 그런데 갑자기 생각이 막혀 무엇을 써야 할지 확신이 안 서는 경우도 있을 것이다. 그럴 때 참고할 만한 답을 제시하겠다. 다음에 나오는 예를 보면서 현재 당신의 직장생활을 반영하고 있는지 생각해 보자.

▎나는 대학 졸업 후 바로 취직을 했고 한 번도 쉬지 않았다. 내가 원하던 일은 아니지만 월급은 적당하고 수당이 필요하다.

▎나는 가족을 부양하기 위해 일해야 했는데 이 일을 하게 된 건 행운이었다. 내 나이와 가족에 대한 책임감을 생각하면 까다롭게 일을 고를 여유가 없다.

▎나는 내가 하는 일을 좋아한다. 하지만 같이 일하는 사람들 때문에 너무나 피곤하다.

▎내가 일하는 곳은 인원이 부족하다. 사람들이 더 있어서 쉴 수만 있다면 완벽한 직업이다.

▎내가 하는 일은 마음에 든다. 같이 일하는 사람들과 관계도 좋고 월급도 잘 나오고 꽤 높은 수당도 받는다. 하지만 출퇴근길이 지옥이다. 너무 오랜 시간을 길에서 보내는데, 그 시간에 가족들과 보내고 싶다.

▎나는 내 사업을 하는 것이 자유로워지는 길이라고 믿었다. 그런데 지금은 사업과 가족, 인간관계에 치여서 허우적거리고 있다. 사실 내가 하는 사업은 너무 규모가 크고 광범위해서 더 이상 가족들과 단란한 시간을 보내기가 어렵고, 친구들도 내가 계속 모임에 참석하지 않자 포기해 버린 눈치다.

이 중에 당신에게 맞는 상황이 있는가? 몇 가지 상황이 동시에 겹치는가? 5분을 잘 이용해서 당신이 현실에 대해 느끼는 감정을 수첩에 적어 보자. 당신의 직장생활이 위의 상황과는 아무런 관련이 없다면 1분 동안 몇 문장으로 써 보자.

이 질문은 세세한 부분보다는 큰 그림을 이해하는 데 도움을 준다. 만약 현재 하고 있는 일이 원하던 것이 아니었다면, 아무리 '21일 행복습관'을 실천하고 변화를 준다 해도 당신의 영혼에 난 구멍을 메울 수는 없을 것이다.

❸ 내가 원하는 것은 무엇인가?

이 책을 관통하는 가장 중요한 질문 중 하나다. 지난날의 열정을 다시 불러와 수첩에 써 보자. 생각하는 동안 도움이 될 수 있도록 내 이야기를 하겠다.

나는 대학 때 전공이 연극이었고, 부전공으로 로망스어를 공부했다. 부모님은 내가 졸업 후 어떤 직업을 가질 것인지를 고심하며 내 진로에 대해 간섭하고 싶어 했다. 졸업이 가까워 오자 나는 부모님을 안심시키기 위해 학교의 취업 준비 과정에 등록했다. 학교에서는 내게 FBI와 관련된 일을 소개해 줬다. JFK 공항에서 미국으로 입국하는 방문자들과 대면하는 일종의 공무원이었다. 부모님은 내가 부전공으로 공부한 로망스어를 활용할 수 있는 아주 좋은 기회라고 생각했다. 면접을 보고 나서 얼마 안 돼 FBI 요원들이 내가 사는 브루클린에 나타나서 며칠 동안 이웃 사람들에게까지 나에 대해 묻고 다녔다. 나는 공항에 있는 사무실에 가서 지문도 찍었다. 마침내 취직이 되었을 때 부모님은 뛸 듯이 기뻐했다. 그런 만큼 며칠 뒤 내가 결정을 번복했을 때 부모님의 실망은 이만저만이 아니었다.

나는 당시 스물한 살이라는 어린 나이였지만, 그 일이 나와 맞지 않다고 말하는 내 안의 작은 목소리를 들을 용기가 있었다. 아무리 미래가 불안정하다고 해도 나는 나를 믿고 연예계에 도전하기로 마음먹었다. 큰 성공을 거두지는 못했지만 몇 년 동안 배우로 일했고 그 일이 너무나 좋았다. 그리고 당시 부모님의 바람과 달리 용감하게 연예계에 도전한 것은 참 잘한 일이라고 생각한다. 만일 그때 공무원으로 취직해서 안주했다면 두고두고 가보지 못한 길에 대한 미련을 거두지 못했을 것이기 때문이다.

이제 당신이 열정적으로 좋아한 일들을 열거해 보자. 아니면 상상 속에서 꿈꾸던 것들을 적어 보자. 그런 다음 지금, 그 열정을 끼워 넣을 수 있는 방법을 두세 가지 적어 보자.

'마음 보고서'를 작성하고 난 지금 어떤가? 또 '마음 보고서'를 작성하고 일주일을 지난 뒤는 어떨까? 당신의 열정이 향하는 방향을 알 것 같은가? 오랫동안 잊고 있던 열정을 현실에 끼워 넣는 것, 참으로 흥분되는 일이다. 이제 그것을 어떻게 현재의 삶과 조화를 이룰 것인지 더 나아가 보자.

목표를 이뤄 줄
단계를 살펴보라

원하던 일을 하나도 이루지 못한 채 인생이 흘러가 버린 것을 어느 날 갑자기 깨닫는데 다행히 그것이 꿈이었다는 걸 알고 안도하는 장면을 TV 드라마에서 본 적이 있다. 만약 지금 TV 드라마 속 주인공처럼 살게 될까봐 두렵다면, 이번 주는 앞서 알아본 내 삶의 의미와 지향점에 초점을 맞추어 올해 계획을 세워 보자.

앞으로 나아가기

수첩을 손에 들고 당신의 미래에 대해 생각해 보자. 결국, 우리가 세운 목표는 미래를 위한 것이다. 당신이 원하는 것을 찾았다면, 그것을 이루기 위한 단계들을 확립해 보자. 그리고 그 단계를 논리적으로 따를 수 있는 계획을 짜자.

현재 직업

몇 달 후에 근무 평가를 받아야 하고, 당신은 연봉이 오르거나 승진하기를 원한다고 가정해 보자. 혹시 아직도 나는 회사에서 인정받는 사람이니까 굳이 요구하지 않아도 회사가 알아서 연봉을 인상해 줄 거라는 순진한 생각을 하고 있는가? 아니면 근무 평가에서 굴욕을 당할까봐 겁이 나는가? 어느 쪽이든 이런 요구에 익숙하지 않다면, '성공적인 연봉 협상을 위한 플랜'을 참조해 계획을 세워 보자.

성공적인 연봉 협상을 위한 플랜
― 회사에 기여한 근거 자료 챙기기 ―

❶ 목표와 날짜　두 달 안에 이루어지는 업무 평가 결과 연봉의 인상

❷ 계획　목표 날짜가 정해졌으므로 연봉 인상을 요구할 만한 근거를 준비할 필요가 있다. 아래 사항을 검토해서 준비하자.

▌작년에 내가 이룬 성과는 무엇인가? 좀 더 구체적으로, 현재 내 위치에서 기대 이상으로 한 일, 혹은 기대 이하로 한 일은 무엇인가? 될 수 있는 대로 자세하게 기술한다.

▌회사의 최종 결산에서 내가 특별히 기여한 것은 무엇인가? 나의 역할은 무엇이었나? 예를 들어 영업사원이라면 연봉 인상의 근거로 영업 실적을 제시할 수 있다. 하지만 회사의 경영진이라면 회사의 위상을 높인 노력으로 평가를 받을 것이다. 사무원이라면 자신이 보좌해야 할 경영진과 자기가 한 일에 대한 능력으로 평가 받을 것이다.

▌내가 승진하기 위해서는 지금부터 업무 평가 기간까지 무엇을 할 수 있을까?

▌내가 하는 일을 다른 사람들도 하고 있는가? 내가 받는 월급이 그들의 월급과 상

응하는가? 만약 그렇지 않다면 그들이 여기서 훨씬 오래 일했는가?

▌내 월급이 같은 분야 같은 위치의 사람들과 비교했을 때 어떤가?

▌전반적인 경기나 회사의 재정 상황, 혹은 이 두 가지 모두를 고려했을 때, 연봉 인

상이 가능하겠는가? 만약 연봉 인상은 물론 다음 회계연도 신규 채용이 동결되었다

면, 지금은 연봉 인상을 요구할 때가 아니다. 그렇다 하더라도 내가 회사에 기여한

것을 근거 자료로 남겨 놓아야 한다. 언젠가 이것을 사용할 적당한 때가 올 것이다.

▌더 좋은 기회를 얻을 수 있도록 다른 연구도 해보자. 이 숙제를 잘할수록 당신의

프레젠테이션은 강력해진다.

새로운 직업

세상에 영원한 것은 없다. 직장도 마찬가지로 어느 시점이 되면 직장
을 떠나 새로운 도전을 해야 할 때가 온다. 막막하기만 하다면 '새로운
직장을 찾기 위한 플랜'을 참조해 미리 준비해 두자.

📌 새로운 직장을 찾기 위한 플랜
— 이력서 업데이트하기 —

❶ 목표와 날짜　8개월 안에 새로운 직장 찾기

❷ 계획　　새로운 직장 찾기 플랜은 연봉 인상 계획과 비슷하다. 그동안 내가 이룬 성과와 능력에 대해 같은 질문을 던져야 한다. 다만, 분야가 좀 더 넓어진다. 한편 새로운 직장 찾기 플랜에는 다른 매체의 도움이 필요하다.

▌내게 맞는 구직 활동은 어떤 것인가? 인터넷을 잘 쓰는 사람이라면 구직 사이트에 가입하는 것이 좋고, 높은 지위에 있거나 대도시에 살고 있다면 헤드헌터를 이용하는 것도 좋다. 가족이나 친구, 동료들이 당신이 일하고 싶은 분야에서 일하고 있다면 인맥을 활용하는 것도 생각해 보자. 그러나 인맥 활용은 신중해야 한다. 지금 일하는 회사의 고용주 귀에 들어가면 당신은 새로운 직장을 찾기도 전에 해고 명단에 오를 것이다. 다른 사람들에게 새로운 직장을 찾고 있다고 알리기 전에 먼저 만반의 준비를 해야 한다.

▌이력서는 언제 갱신했는가? 회사에 기여한 바를 서류로 남겨 두었는가? 지금 명심할 것은 내가 얼마나 큰 잠재력을 가진 사람인지를 보여 줄 수 있는 모든 자료를 모아야 한다는 점이다.

직종 변경

프란은 경영진의 비서로 일하고 있는데, 연봉도 높고 동료들과도 잘 지내고 있다. 하지만 그녀는 아이들과 관련된 일을 하고 싶어 한다. 그녀는 구체적으로 장애가 있는 아이들의 부모들을 위해 일하고 싶어 하는데, 그들이 재정적, 교육적, 심리적 도움을 받을 수 있도록 도와주고 싶은 것이다.

프란은 이미 학사학위가 있다. 그녀가 알아본 바에 의하면 캘리포니아의 특수교육 전문 변호사 과정이 있는 학교에 입학하려면, 석사학위가 필요하다. 그녀는 지금 직종 바꾸기 3년 계획을 실행 중인데, 지역의 단과대학에서 시간제 강의를 듣는 것도 계획의 일부다.

어쩌면 당신도 프란처럼 잃어버린 열정을 찾다가 직종을 완전히 바꾸고 싶을 수도 있다. 동기가 무엇이든 이런 경우에는 좀 더 많은 연구가 필요하다. '직종 변경을 위한 플랜'을 참조해 차근차근 준비해 보자.

직종 변경을 위한 플랜
— 자격증 준비하기 —

❶ 목표와 날짜 18개월 안에 직종 변경하기

❷ 계획 새로운 영역으로 직종을 전환할 때는 어떤 자격증이 필요한지 알아보는 것이 가장 큰 과제다. 아래 사항들을 꼼꼼하게 체크해서 준비하자.

▍당신은 학사, 혹은 그 이상의 학위나 전문 기술이 필요한가? 당신이 원하는 영역을 배우려면 어떤 대학이나 학원에 가야 하는가? 아니면 이미 필요한 자격증을 가지고 있는가? 다른 지방으로 이사를 가면 좀 더 쉽게 바꿀 수 있는가? 가족들이 지지해 줄 것이라 믿는가? 당신이 택한 길이라 해도 가족들도 그에 맞는 삶의 변

▌이런 '연구'가 너무 어렵다고 느껴지는가? 이런 가욋일을 할 시간이 없어서 차라리 지금의 일에 만족하는 게 낫겠다 싶은가? 연구라는 말이 두렵게 느껴진다면 이렇게 바꿔 보자. '나는 지금 내 꿈을 실현시키기 위한 구체적인 방법을 생각 중이다.'

인생 목표

아직도 인생에서 이루고 싶은 꿈이 확실하지 않다면, 좀 더 구체적인 질문을 해보자. 의식의 표면 아래에 숨어 있는 현실을 명확하게 보는 데 도움이 될 것이다. 수첩에다 아주 구체적이고 자세하게 답을 적어 보자.

1 당신이 살면서 가장 이루고 싶은 것은 무엇인가? 만약 두 가지 이상이라면 중요한 순서대로 목록을 작성하라.

2 이 목표가 현실적으로 이루어질 가능성이 있는가?

3 이 목표를 실현시키려고 한 적이 있는가? 있다면 끝까지 가지 못하고 도중에 그만둔 이유는 무엇인가?

4 이 목표를 그저 꿈으로 그치지 않고 현실에서 실현시키기 위해 지금 필요한 단계는 무엇인가?

5 꿈을 이루는 길에 방해가 되는 것은 무엇인가?

한 번에 한 가지 목표만

이루고 싶은 목표가 너무 많은데 어느 것도 포기하고 싶지 않다고 해서 그 많은 걸 한꺼번에 하려고 해선 안 된다. 한 번에 다 이루기는 힘들다. 비슷한 분야가 있다면 그룹으로 묶으면 좋다. 생활 전반에 긍정적인 에너지를 가져올 성취감을 얻을 수 있는 것부터 시작하자.

다음 주에는 삶을 좀 더 충만하게 할 만한 그 무언가를 찾는 데 도움이 되는 도구를 살펴볼 것이다.

나만의 행복 플래너를
만들어라

실비아는 인간 발전기처럼 정력이 넘치는 사람이다. 그녀는 회사에서 대표이사의 비서로 일하고 있는데 급한 일을 처리하는 데 탁월한 능력이 있다. 그녀가 우아하고 기분 좋게 일을 처리하는 모습을 보면 정말 놀라지 않을 수 없다. 그런데 어느 날, 그 실체가 밝혀졌다. 실비아는 사실 급한 문제들을 해결하는 데는 훌륭한 능력을 발휘했지만 일을 계속 진행하거나 일상적인 일들을 처리하는 데는 거의 무능력하다시피 했다.

늘 임박한 기한에 맞춰 일을 하는데 그것이 꽤 극적이다. 급한 서류를 처리하는 일을 도와서 가까스로 해결하고 나면 영웅 취급을 받기도 한다. 하지만 이런 직장생활은 사람을 육체적, 정신적, 감정적으로 완전히 지치게 만든다.

실비아는 플래너를 장기적으로 사용하는 법을 배워야 했다. 많은 사람들이 하는 것처럼 실비아도 뭔가를 적기는 하지만 주로 자신의 기억력에 의존해서 일을 결정했다. 우리는 실비아가 모든 약속과 프로젝트 마감 기한을 기록하도록 돕는 시스템을 만들었다. 매일 매일 아무리 급한 일이 생겨도 이것만큼은 반드시 끝내야 한다는 식으로 주지시켰다. 그렇게 실비아와 그녀의 상사는 어느 정도 의식적으로 계획을 세움으로써 회사의 미래를 위해 함께해야 할 목표의 큰 그림을 채워 갈 수 있었다.

의식적으로 방향을 잡지 않으면 삶은 절대 변하지 않는다. 이 말은 '늘 그렇고 그런' 삶의 중요한 핵심이다. 그리고 글로 직접 적어 놓으면 전체를 판단하는 데 더 유용하다.

새로 사귀는 좋은 친구, 플래너

우선 중요한 것부터 먼저 하자. 당신은 일상의 모든 일들을 머리에 담아 두는 사람인가? 내 고객들 중에도 자기 머리에 중요한 일들을 다 담아 놓았다는 사람들이 정말 많다. 심지어 나도 많은 것들을 머리로 기억하고 있었다. 그러나 시간이 흘러 어느 날 이런 능력이 무뎌지고 있음을 발견했다. 흔히 이렇게 되면 '다음 할 일이 뭐지? 내가 뭔가 잊어버리고 있는 건 아닐까? 지금 이 일 말고 다른 걸 해야 하는 건 아닐까?' 하고 끊임없이 의문을 갖게 된다.

플래너를 이용해서 정리하는 일은 시간이 걸리지만 결과적으로는 무작정 일을 하는 것보다 훨씬 시간이 적게 걸린다. 1년 동안 이 책에서 제시한 대로 성공적으로 일을 마치려면, 나만의 플래너를 사용하도록 하자. 이 플래너가 당신의 노력을 뒷받침하고 에너지를 아낄 수 있도록 도와줄 것이다. 사용하면 할수록 마음속에 만족과 기쁨이 차오를 것이다.

다음 주부터는 이 플래너에 적을 새로운 습관에 대해 이야기할 것이다.

➕ 플러스 정보 ------------------------------- 추천 플래너

- **시스템 다이어리** 큰 문구점에 가면 당신의 필요에 꼭 맞는 시스템 다이어리가 많다. 다이어리 판매 회사들이 바인더와 다양한 종류의 속지를 판매하고 있어 매년 속지만 바꾸어도 된다. 이때 다이어리 속지는 일정 주기에 따라 고르면 편리하다. 당신의 일정이 한 주 앞을 예상할 수 없고 급박하게 돌아간다면, 한 달을 한눈에 볼 수 있는 속지가 도움이 될 것이다. 한편 매일 회의 등으로 할 일이 많다면 일일 시간표를 사용하는 것이 좋다. 그렇게 하면 메모와 약속들을 적어 넣을 공간이 많이 생긴다.

- **벽걸이 달력** 사장실이나 회의실에서 정기적으로 간부회의가 있다면 직원들이 어디 있는지, 프로젝트의 기한일이 언제인지 눈에 확 들어와야 한다. 큰 벽걸이 달력은 이럴 때 유용하다. 집에서도 바쁜 엄마, 아빠가 아이들의 방과 후 일정을 한눈에 보기 원할 때, 큰 벽걸이 달력을 잘 보이는 곳에 걸어 두면 좋다. 아주 유용하게 쓰일 것이다.

- **전자 캘린더** 회사에 개인 컴퓨터가 있다면, 아웃룩 등을 캘린더용으로 사용하고 있을 것이다. 전자 캘린더는 손으로 하면 오랜 시간이 걸릴 일을 자동으로 처리해 주어 편리하다.

- **인터넷 캘린더** 구글 같은 포털 사이트에서 제공하는 인터넷 캘린더가 있다. 이런 캘린더는 꽤 독창적이고 재미있게 사용할 수 있다. 하루 종일 컴퓨터 앞에 앉아 있다면 가장 쓰기 편할 것이다.

아침 시간을 즐겨라

우리는 우리 삶을 경계를 나누어 생각하는 경향이 있다. 가족이나 친구들과 보내는 시간이나 취미를 즐기거나 종교적인 활동을 하는 시간과 직장생활이 동떨어져 있다고 생각한다. 전통적으로 동양에서는 삶의 모든 부분이 전체의 일부분이라고 보았다. 선(禪)에서 내가 가장 좋아하는 말을 다시 한 번 상기해 본다. '하나를 보면 열을 안다.'

그래서 이번 주에는 아침 시간에 집에서 벌어지는 일들을 점검해 볼 것이다. 출근도 하기 전에 완전히 지친 상태로 집을 나서는가? 매일 늦잠을 자거나 그날 입을 옷을 찾기 힘들어하고 아침식사 할 시간도 없이 집에서 나오는가? 그렇게 흐트러진 에너지는 직장까지 갈 것임에 틀림없다. 더 나아가 직장에서 일하면서도 이렇게 분주한 아침 시간이 반복해서 나타날 것이다. 당신은 늘 시간이 부족하다고 생각한다. 그때그때 필요한 정보를 찾을 수 없고 드라마틱하게 시작한 하루는 매일 반복되며 악순환을 한다. 당신은 어떤가?

우아한 아침 시간 만들기

식사에 대해 말하자면, '아침은 왕처럼' 먹어야 한다. 아침을 어떻게 먹는가? 먹기는 하는가? 우리는 이미 올해는 변화를 위한 한 해로 작정했다. 그러니 손에 쇼핑 목록을 들고 아침거리를 장만하자. 새로운 형태의 음식을 시도해도 좋고 지금 먹는 음식들을 더 좋게 만들어도 좋다. 음식은 새로운 아침 습관을 만드는 첫걸음이다.

아침을 먹어라

머리를 맑게 하고 집중을 잘하기 위해, 그리고 일을 잘하기 위해서는 적절한 영양을 섭취해야 한다. 아침식사로 커피와 도넛처럼 설탕, 카페인, 흰 밀가루 같은 음식을 먹는다면, 아니면 그조차도 먹지 않는다면 어떨까? 활기찬 하루를 위한 에너지를 얻을 수 없다. 우리 몸은 기계처럼 연료가 필요하다. 아침식사를 제대로 하는 것이 성공적인 하루를 보내는 핵심이다.

다음 주 아침식사를 위한 메뉴를 잠시 생각해 보자. 그리고 쇼핑 목록에 필요한 재료들을 적어 넣자. 통밀 토스트 한 쪽과 생과일 주스처럼 균형 잡힌 식사지만, 쉽고 빠르게 준비할 수 있는 음식이 현실적일 것이다. 가공식품이 아닌 진짜 음식을 일주일 동안 먹어 보고 뭔가 달라진 게 없는지 관찰해 보자.

15분간 운동하라

체력을 증진하려면 에너지를 써야 한다. 아침 시간 15분을 운동 시간으로 따로 떼어 놓자. 그렇다고 마라톤을 할 필요는 없다. 아파트에 산다면 엘리베이터 대신 계단을 이용하면 된다. 아니면 운동 DVD를 틀어 놓고 온 가족이 거실에 모여 따라서 운동할 수 있다. 아침 시간 15분 운동은 하루의 시작을 위한 에너지를 얻을 수 있을 뿐 아니라 몸이 변하면서 자신감을 얻게 될 것이다. 한 가지가 좋아지면 다른 일상에도 좋은 영향을 미친다.

30분 일찍 잠자리에 들라

만약 당신이 한밤중까지 일하고 동이 틀 때 일어난다면 금방 지쳐 버릴 것이다. 당신의 몸이 최적의 상태를 유지하기 위해서는 휴식이 필요하다. 밤에 좀 더 일찍 잠자리에 들고 아침에 일찍 일어나라. 만성적인 늦잠의 악순환을 깨는 가장 쉬운 방법이다.

알람이 꺼진 즉시 침대에서 일어나야 잠깐 더 자는 것을 막을 수 있다. 아침에 일어나기가 정말 힘들다면 스누즈 기능이 없는 알람시계 두 개를 준비하면 좋다. 시계 하나를 일어나야 할 시간보다 15분 전에 맞춰 두면 일어나서 아침을 맞이할 마음의 준비를 할 시간을 벌 수 있다.

시간을 낭비하는 전자기기를 없애라

아침에 일어나서 이메일 체크나 인터넷 검색으로 하루를 시작하지 말기 바란다. 하지만 간밤의 일을 반드시 체크해야 하는 국제적인 동선으로 일하는 사람이라면 어쩔 수 없다. 그럼에도 이메일 체크는 덫이 될 확률이 아주 높다. 이제부터 특별한 경우가 아니라면 아침 시간을 낭비하지 말고 식사를 제대로 하라. 음식을 먹고 나면 그런 이메일을 읽을 때보다 훨씬 주의력이 좋아진다.

메시지 확인도 마찬가지다. 만약 이것을 참지 못하고 꼭 체크해야 한다면 그것도 하나의 강박증일 수 있다. 동료들이 당신을 일주일 내내 연중무휴로 필요로 한다는 사실이 당신의 공허감을 채워 주는가? 혹시 배우자나 부모, 혹은 아이들에게 무슨 문제가 생겼는가? 당신의 증세가 강박증에 가깝다면, 골치 아픈 문제를 피하고 싶은 심리는 없는지 살펴보기 바란다. 사람들은 정말 급한 일이라면 전화할 것이다. 그러므로 굳이 이메일과 휴대폰 메시지를 확인하기 위해 시간을 할애할 필요가 없다. 아침 시간은 자신과 가족을 위해 할애하자. 일은 그 다음 순서다.

➕ 플러스 정보 ──────────────────────── 건강 검진

아침에 일어나기가 유난히 힘들고 계속 피곤하다면 병원에 가보자. 아침에 잘 못 일어나는 고객이 있었는데, 그녀는 항상 지각을 했고 거의 해고되기 직전이었다. 병원에 가서 검사를 해본 결과 빈혈이었다. 철분제를 먹기 시작한 지 몇 주 후 그녀는 일찍 일어나는 새처럼 잘 일어났다. 당신도 뭔가 건강에 이상이 생겨서 아침에 힘들어할 수 있다. 갑상선 호르몬이 낮아지는 것도 만성 피로의 주된 요인이다. 이번 기회에 건강검진을 해보기 바란다. 특히 병원에 간 지 1년이 넘었다면 꼭 검진 예약을 하라.

부엌을 정리하라

부엌이 정리되어 있지 않으면 아침 시간이 더 정신없을 수 있다. 간단하게 부엌 청소를 해보자.

타이머로 20분을 맞춰 놓고 선반 하나하나, 서랍 하나하나, 싱크대 밑을 체크해서 사용하지 않는 물건들을 모두 버려라. 쓰레기통으로 들어갈 것들인가, 자선단체에 기부할 수 있는 것들인가, 가까운 친구에게 주면 좋아할 것들인가, 창고로 옮겨 놓아도 되는 것들인가, 이것을 기준으로 분류해서 정리하면 좋다. 저장식품의 경우 유효 기간을 꼭 확인하라. 놀랄 만큼 오래된 것들이 많다.

이때 결정은 빠르게 해야 한다. 부엌이 아주 넓다면 이 일에 20분을 더 써라. 쓸데없는 잡동사니를 버리면 여유 공간이 생겨서 하루의 시작을 더 쉽게 할 수 있다.

부엌에서 버릴 것이 아주 많다면 완전히 바꾸고 싶은 생각도 들 것이다. 하지만 지금 부엌을 새로 재정비할 여유는 없다. 단지 몇 가지 중요한 것들은 틈틈이 개선하면 좋다. 약간만 바꿔도 아침을 여유 있게 시작할 수 있다.

1 접시와 유리컵, 머그컵이 잘 분류되어 쓰기 편한 자리에 있는가, 아니면 여기저기 흩어져 있는가? 접시와 유리컵은 주로 개수대 반대편에 둔다. 식탁에 커피 주전자가 있다면 머그컵은 그와 가까운 선반, 커피 주전자 바로 위에 두는 것이 좋다. 커피를 내리면서 머그컵을 꺼낼 수 있도록 말이다. '길눈이 밝은' 능력은 운전할 때뿐 아니라 공간을 정리하는 데도 필요하다.

2 식재료들은 한 군데에 그룹별로 잘 정리되어 있는가? 아침에 먹을 음식을 한 군데에 모아 놓으면 편리하다.

3 아이들이 스스로 할 수 있는 일이 있으면 시간을 절약할 수 있다.

아이들의 식기를 낮은 선반으로 옮겨 놓으면 아이들이 자기가 알아서 아침 준비를 할 수 있다. 이렇게 하면 시간도 절약되고 아이들의 자존감도 높아진다.

4 아이가 좀 더 커서 당신을 도와줄 수 있는가? 예를 들면, 상을 차리고 치우기, 식기 세척기에 접시들을 집어넣고 끝나면 꺼내기, 쓰레기 치우기, 애완동물 산책시키거나 먹이 주기, 쓰레기통 비우기, 동생 챙기기와 같은 일이다.

5 아침에 아이들의 도움을 받고 싶은 일들은 또 무엇인가? 한 사람이 모든 것을 책임질 수는 없다. 특히 밖에서 일하는 부모라면 더더욱.

욕실 사용 시간을 절약하라

시간을 절약할 수 있는 욕실 사용 습관을 가지면 좋다. 나의 경우 아침에 샤워하러 들어가기 전에 로션과 집에서 바르고 나갈 약 등을 모두 챙겨 놓는다. 화장품과 데오도런트, 칫솔, 치실, 가글 용액 등이 항상 같은 자리에 있으므로 어디까지 했는지, 얼마나 시간이 더 걸릴지 예상할 수 있다.

식구가 많아 욕실 사용도 경쟁해야 한다면 상황은 좀 더 아슬아슬해진다. 가족이 모두 모여서 욕실 사용 스케줄을 정하면 어떨까? 누가 제일 먼저 샤워를 해야 할까? 각자에게 얼마의 시간을 할당해야 할까? 욕실에서 할 일 중 침실에서 할 수 있는 일은 없는가? 만약 침실 창으로 들어오는 자연광을 이용해서 화장을 한다면 다른 가족이 샤워를 더 오래 할 수 있을 것이다. 가족 구성원이 많을수록 스케줄은 더 엄격해야 한다.

전날 밤에 미리 해둘 일의 목록인데, 당신의 상황에 맞는 부분이 있다면 당신만의 '21일 행복습관'에 반영하길 바란다.

- 아침식사 준비하기
- 집안일 나눠서 하기
- 애완동물에게 누가 먹이를 주고 같이 산책할 것인지 정하기
- 어린아이를 도와줄 사람 정하기
- 쓰레기를 밖에 내다 버릴 사람 정하기
- 다음날 입고 갈 옷을 정하고 갈아입을 속옷부터 액세서리까지 모두 제자리에 있는지 확인하기
- 바쁜 아침 시간을 아끼기 위해 아이들에게 입고 갈 옷 정하는 법 가르치기

여유 시간 즐기기

일상에 긍정적인 질서가 생기면 보너스로 여유 시간을 얻게 된다. 나는 급하게 서두르는 상황을 견디지 못하면서도 아침에 느릿느릿 움직인다. 그래서 평화로운 아침을 위해 집을 나서기 두 시간 전에 일어난다. 처음 한 시간 동안은 명상을 하고, 개와 산책하고, 아침을 먹고, 신문을 훑어본다. 그 다음 한 시간은 샤워와 옷 입기, 개를 한 번 더 산책시킨다. 일에 필요한 서류는 전날 밤에 미리 준비해 둔다. 서류가방이 필요할 때

면 점심 도시락까지 챙겨서 들고 가기만 하면 되도록 준비해 둔다. 다음 날 입을 옷도 전날 밤에 미리 챙겨 둔다. 평상시보다 조금 더 빨리 움직이면 내 마음대로 쓸 수 있는 여유 시간이 생긴다.

성공적인 삶, 균형 잡힌 삶을 위해서는 매일 아침을 '새롭게' 시작해야 한다. 그런데 아침을 보내는 방식이 곧 하루를 보내는 방식이기 쉽다. 밤에 조금 더 일찍 자고 아침식사 잘하고 운동을 하면서 아침을 시작하면 엄청난 이익이 있다. 이렇게 3주 정도 실천하다 보면 이전에 어떻게 살았는지 기억조차 나지 않게 된다.

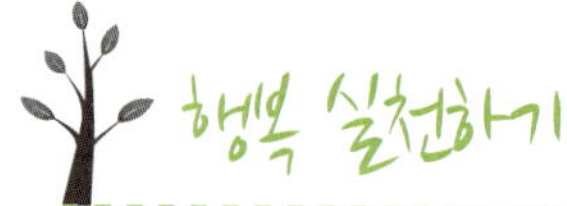

- ⊙ 열심히 일하면서도 뭔가가 정리되지 않고 엉망이라는 느낌에 시달린다면, 지금까지의 내용을 바탕으로 앞으로 1년 동안 직장에서 실행할 수 있는 현실적인 목표를 세워 보자. 일에 방향이 생길 것이다.
- ⊙ 평범한 달력이나 플래너를 장만하자. 시간 낭비를 막아 줄 것이다.
- ⊙ 늘 시간이 부족하다는 생각이 든다면, 바쁜 하루를 부드럽게 만들어 줄 습관을 만들자. 이것이 당신만의 '21일 행복습관' 중 첫 번째가 될 것이다.

책상

홀가분하게 비우기

1WEEK

잡동사니부터 버려라

2WEEK

마법의 공식을 활용하라

3WEEK

책상 위를 비워라

4WEEK

질서를 유지하라

21일 행복습관

2/12 이제 마음속에 미래를 위한 계획을 세웠으니, 이번 달에는 소매를 걷어붙이고 몇 가지 실질적인 정리를 해보자. 일하는 공간에 질서가 잡히면 목표를 이루기가 더 쉬워진다. 중요한 서류를 쉽게 찾을 수 있고, 잘 나오는 펜을 찾아 헤매지 않아도 되며, 동료들한테서 정리정돈이 훌륭하다고 칭찬을 듣고 있다면, 주위 환경이 당신에게 도움이 되고 있다는 뜻이다.

내가 고객들과 하는 일 중에 가장 우선시하는 것 중 하나가 쓸모없는 잡동사니를 없애는 일이다. 공간의 에너지는 눈에 보이지는 않지만 확실하게 느낄 수 있다. 잡동사니들이 없어지면 사무실은 확실히 다르게 느껴진다. 몸을 움직여서 약간만 일하면 이번 달 말에는 당신에게 도움이 되는 사무 공간에서 일할 수 있고 그 상태를 계속 유지할 수도 있다. 그러면 사무실을 들어설 때마다 마음의 평화를 얻게 될 것이다.

어떻게 이런 상황까지 왔는가

사무실이나 책상 위가 잡동사니로 어질러져 있다면, 다음과 같은 이유일 가능성이 높다.

- 결정을 빨리 내리지 못한다. 어떤 물건을 어떻게 처리해야 할지 모르면 그냥 그 자리에 둔다.
- 해결책을 모른다.
- 정리하는 데 시간이 걸린다.

"일할 시간도 부족한데 정리할 시간을 어떻게 낼 수 있을까요?" 이것이 당신의 한탄인가? 맞다. 정리에는 시간이 걸린다. 하지만 당신이 뭔가를 찾느라고 허비한 시간을 합쳐 보면 지금 당장 정리하는 데 걸리는 시간보다 훨씬 많을 것이다. 깔끔하게 정리된 환경에서는 시간을 아낄 수 있고 그 시간을 일하는 데 쓸 수 있다. 이보다 더 효율적일 수 있을까?

잡동사니를 없애면 중요한 서류를 찾아 헤맬 일도 없고 스트레스 레벨도 낮아진다. 계속되는 스트레스는 심각한 건강 문제를 일으킬 수 있다. 잘 정리된 환경에서 우리는 평화와 조화를 얻을 수 있다.

마지막으로, 주위가 정리되면 무엇이 있는지 확실히 알 수 있다. 이미 책상에 있는 사무용품을 사느라 돈을 낭비하지 않아도 되고, 책상 어딘가에 있을 서류를 찾지 못해 인사과에 전화 걸어 서류를 다시 부탁하지 않아도 된다.

나눠서 일하자

하루에 할 일은 계속해서 많아지고 집안일도 바쁘다. 정리를 하고 싶은 마음은 간절하지만 부담스러운 마음에 선뜻 시작하기가 어렵다. 그러나 당신이 일의 주도권을 잡으려면, 시작할 수밖에 없다. 이번 주에는 매일 30분에서 한 시간만 시간을 내보자. 한 번에 서랍 하나, 책장 한 칸, 서류 한 가지씩만 가지고 정리를 끝까지 해보자. 눈에 띄게 달라지는 놀라운 결과를 얻게 될 것이다.

자, 이제 소매를 걷고 몸을 움직여서 일하자. 준비되었는가? 새로운 사무 공간이 탄생되는 순간이다.

사무실에서 물을 마시자

당신이 물을 많이 마시지 않는 사람이라면 그 마음을 충분히 공감한다. 나도 화학요법을 하기 전에는 물을 많이 마시지 않았다. 화학요법이 끝났을 때 나는 물 먹는 습관을 들이기로 결정했다. 하루에 적어도 8잔(1.6l)의 물을 마셔야 독성 물질을 몸에서 내보낼 수 있다고 한다. 이렇게 물을 마시는 습관을 들이다 보니 사무실에서 탄산음료나 커피만 온종일

마실 때보다 스트레스가 줄어들었다. 매일 아침 책상에 물 500ml을 준비해 뒀다가 회의할 때든 차를 타거나 지하철을 탈 때든 늘 들고 다니자. 더 마셔도 좋지만 일단 500ml를 목표로 시작하자.

욕실을 간단히 정리하자

급하게 집을 나서다 보면 태풍이 지나간 집처럼 어수선하기가 이를 데 없다. 우리는 정리하지 않고 놔두는 게 시간을 아끼는 거라고 생각하지만, 실은 혼란 속에서 계속 생활하는 것이다. 집에 돌아왔을 때 집 안이 어질러진 상태라면 마음이 피곤해지고 심하면 실패자라는 느낌까지 갖게 된다. 이럴 때는 욕실부터 정리해 보자. 욕실 정리 3단계는 다음과 같다.

- **1단계 – 수건 체크하기.** 다시 걸어 놓을 것인지 세탁할 것인지 결정하라. 다시 걸어 놓을 수건이면 수건걸이에 깔끔하게 걸어 놓고 아니면 빨래바구니에 넣어 버리자.
- **2단계 – 욕실 선반 닦기.** 욕실 선반은 머리에 바르는 제품이나 치약 등 끈적한 것들이 달라붙어 있기 쉽다. 굳기 전에 젖은 스펀지나 세정제로 닦아 내라.
- **3단계 – 나갈 때 화장실 휴지통 비우기.**

잡동사니부터
버려라

회사 사장부터 말단 직원에 이르기까지 공통적으로 필요한 한 가지는 실용적인 공간이다. 전망 좋은 고급 사무실이든 칸막이 자리든 일하고 생각할 수 있는 공간이 필요하다. 그리고 그 공간은 모든 것이 '제자리'에 있어야 한다. 그래야 다음에 그 물건이 필요해서 원할 때 잘 찾을 수 있다.

이번 달에는 사무실을 샅샅이 뒤져서 일과 관련이 없거나 쓸모없는 것들을 없앨 예정이다. 그리고 남은 물건은 제자리에 두고 쓸 것이다.

객관적인 눈으로 보라

유명한 변호사인 월터의 사무실을 처음 방문했을 때 서류가 여기저기 쌓여 있었다. 월터는 붙박이 가구처럼 자리를 차지하게 된 서류를 정리하고자 나를 불렀지만 "아, 여기 이런 게 있었군" 하고 말할 뿐, 정작 서류에 신경을 쓰지 않았다.

자주 보는 참고 도서들은 책상 옆 바닥에 떨어져 있었다. 커다란 서류 캐비닛 위에는 일과 관련된 기념품과 가족 사진이 진열되어 있었다. 캐비닛 안에 무엇이 있느냐고 묻자 그는 몇 년 동안 들여다보지 않아서 잘 모르겠다고 대답했다. 그 안에 있던 것이 무엇인지 짐작이 가는가? 다시 보지도 않을, 먼지가 잔뜩 쌓인, 법대 교과서였다.

우선 나는 몇 시간 동안 책상 위에 쌓인 서류를 현재 처리 중인 법률 사건별로 나눴다. 이 분류 작업이 끝나자 각 사건별로 서류를 저장할 장소가 필요했다. 서류는 비서가 사건별로 철하려고 가져갔기 때문에 쉽게 제자리를 찾아갔다. 월터는 신이 나서 빨리 다음 단계로 나갈 준비를 했다.

책상 위 작은 책꽂이에 참고 도서와 필요한 서류를 정리하고 나자 더 이상 사무실 바닥에 서류들이 쌓이지 않았다.

다음으로는 서류 캐비닛에서 낡은 교과서들을 꺼냈다. 이제 월터는 자신의 과거가 아닌 현재와 관련된 물건을 저장할 공간이 생겼다. 그래서 거기에는 필요하지만 잘 쓰지 않는 서류들을 넣었다. 원래 그 서류들이 들어 있던 책상서랍에는 지금 필요한 서류를 저장할 수 있는 추가 공간이 생겼다. 단 몇 시간 만에 월터의 사무실은 저장 창고나 쓰레기장 같은 모습에서 잘 정비된 법률 사무실의 모습으로 완전히 바뀌었다.

당신도 월터처럼 사무실을 정리하고 싶은데, 방법을 몰라 고민하고 있는가? 이럴 때, 맨 먼저 할 일은 사무실을 객관적으로 보는 것이다. 사무실에 처음 온 사람처럼 둘러보는 것이다. 그러면 객관적인 눈으로 공간을 볼 수 있다. 집에 있을 때, 친척이나 친구가 방문하겠다는 전화를 받은 적이 있는가? 그럴 때 집 안을 둘러보면 다르게 보인다. 지금까지 마냥 편안하기만 하던 공간을 곧 도착할 손님의 눈으로 보기 시작하는 것이다. 그러면 아무렇지도 않던 것들이 눈에 거슬리고 신경 쓰이게 된다. 사무실을 둘러볼 때도 이런 관점에서 보는 것이다. 어려운가? 그렇다면 잠시 나갔다가 다시 들어서며 시도해 보자. 아침에 몇 분 일찍 출근하거나 점심시간을 줄이거나, 시간의 틈을 노려서 시도해 보자.

객관적으로 보기 시작했다면 다음으로 할 일은 사무실 상태를 진단하고 첫 번째로 손댈 곳이 어딘지 알아보는 것이다. 이 작업은 아래의 '사무 공간 진단'을 참조하면 훨씬 쉬울 것이다.

사무실에서 가장 마음에 안 드는 곳을 결정했다면 이번 달에는 이곳을 정리해 보자.

사무 공간 진단
— 객관적인 눈으로 둘러보기 —

❶ 우선, 공간 자체만 생각한다면 다음 질문에 어떻게 답할 것인가?

▌ 방에 들어섰을 때 방주인은 어떤 사람일 것 같은가? 깔끔한 사람일까, 아니면 어수선한 사람일까? 이런 첫인상이 일반적으로 당신에 대해 설명하는 말로 적당하다고 생각하는가?

▌ 사무 공간이 잘 정리되어 있는가, 아니면 엉망인가? 이 두 가지 말 중 당신이 자주 듣는 말은 무엇인가?

▮ 사무실에 가고 싶은가, 아니면 도망가고 싶은가? 후자라면, 일을 처리하는 데 문제가 되는 이유 중에 사무실이 엉망인 것도 포함되는가?

▮ 사무실이 잘 활용되고 있는 것처럼 보이는가, 아니면 자질구레한 물건들을 무수하게 볼 수 있는가?

▮ 바닥은 깨끗한가, 아니면 오고 갈 때마다 방해되는 서류 더미들로 가득한가?

▮ 자신이 누구인지를 알려 주는 미술 작품이나 개인 사진 같은 물건들이 있는가, 아니면 방주인에 대해 절대 알 수 없는 청정 공간인가? 어느 쪽이든 만족하는가?

▮ 책장이 있다면, 책을 꽂을 여유 공간이 있는가 아니면 자질구레한 물건들이 선반을 차지하고 있는가?

❷ 이제 책상으로 눈을 돌려 보자. 다음 질문에 대한 당신의 답은 무엇인가?

▮ 책상 위가 깨끗한가, 아니면 서류의 무덤 같은가? 책상을 실용적으로 사용하고 싶긴 한데 책상 전체에 사진, 음식, 소형 기기들이 있어서 사용할 공간을 찾을 수가 없는가? 서랍 속은 잘 정리되어 있는가 아니면 잡동사니들이 아무렇게나 들어 있는가? 서랍을 닫을 수는 있는가? 컴퓨터 모니터가 포스트 잇 메모로 도배되어 있지는 않은가?

❸ 사무실에 있으면 어떤 느낌인지 생각해 보라. 이런 느낌을 고려해서 다른 사람들에게 어떻게 설명할 수 있을까? 다음 문장들 중에 딱 맞는 것이 있는가?

15분 속성 청소

타이머나 휴대폰의 알람을 이용해서 시간을 맞춰 놓고 몸을 가능한 한 빠르게 움직이자. 튼튼한 쓰레기봉투를 옆에 두거나 가까운 사무실이나 동료에게 휴지통을 몇 개 빌리자. 사무실에 있는 확실한 쓰레기, 겹치는 물건이나 서류를 중심으로 일을 하라. 서랍 정리나 서류 더미에 관해서는 걱정하지 말라. 그쪽은 나중에 속성 청소를 할 것이다. 좁은 범위에만 집중하라.

버릴 것은 버리고 집에 가져가야 할 것은 한쪽에 모아 놓았다가 그날 바로 가져가자. 정리를 하다 보면, 다른 사람에게 돌려줘야 할 물건들도 있다. 청소가 끝난 후에 감사 카드와 함께 원래 주인에게 돌려주면 그날 정리는 끝이 난다.

일단, 정리가 끝나면 다시 생각하지 말아야 한다. 지금 하는 일은 선택하는 능력을 키우는 데도 도움이 된다. 거듭 말하지만, 돌이켜 생각하지 말라.

15분 속성 청소를 처음 시작한다면 어떤 것을 버리고, 집에 가져가고, 돌려줄 것인지를 선택하는 일이 가장 어렵게 느껴질 것이다. 이런 선택을 도와줄 결정 기준을 영역별로 나누었으니 초보자들은 참조하기 바란다.

1. 음식과 옷

- 오래된 사탕이나 영양바는 버려라. 모든 음식은 유효기간을 확인하라.
- 음식이나 음료수를 포장했던 용기는 버려라. 내 고객 중 한 사람은 책상 밑에서 과일이 썩어 가는 것도 모르고 있었다.
- 운동복은 서랍이 아니라 가방에 넣어 두어라. 그러나 몇 달 동안 운동하러 가지 않았다면, 다시 시작할 때까지 옷을 집에 두어라.
- 여벌로 갖다 놓은 신발은 한 켤레면 충분하다. 우산도 한 개만 있으면 족하다.
- 추위에 대비한 스웨터도 어떤 복장에도 어울리는 검정색이나 베이지색 정도만 준비해 두자.
- 계절별 스웨터와 코트를 사무실에 두는 사람이라면 구석에 옷걸이를 두자. 옷은 거기에 걸어 두고, 서랍에는 사무용품만 넣어야 한다.

2. 사무용품과 문구류

- 더 이상 사용하지 않는 용품은 버리자. 예를 들어, 회사의 전화번호가 바뀌었다면 예전 명함은 선반에 두지 말고 재활용품으로 내놓자.
- 사무실 선반이나 컴퓨터에 이제 더 이상, 아니면 한 번도 사용하지 않은 전자기기가 있다면 처분하자. '언젠가는 쓰겠지' 하는 생각에서 이제 벗어나라.

■ 필요 없는 참고 도서들은 버리자.

3. 개인 용품이나 편안함을 추구하는 물건

■ 오래된 사진은 집으로 가져가라. 아들이 대학을 졸업했는데 초등학교 1학년 때의 사진을 두고 있지는 않은가?

■ 사무실이 아무리 더워도 너무 많은 부채나 큰 선풍기를 놔두지는 말자. 편안함을 추구하다가 가끔은 오버하는 경향이 있다. 공간도 다이어트가 필요하다.

■ 수집하는 물건이 있다 해도 1~2개를 제외하고는 집으로 가져가라. 1~2개 정도는 개성을 나타낼 수 있지만, 동물 인형을 500개 모아 놓는다거나 거북이, 개구리 등은 너무 지나치다.

4. 기타

■ 앞으로 절대 사용하지 않을 것이 분명한 사무실용 선물은 필요한 사람에게 주거나 버려라.

■ 교환하거나 반환하려고 놔둔 물건은 영수증을 확인하라. 기간이 지났거나 집에서도 쓸 수 없는 물건이라면 다른 사람에게 깜짝 선물을 하라.

마법의 공식을
활용하라

내가 처음 고객들과 일을 시작했을 때, 언젠가는 내가 처리하기 어려운 상황을 만날 수도 있을 거라고 생각했다. 그래서 새로운 고객을 만나기로 한 전날 밤에는 '정말 그런 상황이 닥치면 어떻게 할까?' 하며 두려움에 떨곤 했다. 한 3년쯤 지나자, 각각의 상황과는 상관없이 모든 프로젝트가 놀라울 만큼 비슷하다는 사실을 알게 되었다. 엉망이 된 모든 공간에 3단계 행동만 실행하면 옷장 정리나 서류 정리, 사무실이나 창고까지 정리가 되었다. 이 3단계를 마법의 공식이라고 이름 붙였다.

이 간단한 공식을 이해하고 완벽하게 익히기만 한다면 어떤 상황에서도 적용 가능하다. 지금은 책상을 안팎으로 깨끗이 청소하는 데 적용해보자.

1단계 – 제거한다

2단계 – 분류한다

3단계 – 정리한다

■ **1단계–제거한다** 제거는 단순히 쓰레기를 버리는 문제가 아니다. 더 필요하지 않고, 사용하지 않고, 두고 싶지 않은 것들을 없애는 일이기 때문에 1단계는 사실상 새롭게 생각해야 할 단계다.

여기에는 다른 사람들에게 빌려 온 물건 돌려주기, 가게에 반환하기, 재활용하기, 사용할 만한 장소에 그냥 놔두기 등이 포함된다. 물건들이 없어지고 나면 공간에는 여유가 생기고 머리는 맑아질 것이다.

■ **2단계–분류한다** 분류는 정리법의 생명선이다. 한 번 보기만 해도 어떤 물건이 얼마나 있는지, 어떤 물건을 이용하고 있는지 정확히 알 수 있다면 일하는 데 큰 도움이 될 것이다. 부엌에 있는 식품을 분류하면 그 힘을 알 수 있다. 수프나 파스타를 언제 구입해야 할지 자동으로 알게 되니 말이다. 사무용품 정리나 서류 작성 등에도 이런 분류체계를 적용할 수 있다. 가령, 스테이플러 심과 스카치테이프, 클립처럼 소형 사무용품을 한 곳에 모아 놓으면 얼마나 많은지 놀랄 것이다. 한 곳에 모아 놓지 않으면 그저 추측할 뿐이다. 일과 관련된 서류를 분류하는 일은 이후에 할 것이다.

■ **3단계–정리한다** 마법의 공식 마지막 단계는 분류한 물품을 정리한 결과 보기에

도 좋고 실용적이며 이 상태를 계속 유지할 수 있도록 일을 마무리 짓는 것이다. 이번 주에는 책상서랍이다. 나는 당신과 함께 마법의 공식을 따라가면서 책상서랍 속에 두면 정리에 도움이 될 물건들을 소개할 것이다. 사무실에 이런 용품이 없다면 비싸지 않으니 구입하기를 권한다.

30분 속성 청소

이제 한 번 경험해 봤으니 쉬울 것이다. 타이머를 맞추고 서랍을 뒤지기 시작하라. 보통 모든 잡동사니와 소형 사무용품을 서랍 안에 숨기고, 던져 넣고, 깊숙이 넣어 놓기 때문에 서랍은 그런 물건들의 집합소이기 쉽다. 그러니 30분 동안은 쉬지 말고 과감하게 행동하라. 쓸모가 없고 갖고 싶지 않은 것들은 버리고, 집에 가져가면 좋을 물건들은 가정용으로 분류하라. 빌려 온 물품이나 회사 용품은 청소가 끝난 후에 돌려놓아라. 타이머가 울리면 남은 것들을 확인하고 정리하라.

아직 시간 여유가 있다면, 다시 타이머를 15분 맞춘 후, 안 쓰는 물건들은 버리고 쓸 만한 물건들은 집으로 가져가라. 정리의 목표는 공간과 환경을 바꿔서 당신에게 도움이 되고자 하는 것이다. 공간을 아름답게 꾸며서 다른 사람들에게 잘 보이려는 것이 아니다.

쓰레기봉투를 갖다 버린 후, 다시 타이머를 35분으로 맞춰라. 결정하느라 힘들었던 근육을 풀기 위해 운동할 시간으로 30분, 사무실에 남은 쓰레기를 치우는 데 5분이다.

어떤 물건을 버리고 남겨 둘지 아직도 결정하지 못했는가? 몇 가지 도움이 될 만한 지침을 알려 주겠다. 확신이 서지 않는다면 다음과 같은 질문을 스스로에게 던져 보자. '이 물건을 마지막으로 사용한 때가 언제인가?' 아주 오래전에 사용했거나 혹시나 하는 마음에 보관한 물건이라면 바로 치워 버려라. 명심하라. 속성 청소는 마법의 공식 1단계를 연마하는 대표적인 방법이다.

1. 포장 음식과 관련된 물건

■ 포장 음식에 딸려 온 샘플 조미료나 나무젓가락, 냅킨, 식기류 등은 회사 내 부엌에 두거나 버리자.

■ 식당 메뉴표는 당신이 사용하는 빈도에 따라 결정하라. 주문할 일이 많다면, 나중에 메뉴표 개수와 사용 빈도에 따라 바인더나 서류철에 따로 보관하면 좋다. 가나다 순서로 정리해서 쉽게 꺼낼 수 있는 곳에 바인더를 보관하고 메뉴표라는 라벨을 붙여 두어라. 그렇지 않고 거의 사용하지 않는 경우라면, 요즘은 인터넷에 메뉴를 올리는 식당도 많으니, 서류 폴더에 넣어 두거나 그냥 버려도 된다.

2. 필요 이상의 사무용품

■ 펜이 몇 개인지 정확하게 세어 보고 정리하자. 안 나오는 것들은 버리고 몇 개가 필요한지 결정하라. 좋아하는 펜이라고 해도 너무 많이 갖고 있으면, 잉크가 말라 버릴 때까지 쓰지 않는 경우가 많다.

■ 가위는 잘 드는 것 하나만 두고, 나머지는 회사 공공 용품에 돌려놔라. 자와 칼도 마찬가지다.

- 컴퓨터나 휴대폰 계산기를 이용해도 되니 계산기는 한 개도 많다.

- 메모용 종이는 6개월 동안 사용할 만큼만 보관하고 정리하자.

- 편지지는 몇 장이면 충분하다. 요즘은 손으로 쓰는 메모는 거의 하지 않는다는 현
  실을 잊지 말자.

- 명함 상자는 한 상자만 있으면 충분하다. 혹시 이전 직장의 명함을 보관하고 싶다
  면, 명함 폴더에 몇 개만 넣고 나머지는 다 버려라.

3. 기타

- 헤어스프레이, 빗, 젤 등은 지금 사용하는 것이 아니라면 과감히 버려라.

- 비타민, 약, 사탕이나 초콜릿 등은 유통기한을 확인하고 지났다면 다 버리자.

남은 사무용품 분류하기

이제 책상서랍을 살펴보면 처음 시작할 때보다 더 엉망일 수 있다. 너무 초조해하지 말자. 정상적인 과정이다. 처음 할 일은 작업 공간으로 사용할 책상 위나 바닥을 깨끗이 치우는 일이다.

끝났으면, 이제 마법의 공식 2단계 '분류하기'를 시작하자. 서랍 하나를 모두 비우고 서로 관련이 있는 물품을 한 곳에 두자. 예를 들어, 스테이플러, 클립, 딱풀 등은 한 카테고리다. 왜냐고? 모두 무엇인가를 붙이고 묶을 때 쓰는 물품이기 때문이다. 이 물품들을 한 곳에 모아 놓으면 붙이고 싶을 때 쓸 수 있는 도구가 정렬된다. 같은 원리로 스테이플러는

심 제거기와 같이 보관하는 게 편하다.

사무 책상에는 대개 작은 서랍이 두세 개 있다. 제일 위에 있는 서랍을 사령부처럼 이용하라. 당신에게 필요한 용품은 손이 닿는 곳에 두어라. 잠시 동안 항목별로 물품을 분류하라. 내가 책상서랍을 정리할 때 잘 쓰는 분류 목록은 다음과 같다.

- 묶음용 도구(스테이플러, 클립 등)
- 필기도구(펜, 연필, 형광펜, 지우개 등)
- 비상식량
- 개인 위생용품(데오도런트, 여성 용품, 머리 관리 제품)
- 영수증
- 잡동사니(돈, 건전지, 열쇠, 명함, 반송 주소 라벨, 자 등)
- 포스트잇
- 공 CD나 DVD
- 회사 서류 용지, 메모 패드, 작은 카드
- 봉투
- 회사 로고가 있는 편지지와 편지 봉투
- 청소 도구

내가 만든 목록을 참조해서 서랍을 모두 비우고 분류해 보자. 그룹으로 분류해 보면, 어떤 사무용품은 필요 이상으로 많이 가지고 있을 때가 있다. 앞에서 말했듯이 그런 물건은 회사 용품으로 돌려놓거나 기증하거나 버리거나 개인 용품이면 집으로 가져가자.

작업이 끝나면 책상을 깨끗이 닦아라. 지금처럼 모든 걸 밖에 꺼내는 일은 앞으로 한참 동안 없을 것이다.

이제 마법의 공식 마지막 단계로 이동하자. 분류한 항목을 정리하는 일이다.

도구를 이용해 정리하자

정리하는 데 큰돈 들이는 것은 나도 원하지 않지만, 책상서랍을 정리하고 정리된 상태를 쉽게 유지하는 데 쓸모 있는 몇 가지 아이템을 추천한다.

생활용품 매장에서 쉽게 구할 수 있는 작은 크기의 저장 용기는 서랍 속 물건들이 이리저리 굴러다니지 않도록 도와준다. 투명 아크릴로 만든 것도 있고 플라스틱이나 철망, 나무로 만든 것도 있는데, 개인적으로는 아크릴로 만든 것을 추천한다. 자주 닦아 주면 서랍이 새 것처럼 보이기 때문이다. 이런 물품은 비싸지도 않고 직장을 옮길 때도 어디든 가져갈 수 있다. 다양한 크기와 모양으로 여러 개 구입하면 서랍 안에 퍼즐처럼 맞춰 넣을 수도 있다. 놀랍게도 귀찮게만 여겨지던 정리하는 일이 꽤 즐겁게 느껴질 것이다. 하지만 이런 정리 도구가 필요 없다고 생각한다면 사지 않아도 된다.

회사에서 주는 기본적인 서랍 정리 도구도 있을 것이다. 이것은 바닥이 낮은 서랍에 딱 맞다. 사무용품이 많이 쌓여 있어야 안심하는 사람이라면 보관함에 모든 것을 보관하는 것도 좋다.

앞에서 분류한 항목들을 정리하는 데 도움이 될 만한 팁 몇 가지도 함께 소개하겠다.

펜과 연필, 형광펜 등 자주 쓰는 필기도구는 머그컵 크기의 연필꽂이 하나에 꽂아서 책상 위에 두자. 간혹 책상에 큰 연필꽂이를 몇 개나 두고 있는 사람들이 있다. 보기에도 지저분할 뿐 아니라 양이 많다고 안심할 수 있는 것도 아니다. 연필꽂이는 하나만으로 충분하다.

책상 위를 깨끗이 하고 싶다면 필기도구를 밖에 꺼내 놓지 말고. 제일 위에 있는 서랍에 기본적으로 많이 쓰는 것들을 보관하면 된다.

묶음용 도구는 기본적인 사무실 정리함에 넣어 높이가 낮은 서랍에 넣어 둔다. 보통 클립, 고무밴드, 작은 바인더로 가득 차 있다. 클립은 다양한 디자인으로 구비해 놓으면 작은 재미를 느낄 수 있다.

스테이플러 심은 제일 윗서랍 뒤쪽에 깔끔하게 한 상자만 놔두면 몇 달은 쓸 수 있다. 스카치테이프는 오래 두면 말라 버리니 너무 많이 쌓아 놓지 말자.

영수증은 버리거나 회사 봉투 등에 보관한다. 포스트잇은 딱 한 통만 책상 위에 두고 나머지는 따로 보관한다. 보관할 때, 포스트잇의 비닐 포장은 공간을 많이 차지하니 벗겨 놓으면 좋다.

사무실 서랍에 개인의 은행 업무와 관련된 것을 보관하고 있다면, 모두 집에 가져가는 것이 좋다. 아이디 도용이 흔한 세상에서 자물쇠도 없는 서랍은 마음을 잘못 먹은 사람들의 타깃이 되기 쉽다.

개인 위생용품과 음식물은 다른 보관함에 따로 보관해야 한다. 특히, 음식물은 벌레가 꼬일 수 있으므로 보관에 주의하자.

마지막으로, 한 걸음 물러서서 일이 완료된 상태를 살펴보라. 서랍이

정리되고 필요한 모든 것이 손 닿는 곳에 있다는 사실에 마음이 안심되
고 힘이 넘쳐서 기분이 좋을 것이다. 그리고 그것은 시간을 절약하고 있
다는 뜻이다!

책상 위를 비워라

책상서랍이 새롭게 정리된 모습에 기분이 좋아졌는가? 이번 주에는 책상 위를 공략한다. 이 영역도 서랍과 같이 작업해야 한다. 당신에게는 일할 수 있는 공간이 필요하다. 그런데 너무 많은 물건들을 늘어놔서 실제로는 좁은 공간에서 일하는 사람들이 많다.

사무 공간 측정하기

모든 잡동사니가 다 그렇지만, 책상 위가 어질러진 것은 빨리 결정하지 못해서 그렇다. "잠깐 여기에 놔둬야지" 하는 말은 정리에서는 자살 행위다. 이런 마음이 생기면, 잠시 모든 것을 멈춰라. 손에 들고 있는 물건을 정확히 어디에 놓을지 약 1분 동안 생각해서 결정하라. 핵심 질문은 이것이다. '이 물건은 무엇과 관련이 있지?' 그러면 그 물건이 속한 큰 항목을 알 수 있을 것이다.

책상 위에 넘쳐나는 물건들을 속성으로 제거하기 전에 한번 생각해 보라. 모든 사무실이나 파티션이 똑같이 생기지는 않았다. 당신에게 할당된 사무 공간을 측정해 보자. 당신이 축복 받은 공간에 있지만 그 공간을 잘 활용하지 못하는 것인지, 아니면 공간 자체가 개선 불가능한 문제인지 알아야 한다.

책상이 컴퓨터 작업과 서류 작성에 적당한 크기인가? 그런데도 늘 공간이 부족하다면 너무 많은 잡동사니들이 공간을 차지하고 있는 것이다. 주위를 한번 둘러보라. 회사 용품으로 돌려놓거나 집에 가져가거나 아니면 그냥 버려야 할 쓰레기들이 보이지 않는가?

대부분의 사무실이 'L' 모양으로 책상을 세팅하는데, 이런 구조에서는 컴퓨터 작업을 책상의 큰 부분에서 하고 서류는 방향을 돌려서 작성하게 된다. 그런데 흔히 서류와 컴퓨터 사이에는 전자기기나 스탠드 등을 둔다. 이 기기가 모두 필요한지 스스로에게 물어 보라. 정말 필요하다면, 가까운 곳에 편하게 쓸 수 있는 장소로 옮길 수는 없을까? 일할 때는 프로젝트와 관련한 서류를 펼쳐 놓을 수 있는 공간이 필요하다.

잠시 뒤로 물러나 새로운 눈으로 책상 위를 살펴보라. 당신이 오기 전 이 공간은 어떤 모습이었는지 기억할 수 있는가? 공간을 최대한 사용하고 있는가, 아니면 최소한의 공간만 사용하고 있는가? 혹시 큰 탁상시계 같은 물건을 두지는 않았는가? 시간은 컴퓨터에서도 볼 수 있고, 손목시계, 휴대폰에서도 볼 수 있는데 말이다. 새로운 눈으로 보면 이렇게 공간을 낭비하는 물건을 찾아낼 수 있다. 책상에서 없애야 할 물건들을 생각해 보고 타이머를 맞추자. 내가 생각하는 정리의 기본 규칙이 있는데, 그

전에 소니아의 이야기를 먼저 들어 보자.

소니아 이야기

소니아는 내게 일을 의뢰하면서 정리의 필요성을 느낀다고 말했다. 그녀는 사무 공간 상태가 자신의 일을 방해한다고 생각했다. 처음 사무실에 들어섰을 때, 나는 정말 깜짝 놀랐다. 소니아의 사무 공간은 정말이지 물건들로 빽빽하게 들어차 있었다. 소니아는 물론이고 함께 일하는 동료 두 사람이 일은 고사하고 어떻게 숨을 쉬고 사는지 의아할 정도였다. 책상 위는 악몽이었다. 서로 관련이 없는 서류들이 높이 쌓여 있고 갖가지 종류의 종이들이 비슷한 높이로 쌓여 있었다. 중요한 서류와 쓰레기를 분리하기가 불가능한 상태였다.

나는 타이머를 맞추고 소니아에게 책상 위를 빠른 속도로 치우라고 말했다. 그녀는 빠르게 움직였다. 그녀의 움직임이 느려졌을 때 나는 내가 본 물건들에 대해 질문을 해서 그녀를 자극했다. "이것을 마지막으로 사용했을 때가 언제인가요?", "왜 이게 여기 있나요?", "이건 필요한 물건인가요?" 15분 후, 우리는 책상의 진짜 표면을 볼 수 있었다. 소니아는 완전히 몰입했다. 이틀 동안 일하면서 엄청난 양의 쓰레기봉투가 나왔다. 이 작은 공간에 그 많은 물건들이 어떻게 다 들어 있었는지 의아하기만 했다.

서류를 체계화해서 정리하고 책상서랍과 책상 위를 기능적이고 깔끔하게 정리했다. 그러자 어떻게 되었을까? 그녀는 더 이상 사무실을 겁내지 않았고 그 결과 지각하지 않았다. 소니아는 책상을 물건을 쌓아 두는 장소로 바라보는 대신 일하는 공간으로 활용하기 시작했다. 얼마 후, 소니아의 영업 실적은 최고를 기록했다.

소니아와 나는 지금도 가끔 연락하며 지낸다. 소니아는 자신의 책상이 성공을 위한 무기로 다시 태어난 날을 기억하고 있다. 오늘은 바로 당신을 위한 날이다.

책상 위 속성 청소

아래는 당신이 버리거나 재활용하거나 다른 사람에게 주거나 제자리에 돌려놓을 물건들에 대한 팁이다. 이 부분을 읽고 나서 타이머를 맞추고 시작하라!

1. 더 이상 보지 않을 서류나 종이, 즉 프로젝트의 오래된 초기 서류, 이미 날짜가 지난 세미나와 강의 초청장, 광고 전단 등은 재활용통에 넣어라. 바로 이전 프로젝트나 지금 하고 있는 일과 관련된 서류들은 보관을 위해 한쪽으로 치워 둬라. 다음 단계로 넘어가면 보관해야 할 자료를 분류하고 정리할 것이다.

2. 버려야 할 종이컵이 있는가? 부엌에 돌려놔야 할 머그컵이나 접시는 없는가?

3. 사무실 동료에게 빌려 온 물건은 따로 한쪽에 둔다.

4. 집에 가져갈 물건은 없는가?

5 책장에 돌려놓을 책은 없는가?

6 서류 폴더는 닫아서 치워 놓을 수 있는가?

7 완료된 작업에 대한 파일 폴더도 있을 것이다. 이 폴더는 기록 보
관을 위해 한쪽으로 치워 두자.

플러스 정보 ------------------ 공간을 독차지하는 물건

처음에는 필요하다고 생각해서 두었지만, 점점 공간만 차지하는 물건들이 있다. 아래
목록을 살펴보고 해당 사항이 있다면 정리하도록 하자.

- **사진** 가족 사진이 책상 위에 여기저기 있지는 않은가? 파일로 저장해서 컴퓨터에
  서 자동으로 사진이 돌아가도록 하거나 벽에 한 장만 걸어 놓거나 가장 최근의 가
  족 사진 한 장만 진열해 놓으면 어떨까?

- **소형 사무용품과 정리함** 책상 위에 테이프 디스펜서, 스테이플러, 펜 등 필요보
  다 많은 소형 사무용품이나 정리함을 두고 있지는 않은가? 필요한 물건을 하나만
  두고 나머지는 그 물건이 필요한 다른 사람들에게 줘라.

- **전동 연필깎이** 전동 연필깎이는 생각만큼 자주 사용하지 않는다. 공용 공간으로
  옮겨 두자.

- **화분** 당신이 가지고 있는 것이 조화라면, 그곳에 둘 가치가 있는가? 생화라면, 잘
  자라고 있는가? 책장이나 창가에 두면 식물에게 더 좋지 않을까? 생화는 집으로
  가져가고 사무실에는 조화를 두는 것이 더 좋지 않을까?

- **파일 스탠드** 직장인들은 대부분 손에 닿는 곳에 파일을 둔다. 일반적인 사무 참
  고 자료나 한두 가지 특별한 프로젝트와 관련된 파일들이 그렇다. 만약 당신이 눈

에 보이지 않으면 잊어버리는 타입이라면 파일 스탠드는 아주 도움이 될 것이다. 서류 정리와 관련해서는 다음 달에 자세히 다룰 예정이니 참고하자.

■ **롤로덱스** 책상 위에 롤로덱스가 있는가? 빨리 책상을 치우고 난 후, 20분을 더 들여서 롤로덱스를 정리해 보자. 카드를 빠르게 넘기면서 잘 모르는 사람이나 1년 넘게 연락하지 않는 사람들을 골라내라. 요즘같이 경기가 불안정한 때는 그 사이 직장을 바꿨을 가능성이 높다. 인터넷을 과소평가하지 말라. 인터넷으로 사람을 추적할 수 있다. 그냥 버리기가 꺼려진다면 봉투에 넣어서 다른 보관용 자료와 함께 서류철에 넣어 두어라.

서류 정리

책상 정리가 다 끝나면 분류해야 할 서류들이 나온다. 다음 달에 서류 정리에 대한 전반적인 시스템을 구축할 것이다. 서류 정리는 가장 중요한 일 중 하나다.

지금은 모든 서류를 한데 모아 쌓아놓자. 모아 놓은 서류 더미를 조사하면서 다음과 같이 분류해 보자. 버릴 것(즉시 버려라), 서류 분쇄기에 넣을 것, 정리할 것. 그리고 나서 지금 진행하는 프로젝트에 맞는 분류 항목을 만들어라.

하지만 오늘 할 일은 해야 할 업무와 관련된 모든 서류를 하나의 폴더에 모아 놓는 일이다. 이것은 일의 첫 단계다. 이 폴더를 아침에 체크해서 그날 처리해야 할 사항과 퇴근 전에 체크해서 다음 날 아침에 해야 할 사항으로 나누어 검토하면 된다.

정말 필요한 물품 결정하기

다시 책상 위로 돌아가 보자. 당신은 쓸모없는 잡동사니들을 없애 버렸다. 이제 다음 질문을 할 차례다. 책상 위에 꼭 있어야 할 물건은 무엇인가? 당신이 항상 사용하는 물건이 무엇인가를 생각하면 된다. 다음은 일반적으로 책상에 있어야 할 기본 아이템이다. 당신의 사용 빈도에 따라 참조해서 결정하자.

- 컴퓨터 모니터
- 전화기
- 받은 편지함과 보낼 편지함
- 스탠드
- 참고 자료
- 소형 사무용품(스테이플러, 테이프 디스펜서, 연필꽂이 등)
- 서류용 쟁반
- 서류 스탠드
- 휴지
- 포스트잇 홀더
- 서류 용지
- (공간이 있다면) 사진이나 화분 같은 개인적인 물품

질서를 유지하라

2월을 마무리하는 마지막 주다. 지금까지 한 정리 작업을 평가해 보자. 지금 당신의 책상 위는 깨끗하고 서랍에는 필요한 최소한의 물품만 있을 것이다. 이제 책상을 넘어 바닥과 벽과 가구를 살펴볼 단계다.

공간 체크

몇 분 동안 자신의 상황을 냉정하게 평가해 보라. 이때 주의 깊게 살펴볼 물품들이 있는데, 다음과 같다.

- **책상** : 책상이 공간과 당신이 해야 할 업무에 비해 너무 크거나 작지 않은가? 만약 그렇다면, 회사에 다른 크기의 책상으로 바꿔 달라고 요청해 보자. 한편, 책상 밑에 숨겨 둔 잡동사니 상자들을 즉시 정리

하자.

● **의자** : 허리를 잘 받쳐 주는 의자는 누구한테나 중요하지만, 특히 컴퓨터 앞에 오래 앉아 있는 사람에게는 정말 중요하다. 인체 공학적으로 알맞은 의자를 전문적으로 파는 곳을 알아보자. 인생의 목표를 이루려면 가장 중요한 것은 당신의 건강이다.

회사에서 제공하는 일반적인 의자 외에 가능하다면, 좀 더 인체공학적으로 자세를 바로잡아 주는 제품을 구입하자. 이런 제품에는 허리를 받쳐 주고 앉을 때 편하게 해주는 특별한 쿠션도 포함된다. 만약 키가 작은 사람이라면 발밑에 발 받침대를 두어서 허리에 가해지는 압박을 완화할 수 있다. 의자에 달린 바퀴도 중요하다. 앉고 일어설 때마다 의자와 밀고 당기기 전쟁을 치러야 한다면 피곤하다. 이런 사소한 짜증이 쌓여서 정말 말도 안 되는 타이밍에 동료에게 화를 벌지도 모른다.

● **컴퓨터** : 컴퓨터 모니터가 목과 눈의 피로를 막아 줄 만한 알맞은 각도로 설치되어 있는가? 인체 공학 키보드도 한 번 고려해 보라. 익숙해지는 데 시간이 걸리지만 손목 통증을 막아 준다.

● **손님용 의자** : 사무실 공간이 좁다면 손님용 의자는 아주 필요할 때를 대비해 한 개만 두자. 만약 손님용으로 쓸 일이 거의 없다면 없애 버려라.

● **선반과 책장** : 선반이나 서류 캐비닛, 책장이 필요한가? 아니면 몇 가지는 없애도 좋은가? 혹시 몇 가지를 없애고 싶다면 그런 것들을 모으고 분배하는 사람이 있는가? 회사 규정을 알아보고 규정에 따라서 처리하라.

- **벽** : 사무실 공간을 개선하기 위해 계획을 짤 때, 벽면도 꼭 계획에 포함시켜라. 벽에 아무 것도 없으면 당신과 그 공간은 아무 연관이 없고 그냥 잠시 들어와 있는 듯한 느낌을 받는다. 사무실에 두어도 괜찮은 것들은 무엇인가? 벽에 아무 것도 걸 수 없다면, 책상 위에 는 개인적인 물품들을 놔둘 공간이 있는가? 한두 가지 아이템만으로도 이 공간이 자신만의 개인적인 공간이라는 것을 느낄 수 있는 경우가 많다.

  그와는 반대로, 벽면이 온통 포스터, 사진, 여행 기념품으로 도배되어 있다면, 일하러 들어올 때마다 부담스러울 것이다. 이럴 때는 최소한의 물품만 남기고 집에 가져가라. 변화를 원한다면, 한 달에 한 번 혹은 계절별로 아이템을 바꿔서 진열하면 된다. 물론 회사 분위기와 조화를 이뤄야 한다는 것도 고려하자.

- **메모판** : 책상 가까이에 오래된 메모들로 가득한 메모판이 있는가? 메모판을 예쁘게 사용하기란 생각보다 어렵다. 가능하면 치워 버려라.

- **휴지통** : 공간에 맞는 크기의 휴지통을 사용하는가, 너무 크지는 않은가?

- **조명** : 조명은 집중력을 높이고 정신을 맑게 해 생산적으로 일하게 해준다. 그런데도 별로 중요하게 생각하지 않는 경우가 많다. 만약 책상 위에 공간이 있다면, 형광등 대신 스탠드를 써 볼 것을 권유한다. 빛의 밝기를 때에 따라 적당하게 조정할 수 있다.

- **전임자의 물건** : 만약 전임자가 자기 편의에 맞게 정리해 놓은 서류를 남기고 갔다면, 즉시 그 서류도 정리하라. 당신에게도 필요한 서

류라면 사용하고, 일이 익숙해져서 필요 없는 자료들은 주저하지
말고 버려라.

공간 낭비 요인 제거하기

팩스, 복사기, 스캐너, 프린터, 종이 등은 대체로 사무실 중간에 놓여
있다. 팩스를 보내거나 복사, 스캔을 하거나 프린트한 자료를 가지러 갈
때마다 사무실을 가로질러 가야 한다. 필요할 때마다 왔다 갔다 하지 말
고 필요한 작업을 한 번에 모아서 하루에 몇 번만 이동하면 어떨까? 발걸
음을 줄이면 자동으로 시간을 아끼게 된다.

하지만 당신 책상 위에 이런 기기들과 용지 박스가 놓여 있다면 꼭 그
래야 하는지 한 번 생각해 보라. 프린터는 당신 책상 옆에 놓으면 더 낫
지 않을까? 스캐너를 가까이 둬야 할 만큼 자주 사용하는가? 팩스도 프
린터를 두는 곳으로 옮겨서 더 많은 여유 공간을 만들 수는 없을까? 최
근에는 팩스와 스캐너, 컬러 프린터를 하나로 사용할 수 있는 복합기의
가격이 많이 내렸다. 이런 복합기는 공간을 아낄 수 있는 아주 좋은 방
법이다.

너무 많은 용지를 가까이 두는 것도 고려해야 한다. 용지를 한두 묶음
이상 갖고 있다면 실제로 사용할 수 있는 공간이 없어질 위험이 있다. 남
는 용지는 공동으로 사용하는 캐비닛에 넣거나 사무실 구석에 따로 지급
품 공간을 만들어 보관하도록 하자.

정리 상태 유지하기

모든 물건을 서랍 속에 던져 넣기만 하면 어떻게 될까? 그것이 혼란 속에 빠진 당신의 시스템이다. 이제 당신은 물건이 어디에 있건 그대로 아무렇게나 두지 말고, 의식적으로 당신이 정한 곳에 물건들을 두겠다는 새로운 시스템으로 바꾸기 바란다. 정리한 공간을 유지할 습관을 몇 가지 소개하겠다.

1. 사무용품을 쓰고 난 즉시 원래 자리로 돌려놓는다.
2. 퇴근 무렵에 사무가 끝나면 책상을 치운다. 다음 날 아침 사무실에 들어섰을 때 평화와 고요함, 정결함이 당신을 맞을 것이다. 이런 감정들은 당신의 생산성을 높여 준다.
3. 당신이 지배력을 잃고 있다는 느낌이 들 때는 한 걸음 물러서서 당신의 공간을 새로운 관점에서 살펴보라. 아마도 너무 많은 물건들이 책상 위에서 갈 곳을 잃고 널려 있을 것이다. 질서가 회복되면 정신이 다시 맑아질 것이다.

공간을 혼란 상태로 방치하지 말고 질서정연하게 유지하자. 선택은 당신 몫이고 시간은 똑같이 걸린다. 앞으로도 사무 공간이 혼란에 빠질 수 있다. 하지만 너무 당황하지 말고 당신에게 보내는 어떤 사인이라고 생각하라. 당신이 주의를 기울이는 특별한 업무로 너무 바빴던 것이 공간이 혼란에 빠진 이유일지도 모른다. 내가 이야기한 정리 시스템의 좋은 점은 몇 분 안에 다시 질서를 회복할 수 있다는 것이다. 이번 달에 당신은 물건들을 둘 장소를 선택했다. 이제 당신은 당신이 만든 시스템대로 물건을 제자리에 돌려놓기만 하면 된다.

이번 달에 한 일은 변화를 위한 기초를 닦은 것이다. 다음 달에는 아주 중요한 서류 시스템을 만들 것이다. 이것은 업무의 능률을 높이는 핵심이다. 주말이나 월말이면 정리를 잘한 당신에게 어떻게 보상할 것인지도 계획해 보라.

- ⊙ 혼란스러울 때는 일단, 마법의 공식을 실천하자. 어떤 혼돈 상태에 빠지더라도 당신을 구원해 줄 것이다.
- ⊙ 정리가 더디다면, 책상 위부터 치우자. 일의 속도가 달라질 것이다.
- ⊙ 정리할 때는 잘 사용하지 않는 물건부터 버리자. '만일을 대비'하려는 심리가 강해지면, 주변에 물건이 쌓이기 시작한다.

3
MARCH

서류
꿈을 키울 공간 만들기

리얼 행복습관

3/12 '내면이 외면을 결정한다'는 말이 있다. 어느 고대 요가 수행자의 말인데, 사무실을 두고 한 말은 아니지만 어디에 적용하든 지혜롭기는 마찬가지다. 우리는 외면적인 공간에 내적인 생각을 표현한다. 한쪽을 평화롭게 진정시키면, 다른 쪽도 같이 따라간다.

이런 면에서 일하는 공간을 외면과 내면으로 구분할 수 있다. 겉으로 보이는 사무 공간은 외면이고, 서류와 바인더, 선반, 서랍 등은 내면이다. 서류를 처리하는 방법도 내면에 속한다. 지난주에 책상을 정리하면서 종이 무더기를 한쪽에 쌓아놓았을 것이다. 이번 주에는 이 종이 무더기들, 즉 서류들의 자리를 찾아 줘야 한다.

서류가 책상에서 자리를 차지하게 된 이유는 크게 세 가지다. 첫째, 가장 큰 이유로 결정을 내리지 못해서다. 예전에 회사 중역들의 사무실 정리를 도와준 적이 있는데, 이들은 공통적으로 실수를 두려워했다. 실수하지 않으려고 모든 것을 보관하는 사람들이었다. 그들의 사무실은 물건을 쉽게 찾을 수 없을 정도로 좁고 어수선했다. 그런 공간에서는 원하는 서류를 제때 찾기도 어렵거니와 생각을 정리하는 일은 더욱 어렵다. 그러다 중요한 서류를 찾지 못하는 상황까지 가면, 가벼운 우울증 증세도 나타난다. 이럴 때 기억할 것은 결정은 기술이라는 것이다. 따로 공부할 필요도 없고, 단지 마음을 먹고 결정만 하면 된다. 시간이 지나면 결정하는 것이 쉬워진다. 더구나 그 시간은 며칠, 몇 주가 아니라 단 몇 시간이면 된다.

서류 무더기가 생기는 두 번째 이유는 서류를 정리할 수 있는 논리적인 시스템이 없어서다. 이런 사람에게는 새 서류를 저장하고 필요할 때 쉽게 꺼내 볼 수 있는 시스템이 필요하다. 이런 시스템은 만드는 데 상당한 시간이 걸리지만, 일단 만들어 놓으면 그 대가는 다음과 같다. 돈으로 환산할 수 없을 정도다.

- 시간을 아낄 수 있다. 더 이상 서류를 찾아 헤맬 필요가 없다.

- 공간을 확보할 수 있다. 쌓여 있던 서류 더미가 없어지면, 일하는 공간에서 일만 할 수 있다.

- 생산성이 높아진다. 어수선하게 놓여 있던 서류 더미가 사라지면 머리가 맑아진다. 잡동사니들은 일종의 소음이다. 소음이 잠잠해지면 당신이 해야 할 일에 에너지를 집중할 수 있다.

- 돈과 자원이 절약된다. 서류를 찾지 못해서 몇 번씩 복사하는 일은 없을 것이다. 나무에게도 좋은 일이다.

마지막으로, 서류가 쌓이는 세 번째 원인은 너무 피곤해서 처리할 수 없기 때문이다. 충분한 수면을 취하지 못하거나 운동을 하지 않거나 영양가 있는 음식을 먹지 않으면 뇌에 영양이 공급되지 못해서 머리가 맑지 못하다. 일의 생산성을 높이려면 탄산음료, 초콜릿, 감자칩 등을 끊고 끼니를 거르지 말고 충분히 잠을 자야 한다. 적절한 휴식과 올바른 영양 섭취는 빠른 결정을 내리기 위한 필수 조건이다.

대개 사람들은 정리 작업을 4시간 정도 하고 나면 눈에 띄게 피곤해 한다. 갑작스럽게 힘이 빠지고 결정을 내리기도 힘들어진다. 치료법은 간단하다. 잠시 걷기 운동을 하고 뭔가를 먹으면 된다.

당신이 보관하고 있는 서류들은 성공과 직결되는 정보를 담고 있다. 이번 달에는 새로운 영역으로 한 발 내딛는다고 생각하라. 당신이 사무실의 내면을 잘 이해한다면 외면은 이제, 문제없다.

'No' 라고 말하자

매일 적어도 한 가지에는 'No' 라고 말해 보자. 말로 할 수도 있고 컴퓨터에서 삭제 버튼을 누르는 방법으로도 할 수 있다. 여러 가지 방법으로 이런 어려움과 씨름할 수 있다. 아래는 'No' 라고 말할 수 있는 더 다양한 예들이다.

- 명백한 광고성 이메일을 받았는가? 받은 메일함이 꽉 막히게 할 수 없다고 말하고 삭제 버튼을 누르자.
- 광고 우편물을 받았는가? 쓰레기통에 버려라. 물론 열어 보지도 말고 말이다. 그 우편물들은 읽다 보면 결국 별것 아니라는 사실만 깨닫게 될 뿐이다.
- 휴대폰 메시지함에 당신이 응답 전화를 하면 너무 오래 통화를 하는 사람이 있는가? 전화통화를 하는 대신 정중한 이메일 답장을 보내라. 그들이 당신의 시간을 낭비하지 못하게 하라.

받고 싶지 않은 전화에서 별로 가고 싶지 않은 술자리 초대까지, 매일매일 적어도 한 가지는 당신이 거절할 수 있는 기회가 있다. 이메일을 삭제하는 것은 쉽게 할 수 있어도 사람에게 직접 거절할 때는 몹시 망설여진다. 그래도 괜찮다. 앞으로 1년 동안 연습하면 된다.

그리고 이 좋은 습관을 집에서도 연습하는 것을 잊지 마라. "안 돼, 이제 잘 시간이야. 자러 가야지." "안 돼, 금요일에 친구 집에서 자는 건 허락할 수 없어. 넌 아직 외출 금지야." "여보, 미안하지만 이번 주말에는 내가 서류 정리 시스템을 새로 만들어야 해요. 부모님께는 혼자 다녀와요." 연습할 기회는 끝이 없다.

오래된 서류는
버려라

이번 주에 우리는 '결정하기' 기차에 올라탔다. 처음 역에서 벗어날 때는 느리게 가겠지만 속도가 붙으면 아무도 당신을 막을 수 없을 것이다. 이번 주가 끝날 때쯤엔 서류 캐비닛에 공간이 나타날 것이고, 이것은 정리 작업에 결정적 역할을 할 것이다.

정기 간행물 정리하기

5천 년의 역사를 가진 '풍수'라는 학문을 들어 본 적이 있을 것이다. 고대 중국인들은 세상의 모든 것이 기(氣)라는 에너지로 만들어졌다고 믿었다. 그리고 생활 공간에서 이 '기'가 막히면 문제가 생겨 삶이 원활하지 못하다고 생각했다. 쓸모없는 것들을 치우는 방법으로 장애물을 없애 보자. 그런데 놀랍지 않은가? 5천 년 전에도 쓸데없는 잡동사니들이 문제였다니!

읽을거리 정리하기

카산드라는 서랍이 꽉 차서 현재 진행 중인 프로젝트 서류를 바닥에 쌓아놓고 다녔다. 서랍을 꽉 채운 자료는 모두 과거와 관련된 것들이었다. 카산드라는 지나치게 서류를 쌓아놓고 일하는 타입이었는데, 내가 정리전문가로 일하면서 가장 자주 만나는 타입이다. 그녀는 정리를 시작하면서 자신만의 서류 정리 시스템을 만들어 새 프로젝트를 구분해서 정리할 수 있었다.

카산드리치럼 서류를 쌓아놓고 결정하지 못하는 사람들을 보면 내가 어렸을 때 어머니가 하신 말씀이 떠오른다. "세상에는 말만 하는 사람이 있고 행동으로 옮기는 사람이 있다." 우리는 이루고 싶은 꿈에 대해 말하라면 몇 시간이고 열정적으로 얘기할 수 있다. 그러나 그것을 행동으로 옮기지 않으면 꿈은 이루어지지 않는다. 무언가를 행동으로 옮길 때 기억할 것은 그 일들이 자라날 수 있는 충분한 공간이 필요하다는 것이다. 꿈을 위해 당신이 관리해야 할 것은 그것이 사무실 공간이든 자료든 소중하게 신경 쓰고 보살펴야 한다. 그것이 당신이 해야 할 일이다.

이제, 당신의 꿈이 자라날 공간을 만들어 보자. 당신은 신문, 잡지, 뉴스레터 등을 많이 받아 보는가? 솔직하게 말해 보자. 만약 그때그때 자료들을 다 읽는다면, 이렇게 사무실 곳곳에 쌓아 두지는 않았을 것이다. 의도는 좋지만 그 때문에 사무실 공간은 점점 좁아지고 있음을 알아야 한다. 따라서 정기구독을 취소할 수도 있음을 기억하기 바란다. 이후에 당신이 정말 읽어야 하는 기사가 실린다면 해당 호만 사거나 동료에게 빌려 보면 된다. 혹은 회사에서 특별히 정기구독 하는 잡지가 있거나 회사 내에 도서관이 있다면 꼭 필요한 기사를 복사하면 된다.

온라인으로 보거나 구독할 수 있는 잡지들을 찾아볼 수도 있다. 인터넷 브라우저 즐겨찾기에 읽을거리 폴더를 만들어라. 이 큰 폴더 안에 원하는 출판물 항목을 각각 폴더로 만들고 이렇게 만들어진 작은 폴더 안에 개별적인 출판물의 바로가기를 저장하라. 그러면 컴퓨터로 정기 간행물을 볼 수 있는 방법이 한눈에 들어온다. 인쇄물도 같은 방법으로 철을 만들어라. 서로 관련 있는 아이템을 모아 놓으면 시간을 절약할 수 있다.

읽을거리 보관하기

읽을거리 중 잡지는 잡지 보관함에 넣자. 잡지 보관함은 주로 투명한 것이 좋은데, 사무실과 조화를 이룰 만한 것으로, 필요한 개수만큼 같은 종류의 보관함을 구입하면 좋다.

보관함을 놓을 때 주의할 것은 절대 바닥에 놓지 말라는 것이다. 새로 깨끗이 치운 책장이나 캐비닛, 자유롭게 움직이는 선반 공간을 체크해서 그곳에 두어야 한다. 보관의 목적은 필요할 때 꺼내 보려는 것이기 때문에 바닥에서 책 무더기 속에 묻혀 버리면 결국 쓸모없는 자료가 되어 버린다. 보관함에 넣을 때는 시간 순서대로 정리하고 몇 권을 보관할 것인지 결정하라. 두 달 치도 많다. 새로운 호가 도착하면, 읽지 않았더라도 가장 오래된 호는 버려라.

뉴스레터나 정기 간행물은 바인더에 보관하면 좋다. 바인더는 라벨을 붙이면 내용물이 무엇인지 한눈에 알 수 있다. 여기서도 물론 얼마나 보관할 것인지를 결정해야 한다.

보관하고 싶은 것이 있을 때는 정기적으로 관리해야 한다. 그렇지 않으면, 관리하기도 어렵고 필요한 자료를 찾기도 어려워져 결국은 자료가 아니라 잡동사니가 되고 만다. 사람들은 정리하는 것보다 유지하는 것을 더 어려워한다. 그러나 당신 삶의 모든 것—자동차, 당신의 몸, 사무실, 서류 및 모든 형태의 자료들—은 관리하고 유지해야 한다. 이런 관점에서 보면 정리와 유지하기는 사무실 안에서 힘겹게 해야 하는 것이 아니라 우리 삶의 일부로서 인식해야 한다.

종결된 프로젝트 서류 보관하기

지금 사용 중인 서류 정리 시스템이 있는가? 있다면 그 시스템이 도움이 되는가, 아니면 서랍이 열고 닫기도 힘들 만큼 꽉 차서 사용을 피하고 있는가? 나와 내기를 걸어도 좋다. 지금 서랍을 열어 보면 앞으로 다시는 참고하지 않을, 이미 종결된 일과 관련된 자료가 엄청나게 많을 것이다. 만약 그런 상태라면 그것은 서류 정리 시스템이 아니라 서류의 무덤이다. 이 자료들을 꺼내서 기록으로 보관하는 것이 중요하다.

회사에 외부 보관소가 있다면 그곳에 자료를 보관해라. 그렇지 않다면, 관리자에게 이런 자료를 처리하는 규정에 대해 물어 보라. 기록 저장 공간이 필요한 직원은 당신 한 사람만이 아닐 것이다.

자, 이제 이번 주에 할당된 일을 처리할 때다. 따로 시간을 내서 서류 캐비닛과 책상서랍, 책상 위에 있는 서류 보관함에서 서류를 모두 꺼내기 바란다. 정리나 지금 사용 중인 시스템을 재정리하는 것에 대해서는 잠시 생각을 접어 두고, 꼭 필요한 나머지만 가지고 서류 정리 시스템을 만들자.

한 번에 서류 하나씩, 한 장 한 장 검토하라. 서류 캐비닛 전체에 있는 모든 내용물을 한꺼번에 하기는 벅차지만, 꼭 필요한 일이다. 검토 결과, 필요 없는 서류는 모두 없애라. 또 서류철이 낡거나 더럽다면, 버리고 새로 만들어라. 서류를 검토할 때 기준이 필요하다면 다음 내용을 참조하라.

- 자료를 보관하는 일이 처음에는 시간이 많이 소요될 수도 있다. 만약 그것이 부담스럽다면, 하나의 프로젝트가 끝났을 때 시작해 보자.
- 서류 중에는 참고 자료를 포함해 나중에도 필요할 것 같은 서류들이 있을 수 있다. 이럴 때는 스스로 '현실적으로 어떤 자료를 사용할까?'를 떠올려 보라.
- 이름이나 전화번호를 남겨야 하는 사람은 서류를 치우기 전에 롤로덱스나 컴퓨터 주소록을 이용해 저장하라.
- 기록으로 보관하는 자료를 오랫동안 가까이에 보관해야 하는 전문 영역도 있다. 회사 규정뿐 아니라 하는 일에 따른 특정한 가이드라인을 정확히 알고 있는지 확인하라. 고객 중에는 부동산 회사에서 일하는 사람들이 있는데, 그들은 조건부 증서를 1년 동안 가까운 곳에 보관했다가 기록 보관소로 보내곤 한다.
- 컴퓨터로 작성한 자료를 복사하거나 기록으로 보관할 자료를 이메일로 보낼 때는 반드시 회사 규정을 체크하라.
- 기록 보관소로 보낼 프로젝트의 목록은 꼭 갖고 있어라. 기록 보관

소의 기록은 예비용이다.

　정기 간행물을 정리하고 이전 프로젝트 서류들을 기록 보관소로 보냈다면, 사무실에서 쓸모없는 서류를 없애는 가장 큰 발걸음을 뗀 것이다. 지난달의 속성 청소와 함께 이번에 이룬 성취로 사무 공간에 들어설 때마다 상쾌한 기분이 들 것이다.

서류 정리 시스템을
만들어라

　이번 주에는 핵심적인 내용으로 들어가겠다. 내가 당신에게 차를 한 대 사주기로 약속했다고 가정해 보자. 그 차는 당신을 위해 주문 제작될 것이다. 문제는 내가 부품을 하나하나 보내 준다는 것. 매번 배달된 물건들을 보고 당신은 결정을 해야 한다. 계기판과 타이어, 아니면 볼트와 너트 등은 내가 주는 선물이다. 그런데 나는 분명히 차의 부품이 아닌 이상한 물건이나 다른 잡동사니도 몇 상자 보낼 것이다. 만약 당신에게 필요없는 물건들을 보관하고 있으면, 당신은 차를 빼앗기게 된다. 그렇다면 당신은 배달되는 상자 하나하나에 예민하게 반응할 것이다.

　서류도 마찬가지다. 별로 중요하지 않고 불필요한 서류를 보관했다고 해서 차를 빼앗기는 건 아니지만, 책상 위와 서류 캐비닛 안에 소중한 공간들을 빼앗긴다. 궁극적으로는 쉽게 일을 끝마칠 수 있는 능력도 빼앗기게 된다.

　그럼 이렇게 되지 않으려면 어떻게 해야 하는가? 다음과 같이 내가 그

동안 봐왔던 공통적인 형태의 서류들을 예로 살펴보자.

- 일반적인 회사 업무로 후속 조치가 필요한 서류
- 읽어 보는 즉시 버리거나 재활용하거나 문서 분쇄기에 넣어야 할 서류
- 동료들에게 즉시 전달해야 할 서류
- 서류철에 보관해야 할 현재 진행 중인 프로젝트에 관한 서류

후속 조치, 버리기, 전달하기 혹은 서류철에 보관하기. 문제의 핵심은 간난하다. 이 중 한 가지만 선택하면 된다.

✚ 플러스 정보 ---------------- 서류철에 보관해야 하는 이유

정리전문가로 일하면서 사무실에는 서류 정리 시스템이 꼭 필요하다는 결론을 내리게 되었다. 그러나 독자들 중에는 왜 서류철에 넣어서 보관해야 하는지, 이런 시스템이 왜 꼭 필요한지 궁금한 사람들도 있을 것이다. 그 이유를 이해하기 쉽게 Q&A 형태로 설명하겠다.

Q. 이미 서류 정리 시스템을 활용하고 있지만, 나하고는 안 맞는 것 같다.

A. 당신에게 서류 정리 시스템이 맞지 않는 이유는 네 가지 중 하나라고 확신한다. 첫째, 전임자가 쓰던 시스템을 그대로 물려받아 쓰는 경우. 당신이 만든 시스템이 아니므로 소유권이나 관리에 대한 개념이 없고, 대부분 활용하지 않고 그냥 내버려두는 경우가 많다. 둘째, 당신이 만든 시스템이라도 서류를 처리하는 방식

이 생각과 맞지 않는 경우. 셋째, 서로 다른 정리 시스템의 일부분만을 따 와서 사용하는 경우. 넷째, 너무 일찍 시스템 사용을 포기한 경우. 적어도 21일 동안은 지속적으로 사용해야 한다. 이 시스템이 자신에게 맞는지 알아보려면 시간이 필요하다.

Q. 새로운 서류 정리 시스템이 왜 필요한가? 책상이 다소 어수선해도 필요한 것들을 잘 찾는데.

A. 서류 정리 시스템은 자료를 논리적으로 두는 시스템이다. 필요한 것은 손에 닿는 곳에 두어, 시간과 에너지를 절약하는 것이 이 시스템의 핵심이다. 시간과 에너지는 허비하고 나면 나중에 절대 복구할 수 없는 중요한 자산이다. 이해를 돕기 위해 짐의 이야기를 해보겠다.

짐은 성공한 사람이지만, 서류를 쌓아놓고 서류철 따위는 사용하지 않는 사람이었다. 그는 나에게 일을 의뢰하면서도 모든 서류가 어디에 있는지 다 안다고 장담했다. 그러나 내 경험에 의하면, 대개의 경우 서류 더미 제일 위 5~10장 정도는 프로젝트 때문에 자주 쓰는 서류들이고, 나머지는 쓰레기와 기록으로 보관해야 할 자료들이다. 짐은 내가 틀렸다고 확신했고, 나는 그에게 서류 정리 시스템이 마음에 들지 않는다면 비용을 받지 않겠다고 했다. 짐은 시스템이 자리 잡기도 전에 항복을 했다. 아마 그가 잃어버렸던 서류를 열다섯 번째로 찾았을 때였을 것이다. 결국 그는 "서류 더미에 뭐가 있는지 잘 모르겠다"고 인정했다.
당신도 사무실이 어수선하더라도 어디에 무엇이 있는지는 '대충' 알고 있을 것이다. 그러나 이런 방법은 수준 높은 업무를 시도하고 실행하기에는 너무 피곤하고, 효율적이지 않다.

Q. 이 자료가 더 필요하지 않다고 어떻게 확신할 수 있는가? 모든 것을 보관해야 안전한 것 아닌가?

A. 만약 당신이 결정을 내려야 할 때 계속 두려움이 밀려오고, 지금 당장 결정하지 말라는 소리가 들려온다면, 일단 모든 것을 멈춰라. 두려움을 떨쳐버리고 현재에 집중하라. 오늘은 완전히 다른 날이고 새롭게 시작하는 삶이라는 사실을 잊지 마라. 당신이 결정을 미룬다고 해서 완벽하게 안전해질 수는 없다.

앞에서도 말했지만, 모든 자료를 보관하려는 습관은 실수하지 않으려는 두려움에서 오는 경우가 많다. 내 친구 이야기를 예로 들어 보겠다.

에미상 후보에 올라간 친구가 있다. 그는 자신의 비서더러 텔레비전 아카데미이 심사위원들이 볼 에피소드를 신중에 신중을 기해서 골라 보내라고 했다. 시상식이 진행되었을 때, 후보로 오른 프로그램의 일부분이 시청자들을 위해 방영되었다. 테이프가 돌아가는 순간 친구는 너무 놀라 주저앉고 말았다. 잘못해서 다른 에피소드가 심사위원단에 제출된 것이다. 에피소드를 제출하는 책임을 맡은 비서가 복사본 테이프의 숫자를 바꿔 적는 실수를 했기 때문이다. 그는 그렇게 일생에 한 번 있을까 말까 한 기회를 놓쳐 버렸다.

당신도 이렇게 큰 실수를 한 적이 있는가? 그 경험 때문에 일상적인 사무에도 아주 조심스러운가? '만약의 경우'에 대비해 모든 문서를 보관해야 할 만큼? 경험을 통해 배우는 것도 중요하지만, 결과에 너무 얽매여서는 안 된다. 두려움 뒤에 숨어서 결정을 계속 미룬다고 해서 결과가 좋으리라는 보장도 없지 않은가.

Q. 그럼 보관할 서류는 어떻게 해야 하나?

A. 일단 당신은 회사 일 중 어느 한 부분에 관여한다는 사실을 알아야 한다. 마찬가지로 이 서류 한 장은 만능이 아니다. 자, 그럼 어떻게 해야 할지 모르는 서류에

대해 다음과 같은 질문을 스스로 던져 보라. 정리가 한결 쉬워질 것이다.

- 이 문서가 진행 중인 프로젝트와 관련이 있는가? 새로 시작하는 프로젝트라면 그 프로젝트 이름으로 된 서류철을 적어도 하나 만들어야 한다. 이후 재무 정보, 스케줄, 거래처 등 여러 영역으로 나누어서 영역별 폴더를 만들어야 한다.

- 이 문서에 보관해야 할 정보가 있는가? 진행 중인 프로젝트 서류가 아니더라도 보관해야 할 서류는 있다. 다시 참고 자료로 쓸 정보가 있는 경우, 법적으로 중요한 내용이 있고 문제가 발생했을 때 서류 추적 자료로 남겨야 하는 경우, 당신이 꼭 끝내야 할 일과 관련된 자료나 건강보험, 퇴직연금과 같이 회사와 관련된 개인적인 서류인 경우가 여기에 해당한다.

- 이 회사에 입사한 지 1년이 안 되었다면, 당신이 가치를 결정할 수 없는 서류들이 있을 것이다. 서류 무더기를 정리하는 중이라면 이렇게 잘 모르는 서류는 옆에 따로 놓아라. 당신에게 지침을 줄 수 있는 동료에게 모든 자료들을 한 번에 보여 주고 물어 보라.

Q. 급무에 필요한 서류는 어떻게 해야 하나?

A. "프로젝트 자료를 서류철에 보관하면, 서류철에 있다는 사실을 잊어버릴 것 같아요. 필요한 문서들만 책상 위에 놔두면 안 될까요?"라고 질문하는 사람들이 있다.

대답은 간단하다. "안 된다!" 책상 위에 놓아 둔 서류는 잃어버리기 쉽고, 쌓아두면 쓸모없는 정보에 지나지 않는다. 서류는 앞서 정리한 정기 간행물처럼 보이는 곳에 놔두는 것이 최선이다.

지금 당장 봐야 할 서류는 '실행 파일' 항목에 있는 '해야 할 일' 폴더에 보관할 것이다. 이 폴더는 얼마나 바쁜가에 따라 다양하게 변화를 줄 수 있다. 예를 들어, 먼저 처리할 일은 '해야 할 일-최급무' 혹은 '해야 할 일-최우선순위' 폴더로 만들고, 시간에 별로 구애 받지 않는 일은 '해야 할 일-일반' 혹은 '해야 할 일-낮은 우선순위' 폴더로 만들어 두면 된다. 만약 여러 가지 프로젝트를 동시에 진행하고 있다면, 실행 파일에 '프로젝트'라고 만들어서 서류 서랍 맨 앞쪽에 보관하라. 각 프로젝트에는 각각의 '해야 할 일' 폴더를 만든다. 그러면 필요한 서류를 찾아 더 이상 헤매지 않아도 된다. 더 자세한 내용은 다음 주에 만들 '실행 파일'(113쪽)을 참조하길 바란다.

 책상 위에 꼭 둬야 할 서류가 있다면, 어떻게 해야 하는가?

 가장 자수 보는 서류를 책상 위에 두고 싶은 사람들은 보관함을 사용하면 좋다. 그러나 그것을 핑계로 서류 정리 시스템을 만드는 대신 책상 위에 여러 개의 서류꽂이를 놓고 어수선하게 만들지 마라. "난 서류 정리 시스템이 필요 없어. 내가 필요한 모든 것이 손에 닿는 곳에 있는걸" 하고 말하는 것은 필요할 때 바로 고를 수 있도록 옷을 모두 침대 위에 던져 놓고 옷장이 필요 없다고 말하는 것과 같다.

 한창 바쁠 때 내게 온 우편물을 전해 주러 온 동료가 둘 자리를 못 찾아 말을 걸곤 한다. 가끔은 이런 일이 일에 방해가 된다. 방법이 없을까?

 우편물이나 배달 온 물건뿐 아니라 동료들에게 보낼 자료를 관리하려면 '받은 편지함, 보낼 편지함'이 훌륭한 도구가 된다. 책상 구석에 2단 서류 트레이를 놓고 편지함으로 쓰면 좋다. 여기에 '받은 편지함'과 '보낼 편지함'으로 이름을 붙여 두기만 하면 된다. 그리고 동료들에게 앞으로 이 편지함을 사용하겠다고 꼭 알려라. 이런 무언의 소통 방식을 사용하면 시간이 엄청나게 절약된다. 만약 책상에 트레이를 놓을 자리가 없다면, 벽에 거는 서류꽂이를 이용해 보라. 그들은 그저 손을 집어넣어 자료를 떨어뜨리기만 하면 된다. 그러면 한창 바쁠 때 말을 걸거나 일을 방해하는 일은 없을 것이다.

Q. 서류철이 항상 터질 지경이다. 왜 그런지 또 그러지 않으려면 어떻게 관리해야 하는가?

A. 서류철이 결정을 미룬 모든 서류를 모아 놓은 곳이 되고 있지는 않은지 다시 한번 살펴보자. 서류철에는 현재 유효한 정보들만 있어야 한다. 정기적으로 훑어보고 이미 다룬 문제들은 없애거나 새로운 정보로 바꿔야 한다.

그리고 서류철에 가장 최근 자료를 맨 앞에 놓을지 맨 뒤에 놓을지 선택하라. 가장 최근 자료를 어디서 찾아야 할지만 알고 있다면 앞이든 뒤든 상관없다. 꾸준하게 시스템을 유지하라.

Q. 서류를 보관할 충분한 공간이 없다. 어떻게 해야 할까?

A. 충분한 공간이 없는 이유는 사용 가능한 공간을 최대한 이용하지 못하기 때문이다. 사무실이나 칸막이 자리 안에 있던 잡동사니를 이번 주까지 다 없애고 나면, 서류를 보관할 공간이 충분하다는 사실을 깨닫게 될 것이다. 치울 서류를 모두 없앴는데도 공간이 부족하다면, 관리자에게 얘기해야 할 때다. 이런 경우 다른 캐비닛에 있는 서랍 하나를 더 배당 받을 때가 많은데, 여기에는 자주 사용하지 않지만 꼭 보관해야 할 서류를 두면 된다. 서류 정리의 막바지에 최종 서류 목록을 만들면 이 서류들의 존재를 잊어버리지 않을 것이다.

공유하는 서류 정리하기

지금은 개인적인 서류 정리 시스템을 만들고 있지만, 일반적으로 회사에는 여러 사람이 공유하는 서류들이 있다. 이 서류들을 정리하는 기존의 시스템은 존중하고 유지시켜야 한다. 당신이 서류 정리의 책임자가 아닌 이상, 제도를 개선하려는 의도로 의견을 내고 싶을 때는 매우 신중해야 한다. 좋은 의도로 한 말이라도 몇 년 동안 서류 관리를 해온 사람은 당신의 충고를 비판으로 받아들이기 쉽다.

그러나 당신이 공유 서류를 관리하는 책임자라면, 조금 더 적극적으로 생각해 보자. 만약 이 책에서 말하는 변화를 실행하고 싶다면, 그 전에 주위 동료들에게 꼭 의견을 물어 보도록 하자. "현재 시스템의 좋은 점은 무엇인가? 바꾸고 싶은 점은 무엇인가?" 등 사람들에게 익숙한 시스템을 바꾸기 전에 의견을 물어 보면 제도를 바꾸기가 쉬워진다. 설사 지금의 시스템이 엉망이더라도 누군가는 그 제도가 더 쉽다고 생각하고 새로운 시스템을 받아들이려 하지 않을 수 있다. 그런 의견들도 존중하면서 회사의 이익을 위한 최선의 방법을 찾아 실행하라.

➕ 플러스 정보 ---------------------- 사무실 청소의 날

만약 사무실을 완전히 뒤집어엎고 새로운 공유 서류 정리 시스템을 만들어야 한다면, 다른 사람들의 참여를 유도해 보자. '사무실 청소의 날'을 위한 몇 가지 방법을 소개하겠다.

- 일이 많지 않은 시기에 하루를 잡는다.

- 휴지통이나 재활용통이 넉넉하게 준비되어 있는지 확인한다.

- 관리자에게 사무용품이 청소에 참가하는 모든 사람에게 돌아갈 수 있을 만큼 넉넉한지 확인한다.

- 필요한 물품 구입 목록을 만든다.

- 재미있는 대회를 연다. '가장 빨리 끝낸 사람, 가장 예쁘게 서류를 정리한 사람, 가장 깔끔한 사무실, 가장 많이 내다버린 사람'에게 작더라도 상을 준다.

- 물과 과일 같은 간식을 준비한다. 서류 정리는 판단이 필요한 일이기 때문에 뇌에 영양분을 공급해야 한다.

사소하지만 중요한 정보

다음은 고객들을 오랫동안 지켜보면서 발견한 정리를 어렵게 만드는 몇 가지 상황들이다. 사소하지만 기억해 두면 유용한 정보가 될 것이다.

- 버리는 일도 귀찮고 힘들다는 사실을 깨달았는가? 쓰레기통이나 재활용 상자를 항상 가까이에 둬라. 곡예사들이나 닿을 수 있는 장소에 쓰레기통을 두는 경우가 종종 있었다.

- 일을 시작할 때 모든 사무용품을 개봉하라. 한창 결정을 내리는 중에 포스트잇이나 라벨 메이커에 딸린 카트리지 포장을 여는 일로 시간을 낭비할 수는 없다.

- 시작하기 전에 식사를 든든히 하고 충분한 물과 영양가 있는 간식을 가까이 둬라. 정리는 몸을 움직이는 것만이 아니라 판단을 필요로 하는 작업이고, 시간이 꽤 오래 걸릴 것이다. 뇌에 영양을 공급하면 작업이 한결 편안해진다.

서류 정리는 재미있는 일은 아니지만, 그 보상은 큰 편이다. 무엇보다 사무실에서 일하는 시간이 줄어든다. 공간은 마치 다이어트 중인 사람처럼 날이 갈수록 가벼워질 것이다. '중요한 것은 결과가 아니라 과정이다' 는 말처럼 지금 당신은 사회생활을 완전히 바꿀 새로운 습관을 키우는 중이다.

분류 항목을
만들어라

이제 당신 앞에는 영구적으로 보관해야 할 서류들만 남아 있다. 이 시점에서는 남은 자료들의 연결점을 찾아서 분류 작업을 해야 한다. 바로 이번 주에 할 일이다.

이때쯤 사람들은 서류의 주제가 광범위해서 분류하기가 어렵다고 생각하기 시작한다. 그러나 아무리 다양한 분야에 흥미가 있고, 여러 가지 프로젝트를 동시에 수행하고 혹은 아주 복잡한 회사에서 일하고 있더라도 자료를 압축해서 주요 영역의 한 그룹으로 만들 수 있다.

일을 시작하기 전에 먼저, 이번 주 내용을 읽어 보기 바란다. 일단 시스템을 이해하게 되면 아주 쉽고 논리적으로 사용할 수 있다.

효율적인 서류 정리 시스템 만들기

내가 만난 고객들은 대개 서류 정리 시스템을 새로 만드는 일이 마취제 없이 신경 치료를 하는 것처럼 고통스럽다고 생각한다. 그러나 막상 시작을 하고 마무리할 때쯤이면 자부심에 가득 차서 새 정리 시스템을 빨리 사용하고 싶어 한다. 이 시스템은 완벽한 기능성을 갖췄을 뿐 아니라 보기에도 멋지다. 엄청나게 바쁜 날에도 서류 서랍을 열어 보면 마음이 진정된다.

1단계 : 검토하기

지난 2주 동안 우리가 한 일은 마법의 공식 '1단계 : 제거한다' 에 해당한다. 이제 이런 상태에 도달해 있어야 한다.

- 종료한 프로젝트와 관련해서 보관해야 할 서류는 기록 보관소에 있다.
- 눈앞에 있는 서류 중에는 관련 없는 문서나 더 이상 유효하지 않은 자료는 없다.
- 정기 간행물은 버리고 부피를 줄여 정리된 상태다.
- 서랍들은 터져 나올 것 같던 내용물이 깔끔하게 정리된 상태다.
- 책장이나 캐비닛 같은 수납공간 역시 정리된 상태다.

2단계 : 산만해지는 원인 제거하기

당신의 성공을 위해 가장 중요하게 생각해야 할 것 중 하나는 서류 정리 시스템을 만들기 위한 시간을 따로 내는 것이다. 일과 시간 이후나 주말이면 좋을 것이다. 이때 당신을 산만하게 만드는 원인들을 가능한 한 모두 제거하라. 전화통화, 이메일 등 목표를 향해 달려가는 데 방해되는 모든 것을 말한다. 어느 순간 일과 관련해 다른 생각에 빠지는 것도 방해물이다. 최대한 집중해서 빨리 끝내는 것이 좋다.

만약 사무실을 다른 사람들과 같이 쓰고 있다면, 같은 공간 안에 있는 다른 사람들의 스케줄을 확인해야 한다. 가능하다면 그들이 자리를 비웠을 때 작업하도록 한다. 상대에게 민폐를 끼치는 일이기도 하거니와 서류를 분류해 놓을 깨끗한 자리가 필요하기 때문이다.

정리할 시간을 정했다면 사업상의 약속처럼 달력에 그 스케줄을 적어라. 주말을 이용할 생각이라면 가족 구성원에게 당신의 계획을 미리 알려라.

3단계 : 전환의 시작

미리 준비한 사무용품들을 필요할 때 바로 쓸 수 있도록 정리해 놓자. 책상 위를 깨끗하게 치울 수 있다면 사무용품들을 그 위에 두면 된다.

2주 전 책상을 치울 때, 책상 위에 돌아다니는 서류들을 한 서류철 안에 모아 놨을 것이다. 그것부터 시작하라. 다시 정리하다 보면 미련 없이 버리고 싶은 자료가 더 나올 것이다. 그렇다고 무조건 버리지는 말고, 집중해서 신중하게 결정하자.

종이 무더기는 한 번에 서류 한 장씩 정리해라. 당신의 최종 목표는 주요 서류 분류 목록을 작성하는 것이다. 당신의 업무가 아무리 포괄적이라 해도 이렇게 하나씩 하다 보면, 몇 가지 주요 영역 안에 다 포함된다.

분류 항목 만들기

부동산 개발 업자인 프랭크는 조수가 바뀔 때마다 서류 정리 시스템이 바뀌었고, 그때마다 그들이 어떤 방법으로 정리했는지를 몰라 사무실에 서류를 펼쳐 놓고 다녔다. 따라서 그에게는 무엇보다 분류 항목을 만드는 것이 시급했다.

그의 일은 여러 분야로 나뉘는데, 그는 '아파트 건물에 세를 놓고, 역사가 있는 집들을 복구하고, 고층 건물들에 투자하고, 고풍스러운 남부 도시의 역사 유물 보존에 깊이 관여' 하고 있었다. 어느 분야의 서류든 모두 서류 캐비닛 안에 알파벳 순서로 분류되어 있었지만 주제별로 봤을 때는 뒤죽박죽 섞여 있었다.

프랭크의 경우 항목을 아주 세세하게 나누어야 했고, 정리 작업은 '주요 항목' 을 먼저 만들고 나서 각각의 주제를 정리하는 방법으로 이루어졌다. 아래 프랭크의 항목을 보면서 분류하는 기본 개념을 익히면 아무리 광범위한 일이라도 분류가 가능함을 알게 될 것이다.

1번 항목 : 임대 자산 프랭크의 임대 자산에는 몇 가지 공통점이 있었고, 그 공통점을 항목 안에 집어넣었다. 예를 들어, 다음과 같다.

- 관리인
- 수리 기록
- 세입자
- 유지 관리 : 정원사 / 수리공 / 배관공

임대 자산이 주요 항목이 된다. 일단 이 항목을 파악하고 나서 프랭크 소유의 임대 자산별로 이름을 붙인 서류철을 만들었다. 다행히 모든 임대 자산에 이름이 있었다. 이들은 모두 다세대 주택이므로 각각에 해당하는 서류가 얼마나 많은지 짐작이 갈 것이다.

프랭크의 주요 항목은 서류의 양이 너무 많아서 각각 다른 색 폴더를 사용해서 구분을 했다. 그는 임대 자산이나 특별한 세대에 관한 자료를 찾고 싶다면, 임대 자산이라고 이름 붙인 두 개의 서류 서랍 중 하나만 찾으면 된다. 좀 더 쉽게 찾을 수 있도록 서랍 밖에도 라벨을 붙여 놨다.

2번 항목 : 복원 자산 프랭크는 부동산과 역사를 아주 좋아한다. 1번 항목의 임대 자산을 정리할 때와 같이 그가 복원 중인 각각의 역사물 자산들도 서류 서랍에 자리를 만들었다. 이 건물들도 모두 이름이 있어서 쉽게 알아볼 수 있다. 다음은 역사물 복원 자산 항목 안에 만든 몇 가지 주요 항목들이다.

- 계약서
- 금융 관련 서류
- 역사적인 자료
- 법적인 자료
- 임차인

이 서류들은 부피가 매우 컸다. 앞에서 말한 것처럼 역사물 복원 자산도 두 개의 서류 서랍에 안전하게 넣고 서랍 밖에 라벨을 붙였다.

3번 항목 : 투자 자산 프랭크의 서류 시스템에서 가장 복잡한 것이 바로 이 투자 자산 항목이었다. 투자한 내용을 문서로 남겨야 했기 때문에 법률 관계 서류들이 많았다. 변호사와 한 번 일해 본 사람은 알겠지만, 엄청난 양의 서류들이 만들어진다. 게다가 이런 문서들은 어디에 따로 두고 찾아야 할 것이 아니라 바로 옆에 있어야 한다.

프랭크는 건물 구입을 위한 자금을 마련하기 위해 다른 사업체와 동업했다. 서류 캐비닛에 '금융 관련' 부문을 만들어서 이런 서류들을 보관했다.

투자 규모가 큰 자산의 경우 모든 임차인에 대한 서류를 만들지 않아도 된다. 이런 건물들은 관리하는 회사가 따로 있다. 프랭크는 이런 회사들에 대한 서류도 갖고 있었다.

임대 자산에 대한 서류와 마찬가지로 서류의 종류를 간소화해서 각 건물별로 자료를 저장했다. 모든 건물에는 '금융 관련 서류, 법률 서류, 관리 서류' 란을 만들었다. 그리고 앞의 두 항목과는 다른 색으로 표시했다.

4번 항목 : 역사 보존 프랭크는 몇몇 보존 단체의 운영진으로 참여하고 있었는데 그와 관련된 서류들이 많았다. 그는 역사적인 정보와 함께 회의 초청장, 강의 알림장, 각 단체의 기금 모금자들의 초청장을 받는다. 이 자료들은 서랍 하나에 모두 들어갔다.

5번 항목 : 참고 자료 누구든지 참고 자료 항목은 있을 것이다. 이것은 일과 관련해서 여러 분야와 여러 항목에 적용되는 정보들이다. 예를 들어, 프랭크는 자신이 소유한 건물마다 필요할 때 부르는 특정한 수리공들이 있다. 그들은 믿을 만하고 건물에서 가까운 곳에 살며 가격도 적당하다.

하지만 원래 거래하던 사람들이 오지 못해서 급하게 다른 사람으로 대체해야 할 때가 종종 있다. 그래서 그는 '유지 관리' 라는 서류철을 참고 자료 란에 만들었다. 돌발 상황이 생겼을 때 여기를 체크하면 된다.

가장 중요한 핵심 어떤 정보가 필요할 때마다 프랭크는 스스로에게 '이 정보는 어디에 속할까?' 라는 질문을 던졌다. 항목 만들기가 모두 끝난 후, 그는 한두 개의 서랍만 열어 보면 필요한 서류를 찾을 수 있었다. 그리고 위와 같은 질문을 던지며 자기가 필요하고 원하는 정보를 서류로 만들어서 어디에 보관해야 할지를 찾아냈다. 색색의 서류철을 이용한 덕분에 쉽게 정보를 찾을 수 있었다. 사무실에서 서류 무더기가 없어지자 쾌적하게 일할 수 있는 공간으로 탈바꿈했다. '이 정보는 어디에 속할까?' 라는 질문은 서류의 질서를 유지하고 관리하는 핵심이다.

항목 이름 정하기

서류의 주요 항목 리스트를 작성해 보자. 목록 작성이 끝나면 부분과 전체를 구분할 수 있는지 잠시 들여다보자. 모든 것을 주요 항목으로 만들어서는 안 된다. 임대 자산은 프랭크의 주요 항목 중 하나이고 세입자는 임대 자산의 구체적인 부분이다. 이해가 가는가?

다음은 사무실의 보편적인 서류 항목이다. 나만의 서류 시스템에 자유롭게 적용해 보자.

- **회사 정보**
  - 사무실 간의 통신 가이드라인
  - 전화번호부, 근무자 명단
  - 택배 사용법
- **계약서**
- **우편물**
- **직원 정보**
  - 직원 안내서
  - 휴가 스케줄
  - 인사 관련 자료
  - 투자 계획
  - 법률 정보
  - 주차 안내서
- **문서 형식**
  - 팩스 표지 형식
  - 회사 편지지
  - 보통 편지지
  - 업무 형식
- **진행 중인 프로젝트**

프로젝트 범위가 광범위해서 자료를 잘게 나누어야 하는 경우가 아니라면, 현재 진행 중인 프로젝트와 사무실 연말 파티처럼 정기적인 행사에 필요한 서류들을 같이 서류 캐비닛에 보관해도 된다.

정말 필요한 항목 외에는 항목을 새로 만들지 말라. 연말 파티에 필요한 자료는 보통 서류철 하나에 보관할 수 있다. 예를 들어, 20명을 위한 파티에 꽃, 출장 음식, 오락 등을 각각의 서류철로 만든다면 과잉 정리다.

단계별 항목 만들기

아직도 항목을 분류하기 어렵다면, 다음 단계별 설명서를 보고 항목을 만들어 보라.

1단계 : 선택한 종이 무더기에서 한 번에 서류 하나씩 꺼내라. 곧 완성될 서류 시스템에서 이 서류가 들어가야 할 장소를 정해라. 절대 '다음에 결정해야지' 하면서 내려놓지 마라. 당신도 모르는 새 정체 모를 서류 무더기가 또 생기는 셈이다.

2단계 : 항목의 이름이 생각나면 바로 포스트잇에 이름을 적는다. 깨끗한 작업대에 포스트잇을 붙이고 그 서류를 아래쪽에 놓으면 그 항목의 서류를 쌓을 준비가 된 것이다. 명심할 것은 서류 한 장만 들어가는 항목이나 서류철을 만들지는 말라는 것이다. 사례를 하나 들겠다.

자연광이 없어도 살 수 있는 식물에 대한 정보가 담긴 종이를 발견했다고 하자. 당신은 사무실이 정리된 후 식물을 하나 키울 생각을 하고 있다. 그런데 사무실 환경이 식물이 살 가능성이 아주 희박하거나 거의 없다면 그 정보지는 버려라. 이런 자료는 인터넷에서 매일 찾을 수 있다. 그럼에도 사무실에 비치할 생각이라면, 잡동사니 항목을 하나 만들어서 보관하라. 그리고 정말 사고 싶다면, 해야 할 일 서류철을 만들어 그곳에 보관하라.

3단계 : 해야 할 일 서류철이 '실행 파일' 영역에 속한다는 것을 잊지 말자. 이 영역의 서류들은 가장 자주 쓰는 서류 서랍 맨 앞쪽에 놓을 것이다. 책상 서류 서랍에 넣으면 가장 이상적이다. 아마 다음과 같은 내용이 생길 것이다.

- 보류
- 해야 할 일 – 최우선순위
- 해야 할 일 – 낮은 우선순위
- 서류로 만들 것
- 읽어 볼 것

해야 할 일에서 '전화하기'를 따로 분리하는 사람들도 있다. 해야 할 일 서류철을 자세히 살펴볼 때, 가끔은 정리 속도를 늦추고 싶어질 때가 있다. 그러면 전화하기 서류철로 넘어가서 20분 동안 전화로 할 일을 처리한다.

무엇이든 당신에게 맞는 방법을 사용해라. 하지만 너무 세세하게 관리하느라 그 폴더를 볼 때마다 우울해지지 않기를 바란다. 그 차이를 확실하게 이해해야 한다.

'보류' 중인 서류는 일을 하다가 잠시 멈춤 상태가 된 일이다. 누군가 당신에게 나중에 연락하기로 해서 당신이 연락을 기다리는 중이라면, 그 일에 관련된 서류는 어떻게 해야 할까? 그 문제는 지금 처리 중인 문제이고 이렇게 진행 중인 일들은 보류 중 폴더에 넣어야 한다. 매주 금요일에 보류 중 폴더를 체크하고 다음 주 업무에 포함할 것을 결정하면 된다. 그 일이 해결되면 참고 자료로 서류를 넘기거나 더 필요 없다고 생각되면 버린다.

보류 중 폴더가 있으면 해야 할 일 폴더가 넘치지 않는다.

'해야 할 일 − 최우선순위' 폴더는 매일 체크한다. 정리하는 일로 바빠지면 금요일에 이 폴더를 체크하고 다음 주에 어떤 일을 처리할 수 있을지 계획을 세우면 된다. 반면에 '해야 할 일 − 낮은 우선순위' 폴더는 일주일에 한 번만 체크해도 된다. 개인의 개성에 따라, 그리고 업무량과 지위에 따른 책임감에 따라 스케줄을 만들면 된다. 프랭클린 플래너의 충고를 잊지 마라. '있는 그대로 받아들이지 말고 자신에 맞게 바꿔라!

4단계 : 서류 한 장짜리 항목을 만들기 전에 '이 서류가 정말 필요' 한지 질문을 해보자.

5단계 : 지금 사용하고 있는 서류철을 살펴보자. 서류 더미에 있던 낱장 서류들을 모두 분류했으면, 새로운 방법대로 정리해 보자. 이때 '새로운 시스템에서 사용할 수 있는 서류철이 있는가', '다른 방식으로 분류되어야 할 자료들이 있는가' 에 유의하면서 작업하자.

무엇보다 분류 작업은 일의 연결 고리를 찾는 일이기 때문에 앞으로 일을 할 때 전체를 바라보는 안목을 갖게 해줄 것이다.

6단계 : 서류 서랍의 남는 공간을 살펴보고 어떤 항목들을 그곳에 보관해야 할지 결정하자. 이전 단계가 끝날 때쯤이면 기존에 있던 항목들의 크기를 쉽게 가늠할 수 있을 것이다. 이 시점에서는 전체를 이루는 부분들이 눈에 보이기 시작한다. 이제 당신의 서류 정리 시스템은 완전한 모습을 드러낼 것이다.

일상 업무에서 사용하는 빈도에 따라 가까이 둘 것과 멀리 둘 것을 결정하면 된다. 당연히 자주 쓰는 자료는 가장 가까이에 둔다. 주의할 것은 퇴직연금 자료나 지난해 인사고과, 의료보험 정보 같은 사적인 서류는 빈도와 상관없이 가까운 곳에 두거나 밤에는 잠글 수 있는 곳에 보관해야 한다.

이제 작업은 거의 막바지에 왔다. 판단하는 일은 거의 끝났고, 이제 반복적인 작업만이 남았다.

프로젝트 공간 만들기

일을 하는 한 항상 진행 중인 프로젝트가 있다. 하나가 끝나면 숨을 돌리기도 전에 다른 것이 시작된다. 시간이 오래 걸리는 것도 있고 간단히 끝나는 것도 있고 쉬운 것도 있고 어려운 것도 있다. 주어진 프로젝트를 준비할 때, 관련 서류를 쉽게 찾을 수 있는 장소가 필요하다. 그 장소가 폴더 하나이든 캐비닛 서랍 하나이든 필요한 자료를 단번에 알아보고 찾을 수 있어야 한다.

1단계 : 일단 프로젝트 관련 서류의 양이 얼마나 되는지 고려해 보자. 서류철 하나가 필요한가, 아니면 박스가 필요한가, 혹은 둘 다 필요한가?

2단계 : 보통 서류철을 사용할지, 색이 다른 것을 사용할지, 아니면 스티커를 사용해 구분할지 결정하라.

3단계 : 서류 인덱스는 서랍 안의 이정표다. 고속도로 교통 표지판처럼 새로운 프로젝트가 시작될 때를 알려 준다. 인덱스를 보면 보충 자료의 유무도 알 수 있다. 서류 이름을 정할 때는 프로젝트 이름을 쓰면 편하다. 그리고 필요하다면 파일의 오른쪽에는 그 항목의 세부 내용을 알 수 있는 인덱스를 붙인다.

서류 서랍 정리하기

서류 서랍 안쪽을 자세히 살펴보면 서류철들은 귀퉁이가 접혀 있고 지저분할 때가 많다. 알파벳 순서는 찾을 수가 없고 손으로 쓴 인덱스는 거의 읽을 수가 없는 상태다. 이런 서류들은 사용하지 않는 것이 분명하다. 이제, 서랍 안쪽도 정리할 때가 왔다. 능률적이면서 보기에도 편한 시스템을 만들어 보자. 이제 거의 끝나 간다. 아래 내용을 참조해서 만들어 보자.

● 서류 서랍에 있는 모든 자료들은 알파벳 순서로 정렬되어야 한다.

작은 서류철에서부터 박스 안에 있는 서류들에까지 모두 적용되는
규칙이다.

- 책상에 있는 서류 서랍을 이용한다면 서류가 당신 쪽으로 오게 만
  들어라. 서랍을 들여다보기 위해 의자를 뒤로 밀어야 하는 경우가
  많은데, 이것은 시간과 에너지 낭비다.
- 서류 서랍을 자주 열어야 한다면 서류 하나를 꺼낼 때마다 표시를
  해라. 내 고객 중 한 사람은 색종이를 이용한다. 서류를 꺼낸 자리에
  끼워 넣으면 서류를 보고 나서 쉽게 자리를 찾을 수 있다.

시스템 완성

실제로 서류 서랍에 자료를 모아 넣는 일은 빨리 빨리 할 수 있고 재미
도 있다. 마침내 새로운 서류 정리 시스템이 눈앞에서 살아나고 있다.

다음 주에는 주요 서류 목록 작성을 할 예정인데, 바로 작성하지 말고
며칠 동안 새 시스템을 사용해 보고 수정해야 할 점은 없는지 확인하는
것이 최상의 방법이다. 이 기간의 경험이 주요 서류 목록을 작성할 때,
당신에게 가장 편리한 시스템이 되도록 도와줄 것이다. 그러면 시스템은
완성이다.

➕ 플러스 정보 ----------------------- 작지만 유용한 정보

이런 사소한 정보가 에너지를 얼마나 아껴 주는지를 알면 놀랄 것이다. 한번 실행해

보라.

- 새 폴더는 벽걸이용 파일 걸이에 보관해 보자. 그러면 새 서류를 만들어야 할 때마다 일을 멈출 필요가 없다.

- 서류 박스는 옆으로 세워 놓는 것을 사야 한다. 그래야 서류를 쉽게 빼낼 수 있다. 서류철을 쌓아놓으면, 맨 아래 것이 필요할 때가 꼭 있다.

서류 정리 시스템을 유지하라

이제 당신에게도 서류 정리 시스템이 생겼다. 시스템이 아주 광범위하거나 복잡하다면, 프로젝트 서류의 이름을 모두 컴퓨터에 입력해서 프린트한다. 나는 이것을 '주요 서류 목록' 이라고 부른다. 새로운 서류를 어디에 둬야 할지 모르거나 특정한 서류가 어디에 있는지 몰라서 당황할 때마다 참고 자료 폴더를 꺼내어 이 서류를 찾아라.

주요 서류 목록의 이해를 돕기 위해 앞으로 우리가 공유할 목록은 베벌리 힐스의 유명한 부동산 중개업소에서 일하는 스티브의 것이다. 여기서 항목들이 서로 다른 색으로 인쇄되어 있는 것을 보여 줄 수 없는 것이 안타깝다. 항목의 색이 중요한 이유는 해당 항목의 서류철이 같은 색으로 되어 있어서 분류가 한눈에 들어온다.

다음 목록에는 당신이 처음 들어 보는 이름이 있을 수 있다. 부동산 관련 용어들이나 스티브와 자료의 관계를 반영하는 이름은 당신에게는 아무 의미가 없다. 예를 들어, '회사 시스템' 이라는 말은 스티브만 사용하는 문구이고 그가 사무실을 운영하는 데 필요한 모든 자료를 나타낸다. 당신은 다른 문구를 사용해도 된다.

이 목록을 주요 항목과 하위 항목을 만드는 방법의 예로 공유하려고 한다. 이것은 당신에게 영감을 주기 위해서이지 똑같이 따라 하라는 뜻은 아니다. 주요 서류 목록에는 개인적인 스타일과 창의성 그리고 정리가 필요한 자료와 당신과의 관계가 반영되어야 한다.

주요 서류 목록의 예

첫 번째 서류 서랍에는 두 가지 주요 항목이 있다. '위기관리' 와 '특수 언어'. 위기관리 안에는 긴 목록이 알파벳 순서로 정리되어 있다. 특수 언어 항목에는 그 주제에 맞는 많은 양의 서류가 있다. 분류해 놓지는 않았지만 폴더 세 개를 꽉 채웠다.

두 번째 서류 서랍도 두 가지 주요 항목이 있다. '회사 시스템' 과 '개인 정보'. 회사 시스템에는 중개 서신과 일반 서류의 두 가지 하위 항목이 있다. 일반 서류 항목을 만들면서 우리는 몇 가지 하위 항목이 더 있는 것을 발견했다. 이것은 곧 일반 서류에 포함되는 서류의 양이 한 폴더에 들어가기에는 너무 많다는 것을 의미한다. 그래서 정보 검색을 더 쉽게 하기 위해 하위 항목에 또 하위 항목을 만들었다. 재정 서류, 홍보 및 광고, 사무실 환경, 특별 프로젝트 그리고 사무용품.

다음의 목록을 참고하라. 진하게 표시된 글자는 실제 서류 폴더가 아니라 항목을 나타낸다.

수수료

권리금

수수료 스케줄

우편물/개인

게시판 자료

자격증 및 부동산협회 정보

회사 도면/직원 자리표

회사 규정

직원 명단

주차 옵션

대리 주차 제안서

소개서

환급 형식

판매 보조원 정보

영업 회의 주제

영업 회의 노트

거래처 목록

음성 메시지

웹사이트 정보

재정 서류

   - 재정/중개 수수료

   - 재정/사무실 비용

   - 재정/보류 물건

홍보 및 광고

- 광고 장소

- 광고 업체

- 업체 홍보 자료

- 고객 이득

사무실 환경

- 포커스 그룹

특별 프로젝트

- 몬테시토 자산

- 사무실 리모델링

- 거래 관리자

사무용품

- 봉투

- 라벨지

- 문구용품

개인 정보

연락처/개인용

미국 부동산협회 회원증

중개인 자격증 갱신

일단 당신만의 주요 서류 목록을 만들었다면, 그것을 유지해야 한다. 서류가 없어지면 목록에서 지우고, 새로운 서류가 만들어지면 목록에 첨가해야 한다. 최신 정보로 업데이트된 목록은 참고 자료 바인더에 보관한다.

참고 자료 바인더에는 자주 쓰는 다른 참고 자료들을 저장할 수도 있다. 예를 들어, 사무실 간의 전화번호부나 사무실 전화 사용법, 각 부서마다 다른 업무 시간표, 컴퓨터 기능에 대한 설명서 등이다. 흔히 이런 간단한 메모는 메모판을 이용하는 경우가 많지만, 메모판은 순식간에 어지러워지기 때문에 장기적으로는 바인더를 사용하는 것이 훨씬 효율적이다.

서류 정리 시스템 유지하기

모든 것은 유지가 필요하다. 사무실을 정리하고 계속 관리해야 한다는 사실에 힘들어하지 말자. 그저 세상을 운영하는 시스템의 일부일 뿐이다. 이 시스템에 더 많은 에너지를 쏟아야 하거나 이미 과중한 스케줄에 할 일이 더 많아지는 것이 아니다. 관심의 초점과 에너지를 옮겨서 다른 일을 연속으로 하기만 하면 된다.

잡지나 뉴스레터, 신문 등을 책상이나 사무실 아무데나 던지지 말고 정해진 자리에 갖다 놓자. 당신이 읽을거리를 찾아야 할 때 에너지를 쏟지 않고도 쉽게 찾을 수 있을 것이다. 그리고 이런 말도 다시는 안 하게 될 것이다. "이런! 그 기사 읽으려고 했는데."

⊞ 플러스 정보 -------------- 보다 편하게 시스템 유지하기

서류는 늘 넘쳐난다. 새로운 시스템에 익숙해질 때까지 도움을 줄 정보를 제공하겠다. 이 부분을 복사해서 가지고 다니면서 편하게 이용해 보라.

- 동료에게 받은 서류 → 받은 편지함(매일 체크)

- 후속 조치가 필요한 서류 → 진행 중 폴더(매일 체크)

- 일을 하기 전에 다른 사람의 연락이나 다른 물건을 기다려야 하는 서류 → 보류 중 폴더(일주일에 한 번 체크)

- 동료에게 전달해야 하거나 우편으로 보낼 문서 → 보낼 편지함(매일 체크하거나 비서에게 퇴근할 때 모두 처리하도록 부탁)

- 필요 없는 문서 → 쓰레기통이나 문서 분쇄기

- 보관해야 할 문서 → 주요 서류 목록을 참고해서 적절한 프로젝트 서류철이나 새로운 프로젝트를 시작한다면 서류로 만들 것(일주일에 한 번씩 서류철을 만들거나 적당한 때 만들기)

- 간행물과 기사 → 읽을거리 폴더(일주일에 한 번 체크), 잡지 보관함 혹은 쓰레기통

자주 쓰는 서류 쉽게 찾기

사람들이 공통적으로 호소하는 두려움 중 하나는 서류가 일단 서류철로 들어가면 잊어버리지 않을까 하는 것이다. 이번 주에는 진행 중인 한두 가지 프로젝트 때문에 하루에도 몇 번씩 꺼내 보는 자료를 위해 아이

디어를 제시하려 한다. 바인더와 프로젝트 박스를 이용하는 것인데, 서류 시스템과 같이 사용하면 된다.

바인더

바인더는 이런 작업을 하기에 편리한 도구다. 요즘은 색상과 스타일, 재질별로 다양하게 나오고 있다.

서류를 항목별로 구분한 후 사용 빈도를 생각해서 바인더에 저장할 서류를 선택한다. 각 항목별로 나뉜 서류 무더기를 보고 필요한 바인더가 어느 정도 크기여야 하는지 가늠해 보자. 자료는 몇 개의 바인더에 나눠서 저장하는 것이 좋다. 각 부분을 나눌 때는 인덱스 탭을 사용하라.

특정한 프로젝트 관련 서류를 색깔이 있는 서류철에 저장한 것처럼, 서로 다른 색의 바인더를 사용해서 특별한 항목을 결정할 수도 있다. 색깔을 다르게 쓰면 진행 중인 프로젝트 관련 서류를 어디에 저장하고 어디에서 찾을까가 놀랄 만큼 쉬워진다. 이런 작업은 생산성을 높이는 데 도움이 된다.

주의할 점은 바인더를 보관할 장소가 있어야 한다는 것과 그 장소가 책상 위는 아니라는 것이다. 아주 넓은 책상을 쓰지 않는다면 바인더 때문에 책상이 엄청나게 복잡해질 것이다. 바인더를 자주 사용한다면, 어느 곳이든 쉽게 닿을 수 있는 곳에 둬야 한다. 그리고 첫 번째 바인더가 꽉 차면 두 번째 바인더에 넣으면 된다. 바인더가 너무 뚱뚱해지면 페이지를 넘기기가 힘들어져서 생산성을 위한 도구가 생산성을 방해하는 애물단지가 되어 버린다.

프로젝트 박스

몇 년 전부터 사용한 아이템이다. 프로젝트 박스는 서류 캐비닛을 극도로 싫어하는 사람들에게 부속물로 권하는 것일 뿐 서류철 대신 쓰라고 권장하고 싶지는 않다.

프로젝트 박스에는 관련 항목의 서류들을 넣을 수 있다. 이 박스의 용도는 몇 가지 특정한 프로젝트와 관련된 자료를 소량 저장하기 위한 것이다. 서류를 차곡차곡 넣고 박스를 닫으면 깔끔해지기는 한다. 그러나 그렇게 차곡차곡 쌓아놓은 서류들은 찾기가 어렵다. 그리고 클립이나 스테이플러를 사용하지 않으면 구분해서 보관하기가 어렵다. 그러니 소량만 저장하라.

프로젝트 박스는 종료된 프로젝트 관련 서류를 저장할 때 써도 좋지만, 서류철이나 바인더와 같이 써도 좋다. 다양한 색상의 박스를 구입해서 각 프로젝트별로 구분해서 쓸 수도 있다. 박스에는 라벨을 붙일 수 있는 자리도 있다. 한 프로젝트를 작은 부분으로 나눠 여러 개의 박스를 사용해야 하는 경우에는 색깔로 프로젝트를 구분하고 라벨로 그 내용물을 구분하면 된다.

축하한다. 가장 길고 일이 많은 한 달이 지나갔다. 나머지 1년을 위한 기초를 닦은 것이다. 이제는 일사천리로 일이 진행될 것이다.

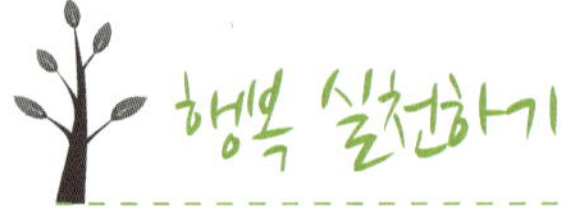

- 쌓인 자료를 어떻게 정리해야 할지 모르겠다면 순간적으로 결정하는 법부터 배우자. 필요 없는 서류는 과감히 없애자. 정기 간행물은 치우고, 완료된 프로젝트 서류는 보관함에 넣는 것이 그 첫걸음이다.
- 일의 생산성이 계속 떨어진다면, 나만의 서류 정리 시스템을 만들어 보자. 한결 편해질 것이다.

시간

잃어버린 시간 되찾기

1WEEK

내가 나를 속이는 이유

2WEEK

완벽주의를 버려라

3WEEK

잃어버린 시간을 되찾아라

4WEEK

집중력은 훈련으로 길러진다

리얼 행복습관

4/12　　시간은 남녀노소 지위고하를 막론하고 누구한테나 똑같이 공정하게 주어진다. 그런데 시간의 양은 같을지 몰라도 그 질에서는 많은 차이가 난다. 재미있는 일을 할 때면 시간은 금세 지나가 버린다. 반면에 하기 싫은 일을 할 때는 시간이 질질 끌면서 가는 것 같다. 하지만 분명한 것은 이미 지나간 시간은 되돌릴 수 없다는 사실이다.

이번 달에는 일을 미루는 버릇이 어떻게 시작되었는지를 생각해 보자. 현재 시간을 어떻게 사용하고 어떻게 흘려보내는지도 알아보자. 그리고 당신이 시간을 위해 일하는 것이 아니라 시간이 당신을 위해 일하는 방법 몇 가지를 살펴보자.

일과의 마무리를 하자

이번 달에는 기껏 한 정리정돈이 망가지려 할 때 즉시 알아차리는 법을 중점적으로 배워 보자. 타이머로 5분을 맞춰 놓고 열심히 사무실을 정돈하라. 하루를 시작할 때나 끝낼 때, 당신이 최고의 기분으로 일할 때마다 이렇게 해보자. 이때 무엇을 찾아야 할까? 간단하게 말하면 제자리를 벗어난 것이면 어떤 것이든 찾아라. 예를 들어 중앙 서류 보관소에 돌려 놔야 할 서류가 있는가? 특정한 기사를 보기 위해 신문이나 잡지를 오려서 옆에 놔두었는가? 기사만 오려서 읽을거리 파일에 넣어 두면 된다. 휴지통이 넘치려고 하는가? 다른 사람 물건은 없는가? 타이머가 울리고 나면 세사리에 놀려놔라. 주말에도 이 습관을 유지해라. 이 습관이 몸에 배면 어질러진 상태를 더 이상 견딜 수 없게 될 것이다.

부엌에 설거지감을 없애자

부엌은 집에서 아주 중요한 공간이다. 우리 몸에 음식을 공급하는 일만큼 신성한 일이 어디 있으랴. 이번 달에는 이렇게 중요한 공간인 부엌을 깔끔하게 정리해 보자. '건조대에 있는 깨끗한 접시들 치우기', '설거지감이 생기면 바로 설거지하기' 이 두 가지 습관은 부엌 정리 2단계로 싱크대에 설거지감 없애기를 도와줄 것이다.

내가 나를 속이는 이유

같이 나누고픈 비밀이 한 가지 있다. 모든 사람들은 일을 미룬다는 사실이다. 정리전문가인 나도 예외는 아니다. 하지만 만성적으로 일을 미루는 사람들에게는 세상 일이 만만치 않다. 늘 약속에 늦고, 기한에 맞춰 리포트를 내는 데 어려워하면서 언젠가는 미루는 버릇을 완전히 없애는 날이 올 것이라고 끊임없이 꿈을 꾼다. 당신은 어떤가? 만성적으로 일을 미루는 사람인가?

이번 달에는 일을 미루는 사람에서 일을 하는 사람으로 변신해 보고자 한다. 4월 한 달을 꼬박 일을 미루는 버릇을 없애는 데 주력할 것이다.

우선 이 버릇이 언제 어디서부터 생겼는지 알아볼 필요가 있다. 그래야 그렇게 엄청난 스트레스를 받으면서도 매번 일을 왜 미루게 되는지를 이해할 수 있다. 그런 다음 언제나 극적인 상황으로 몰고 가서야 몸을 움직이는 습관을 버리는 프로젝트에 돌입할 수 있다. 이번 주에는 사람들이 일을 미루는 몇 가지 이유에 대해 살펴보자.

일을 미루는 이유

일을 미루는 이유는 한 가지만 있는 게 아니다. 우리가 피하고 싶은 것이 무엇이냐에 따라서 다음 중 한 가지이거나 여러 가지가 복합적으로 작용하게 된다. 다음 사례 중에 당신의 사례가 있는지 알아보자.

1 "이 일은 너무 어려워." 당신은 어려워서 하기 싫은 일도 해야 한다. 당신은 이미 마음속으로 이 일은 곰과 싸우는 것만큼 어려울 것이라고 생각한다. 그래서 결국 어떻게 하는가? 당신은 막판까지 기다린다. 일주일 전에 끝낼 수 있는 일을 마지막 날 밤 9시 30분쯤 시작한다. 그런데 그 일이 생각보다 쉽다. 그럴 때 당신은 머리를 박고 싶지 않은가?

2 "이제부터 밤을 새서 해야지." 가끔 예상대로 일이 어려울 때도 있다. 그러면 내면에서 부정적인 노래가 시작된다. '왜 좀 더 일찍 시작하지 않았을까?', '절대 정해진 기한에 맞추지 못할 거야', '꼬박 밤을 새야겠군', '왜 나는 늘 이런 식일까?' 심지어 자신이 실패자로 느껴진다. 그렇지 않은가? 당신은 너무 지쳤고 잠이 쏟아진다. 출근해서 프레젠테이션을 앞두고 동료들은 당신의 얼굴에서 짜증과 피곤을 읽어 낸다. 오후에 책상에서 꾸벅꾸벅 졸면서 '언젠가는 이런 일이 더 이상 반복되지 않게 할 거야'라고 맹세한다.

3 "엄마, 가지 마!" 만약 당신에게 아이가 한 명 있는데 엄마가 없으면 마구 찾고 운다고 생각해 보자. 아이는 이제 다섯 살이고 엄마가 없으면 절대 안 된다. 아이는 출장이 뭔지도 모른다. 달력에 돌

아올 날짜에 동그라미를 치며 몇 밤만 자면 엄마가 다시 올 것이라고 아이를 안심시킨다. 매일 전화로 "잘 자고 좋은 꿈꿔"라는 말을 해주기로 약속한다. 그러나 다 소용없는 일이다. 아이는 이제 겨우 다섯 살이 아닌가.

당신은 출장을 가야 한다. 그런데 징징거리는 아이 때문에 칫솔 하나도 제대로 챙기지 못한 채로 시간만 보내고 있다. 집에서 바삐 움직이다 보면 신경을 써야 할 백만 가지 사소한 일들이 생각난다. 이런, 고양이 배설물 상자가 엉망이다.

짐을 다 쌌을 때쯤이면 자러 갈 시간이다. '이제 괜찮아. 꼭 가져갈 것들은 다 알고 있으니까' 라고 생각한다. 그러나 당신의 회색 정장은 아직도 세탁소에 있고 그 정장과 같이 입는 빳빳한 흰색 블라우스에는 지난달에 스톡홀름에서 묻은 케첩 얼룩이 남아 있다. 새벽녘에, 피곤으로 흐릿해진 눈으로 당신은 짐 가방과 노트북, 핸드백을 차에 싣고 공항에 간다. 그러면서 자신에게 묻는다. "왜 나는 늘 이 모양이지?"

4️⃣ "나는 늘 일을 막판에 해야 잘 돼." 일을 미루는 것이 일하는 방식이 되어 버리면 심각하다. 일이 막판에 몰려 급하게 처리할 때 방출되는 아드레날린이 삶의 활력을 주는가? 그렇지 않으면 남은 생이 지루해질 것 같은가?

매주 회의에서 당신이 프로젝트를 발표할 때가 되면 주변의 이상한 반응이 느껴지는가? 사람들이 엄지손가락을 배배 꼬는가? 어쩌면 눈동자를 이리저리 굴릴지도 모른다. 아니면 책상 밑으로 휴대폰을 통해 마구 문자를 날리지도 모른다.

어쩌면 동료들은 당신과는 어떤 일도 하고 싶지 않을지도 모른다. 제때에 일을 완성할 수 없다는 사실을 알기 때문이다. 일을 제때 완성하더라도 그 과정에서 겪게 될 진땀나는 상황이 달갑지 않기 때문이다. 당신은 확실히 모두의 관심을 받는다. 하지만 좀 더 쉬운 방법은 없을까?

5 **"일을 완벽하게 해야 해."** 일을 '완벽'하게 해야 하는 완벽주의자는 그가 하는 모든 행동, 일, 약속 등을 좀 더 완벽하게 하고 싶어 한다. 그는 자신의 높은 수준에 대해 자부심을 갖고 있다. 그리고 자기보다 못한 사람들을 업신여긴다. 완벽주의자는 엄격한 감독자이기 쉽다

완벽주의자는 모든 면에서 완벽을 추구한다. 리서치가 적당하지 않은 것 같으면 보고를 미룬다. 완벽주의자는 돈키호테처럼 불가능한 꿈을 꾼다. 그러나 모든 것이 완벽해지기를 기다리지만 그럴수록 그의 노력은 방해를 받곤 한다. 현실에서는 완벽함이란 존재하지 않기 때문이다. 그럼에도 끊임없이 완벽을 추구하고 그것에 도달하기 위해 고군분투한다. 그런데 문제는 실제 행동에서 완벽을 추구한다기보다 눈만 높아져서 몸이 더 게을러질 가능성이 높다는 사실이다. 최선을 다하는 것과 한 차원 더 높은 완벽을 추구하는 것은 완전히 다른 문제다.

앞으로 경험이 더 쌓이면 이 책에서 얻은 지혜를 모든 영역에서 적용할 수 있게 된다. 그것은 사무실 정리부터 업무의 수준을 유지하는 법에 이르기까지 모두 포함된다. 우리가 살면서 얻은 지혜나 지식이 전반으로 확장되고 완성되려면 시간을 두고 기다려야 한다.

만약 항상 완벽하려고 하면 어디서 삶의 기쁨을 느낄 수 있을까? 무엇을 배울 수 있을까? 그리고 누가 완벽주의자의 친구가 되고 싶을까? 누가 그 수준을 맞춰서 살 수 있을까? 완벽함을 추구하는 것은 실패를 추구하는 것과 같다는 사실을 깨달아야 한다. 아무리 수준을 높여도 만족할 수 없다.

우리는 이번 달에 모든 형태의 미루는 습관을 없애려 한다. 특히 완벽주의자라면 더 노력해야 할 것이다.

원인 진단하기

온갖 핑계를 갖다 붙이며 일을 미루려는 근본적인 이유를 알기 위해서는 과거를 조사해 보는 것이 도움이 된다. 오랫동안 관찰해 본 결과, 일을 미루는 습관 때문에 크게 어려움을 겪는 사람은 일을 미뤘을 때의 결과뿐 아니라 중간 과정에서도 기쁨을 느낀다. 어떻게 그럴 수가 있냐고? 다음의 내용을 읽다 보면 무슨 말인지 이해가 갈 것이다.

1 당신이 프로젝트를 위해 해야 할 모든 일거리에 대해 불평하면서 사무실에서 고함을 치거나 하면 사람들의 주목을 받게 된다. 일을 뛰어나게 하지 않아도 변명을 할 수 있다. 모든 일을 마지막 순간까지 미루면 최선을 다할 시간이 없다. 아마도 이 이상 더 큰일을 맡기지 않을 것이라는 생각에 무의식적으로 안도할지도 모른다.

2 당신이 일을 마치면, 모든 사람들이 극도로 안심한다. 일을 안 하

고 기다릴 가치가 있었다. 이제 당신은 두 번이나 쇼의 주인공이 된 것이다. 일을 준비하는 동안과 끝마쳤을 때. 정말 흥분되는 일이다.

3 부모 중 누군가 계속 일을 미루는 사람이 있었다면, 무의식중에 부모의 일 처리 방식을 보고 배웠을 가능성이 높다. 그래서 부모처럼 행동하면서 무의식중에 어른이 되었다고 느끼는 것이다.

4 부모에게 최선의 노력을 기울여야 최고의 작품이 나온다고 배웠다면, 기한이 다가왔을 때 일을 어렵게 할수록 더 잘할 수 있다고 생각할 가능성이 높다. 당신은 일의 경험을 쌓으려고 원래 그래야 하는 것보다 훨씬 더 어렵게 노력하는 사람은 아닌가.

이제 일을 미룸으로써 어떤 이득을 얻고 있는지 이해할 수 있겠는가? 아직 이해할 수 없다면 다음의 질문에 답하는 동안 머릿속이 명쾌해질 것이다. 수첩을 옆에 두고 답을 적어 보라.

📌 일을 미루는 원인 진단
— 일을 처음 미뤘던 순간 떠올리기 —

❶ 당신은 원래 일을 미루는 사람인가?

❷ 만약 '그렇다'고 대답했다면, 이런 특성이 당신의 삶에 첫 번째로 끼친 영향은 무엇인가?

학교에 지각하거나 공식적인 행사에 늦었을 때 어떤 느낌을 받는가? 아니면 주어진 일만 늦게 하는 편인가? 당신이 특이하다고 생각하는가? 창피한가? 아니면 특권 의식을 갖고 있는가? 가능한 솔직하게 대답해 보자.

학창 시절인가? 그렇다면 몇 학년 때인가? 왜 그때 그렇게 변했다고 생각하는가? 만약 학창 시절 이후에 시작되었다면, 다시 한 번, 왜 그랬다고 생각하는가? 아니면 당신은 아마도 직장에 들어오기 전까지는 순발력 있게 일을 잘 처리하는 사람이었을지도 모른다. 당신은 뛰어난 운동선수였거나 연극 무대의 주인공이었나? 그렇다면 대기업 말단직의 일은 꽤 실망스러울 것이다.

예를 들어, 우울증이 있는가? 만성 질병을 앓고 있는가? 특별히 관심을 쏟아야 할 가족이 있는가? 만약 그렇다면, 당신이 정신적, 감정적, 영적으로 너무 피곤해서 더 이상 책임 맡기를 주저하는 경우는 아닌지 생각해 본 적이 있는가? 직장에서 주어진 일이 또 하나의 짐으로만 여겨지는가? 짐을 좀 덜어 버리거나 모든 것을 잘 관리할 수 있도록 도움을 받을 수는 없는가?

❺ 현재의 직장을 냉정한 눈으로 바라보았을 때, 일을 미루게 만드는 요인이 그 안에 있는가?

예를 들어, 당신이 하는 일마다 쓴소리를 하는 아주 엄한 관리자가 있는가? 아니면 당신이 속한 팀이 매우 경쟁적인 데 반해 당신은 경쟁적이지 않은 사람인가? 리포트를 늦게 제출해서 경쟁으로부터 무의식적으로 멀어지려는 것은 아닌가?

❻ 당신은 자랑스럽게 완벽주의자라고 말하고 다니는가?

다른 사람이 하는 일의 수준이 당신에 비해 낮아 보이는가? 일을 끝내는 것과는 상관없이 더 높은 목표를 향하고 있으므로 일이 늦어져도 정당하다고 생각하지는 않는가?

❼ 매일 충분한 잠을 자고 운동을 하고 적절한 식사를 하는가?

직장이 요구하는 만큼 체력이 뒷받침되지 않아서 일을 미루는 것은 아닌가?

❽ 마감 때 살아 있다고 느끼는 편인가?

마감 때, 사무실을 바쁘게 뛰어다니며 아드레날린이 분비되면서 느끼는 흥분에 만족하는가? 그런 순간에 특히 생동감을 느끼는가? 당신은 이런 식의 자기만족을 즐기는 타입인가?

❾ 마감에 느끼는 압박감이 집중력을 최고로 만들어 준다고 생각하는가?

그럴 때 수반되는 스트레스는 장기적으로 봤을 때 당신의 몸을 해칠 수 있으므로 변화를 주어야 한다.

❿ 당신은 혹시 주의력결핍 과잉행동장애(ADHD)가 아닌가?

이 경우라면 쉽게 정신이 산만해지고 일을 마무리하기 어렵고 충동을 조절하지 못한다. 고객 중에도 이런 사람들이 많은데, 그들은 사회적으로 성공했고 창조적인 사람들이기도 하다. 당신도 잘 관리하면서 최선의 방법을 찾기만 한다면 극복할 수 있을 것이다. 만약 당신이 그런 문제를 겪고 있다면, 전문가와 상담해 봐야 한다. 이와 관련된 책과 강의, 상담 등 방법은 얼마든지 있다.

이런 질문들은 당신의 삶에서 미루는 버릇이 생겨난 연결 고리를 푸는 데 도움이 된다. 당신에게 미루는 버릇이 생긴 이유 중에 빠진 것이 있는가? 여기에 나온 것이나 당신이 찾아낸 자신만의 이유를 수첩에 적고 이런 발견에 대한 짧은 글쓰기를 해보라. 이해는 새로운 경험을 만들기 위한 첫 번째 단계다.

일단 미루는 버릇 때문에 생기는 문제가 언제 어떻게 시작되었는지 알았다고 생각되면, 다음 문장들을 완성해 보기 바란다. 이런 패턴을 바꿀 수 있다.

📌 일을 미루는 원인 이해
— 나만의 스트레스 요인 찾기 —

❶ 나는 이제 내가 일을 미루는 주된 이유가 _________ 때문이라는 것을 알았다.

❷ 내가 일을 미뤄서 얻는 '이득'은 ______________________ 이다.

❸ 일의 성과를 높이고 미루는 버릇을 없애기 위해 내가 지금 해야 할 신체적 행동(좋은 음식을 먹고, 운동을 더 하고, 잠을 충분히 자는 등)은 _____________________ 이다.

❹ 내가 원하는 감정적 변화는 __________________ 이다.

❺ 내 삶에서 미루는 버릇을 완전히 없앴을 때 얻을 수 있는 다섯 가지 확실한 보상(스트레스의 경감 등)은 __________________ 이다.

일을 미루는 버릇을 없애는 것이 결정을 내리는 일처럼 쉬울까? 절대 아니다. 이런 버릇은 몸에 뿌리 깊이 배어 있어서 바꾸기 위해서는 계속 각성하고 굳은 의지를 갖고 집중해야 한다. 노력할 만한 가치가 있는 일에는 모두 그만 한 책무가 따르지 않는가? 기분 좋게 도전을 받아들여라. 올해 말쯤 되면 미루는 버릇은 과거로만 남게 될 것이다. 지금 당신은 자신의 삶을 더 어렵게 만들고 안 받아도 될 스트레스를 받고 있다. 이제는 성공을 향해 한 번에 한 걸음씩 앞으로 나아가 보자.

완벽주의를
버려라

어떤 일을 완벽하게 해내지 못할까봐 너무 두려워서 아예 시도조차 못한 적이 있는가? 직장에서 완벽하려고 하면 결국 아무 것도 못하고 일만 미루게 될지도 모른다. 전화 걸기나 이메일 보내기처럼 가장 간단한 행동부터 복잡하고 여러 단계를 거쳐야 하는 프로젝트까지, 모든 일에 완벽해야 하기 때문이다.

나는 누구보다 완벽함을 추구하는 것이 무엇인지 잘 알고 있다. 나의 어머니는 내게 늘 최선을 다하라고 가르치시면서, 매사에 시간에 맞게 완벽하게 일을 해낼 것을 요구하셨다. 그래야만 인정을 받을 수 있었다. 짐작하겠지만, 이 때문에 나는 어렸을 때 많은 상처를 받았고, 아이러니하게도 실패를 많이 했다. 어른이 되어서야 완벽하기보다 최선을 다하는 것이 더 긍정의 힘이 있고 아름답다는 것을 알게 되었다. 완벽함은 이룰 수 없는 목표에 불과하다.

나는 나를 강박적으로 내리누르는 완벽주의를 벗어 버리기 위해 내가 절대로 숙달할 수 없는 것을 배우기로 했다. 나와 같이하는 사람들이 모두 나보다 훨씬 잘할지라도 최선을 다하자 마음먹었다. 그때 내가 배운 것이 이소룡이 고안한 무술, 절권도였다. 나는 정말 소질이 없어서 함께 수강하는 사람들이 왜 계속 나오느냐고 물을 정도였다. 하지만 나는 잘하는 것보다 그저 최선을 다하고 싶었을 뿐이다. 기분이 어땠냐고? 나는 2년을 더 하고 그만두었는데, 완벽해지고픈 열망을 마음속에서 많이 지울 수 있었다.

성공과 실패에 대한 두려움을 없애라

일을 완벽하게 하겠다는 열망의 이면에는 두려움이 존재한다. 실패에 대한 두려움이다. '내가 이일을 했다가 바라는 대로 안 되면 어떡하지? 다른 사람들이 뭐라고 할까?' 그래서 완벽주의자들은 실패할 일은 아예 안 해 버린다. 대부분 어렵다 싶은 것은 시도조차 하지 않으려 한다. 두려움이 만드는 함정이다.

실패에 대한 두려움은 직장에서 다른 모습으로도 나타난다. 보통 상사가 일을 주면 공포감 때문에 극도로 예민해진다. '존은 내가 이 일을 할 수 있을 거라고 생각해서 맡겼을 텐데, 못하면 어쩌지? 직장에서 해고될까? 동료들은 어떻게 생각할까? 존은 좋은 사람인데 내가 관계를 망쳐 버리는 건 아닐까?'

당신은 혹시 상사에게서 어떤 일을 받은 후 긴장해서 완전히 굳어 버린 적이 있는가? 그때 당신의 내면에서는 어떤 말이 들리는가? 결국 어떤 일이 벌어졌는가?

　실패에 대한 두려움은 성공에 대한 두려움도 따른다. 매일 접하는 사건사고 소식에는 큰 성공을 거둔 사람이 자신이 이룬 성공에 정확하게 비례해서 삶을 망친 뉴스가 자주 오른다. 성공적으로 일을 끝마치면 뭔가 나쁜 일이 생길 것 같은 무의식적인 두려움이 있다. '이제 나에게 더 많은 일들이 주어지겠지' 혹은 '지금까지 이룬 성공은 단지 운이 좋았던 것뿐이야' 하면서 두려워한다. 이런 감정은 어떤 식으로 나타났는가? 그때 앞으로 나아갔는가 아니면 포기하고 말았는가?

　"두려움을 느끼는 일을 하라. 그러면 그 두려움은 틀림없이 사라지고 만다." 프랭클린 루스벨트 대통령이 한 말이다. 그는 세계 전쟁 중에 미국을 통치했지만, 이 말에 담긴 지혜는 우리가 직면한 모든 두려움에 딱 들어맞는다. 상사는 부하직원에게 아무 대책 없이 갑자기 일을 맡기지 않는다. 두려워하지 말고 하나씩 하나씩 일에 대한 성취를 이루어 가다 보면 두려움도 사라질 것이다. 인생은 훌륭한 선생님이다.

　매주 중역회의에서 프레젠테이션을 해야 한다면? 사장님을 비롯한 무서운 상사들이 노려보듯이 지켜보는 자리에 서는 것이 두려운가? 그 때문에 초조한가? 그럼에도 완벽하게 준비해서 최고라는 소리를 듣고 싶은 열망이 있는가? 완벽함을 추구하는 사람이 경쟁 관계 속에 있으면 완전히 지쳐 버린다. 감정적으로 너무 힘들어서 병가를 내야 할지도 모른다. 잠시 자리에서 일어나 간단한 지침만 내리는 사람들이 부러운가? 그런데 당신은 TV쇼에 나가는 게 아니다. 훨씬 편안하게 마음을 먹어도 된다. 두려움을 해결해 주는 약은 지식과 연습이다.

　더 이상 두려워하지 않는 사람이 되겠다고 선언하라. 당신이 어떤 종류의 두려움을 쥐고 놓지 않는지는 몰라도; 당신의 목표는 두려움보다 해결책에 집중하는 것이다. 그리고 해결 방법을 모른다면 다른 사람들이 이런 두려움을 어떻게 극복했는지 조사하고 배우라.

예를 들어, 남 앞에서 발표하는 것이 너무 힘들다면 사람들 앞에서 연설하도록 돕는 토스트마스터즈(Toastmasters)와 같은 곳에 가입할 수 있다. 앞에 나가서 말을 해야 하지만 부담은 적은 자원봉사를 하는 것도 좋은 방법이다. 자원봉사 단체 사람들 앞에서 하는 연설은 사장님 앞에서 하는 발표보다는 덜 중요하지만, 당신에게 필요한 최종 리허설이 될 수 있다. 이 모든 것에 실패했다면, 발표에 대한 두려움을 없애는 데 효과가 있는 유명한 방법을 알려 주겠다. 청중 모두가 속옷만 입고 있다고 상상해 보라!

일을 미루는 원인 제거
— 실패에 대한 두려움 버리기 —

❶ 미루는 버릇 때문에 직장에서 문제가 생긴 경우를 두 가지 써 보자.

바로 기억이 나는가? 아니면 기억해 내기 위해 한참 생각해야 하는가?

❷ 두 가지 경우 각각 어떤 결과로 마무리되었는가?

일을 미루다가 극적인 상황을 연출한 적이 있는가? 현재 당신은 일을 미루는 기술이 탁월해졌는가?

❸ 일을·미뤄서 다른 사람에게 프로젝트가 넘어간 적이 있는가?

❹ 일이 재미없거나, 당신이 하기에 벅차 보여서 그 일을 피하려고 미룬 적이 있는가?

❺ 당신이 작성한 사례에서 공통분모를 찾을 수 있는가?

가능한 한 자세하게 찾아야 한다. 미루는 버릇이 당신 삶의 일부가 된 시기가 언제인지 기억할 수 있는가? 부모에게 배웠거나 특별한 사건 후에 생겼거나 하는 경우를 생각하면 쉽다.

❻ 만약 당신이 미루는 버릇을 없앨 수 있다고 생각한다면, 당신 삶에 미치는 긍정적인 효과는 무엇일까?

동전의 어떤 면을 보고 있는가

지금까지 살면서 실패할 것 같다거나 성공하기 어렵다는 말을 들은 적이 있는가? 이런 말은 여러 방식으로 내면에 잠재의식으로 남게 된다. 부모가 좋은 의도로 하는 말이라도 수치심을 많이 자극했다면 그런 메시지가 마음에 새겨진다. 당신의 잠재력을 비밀리에 두려워하는 사람이 그렇게 말했을 수도 있고, 동료들한테 들었을 수도 있다. 어디든 부정적인 말만 내뱉는 사람들이 꼭 있다. 직장 동료나 당신이 하는 일의 총책임자, 혹은 당신의 사장이 그런 사람이라면, 인생이 아주 고달파진다.

다시 한 번 말하지만, 중요한 것은 당신에게 어떤 일이 생겼느냐가 아니라 당신이 어떻게 행동하는가이다. 그리고 항상 선택권은 당신에게 있다. 당신은 주변 환경을 깔끔하게 정리하고 관리하기 위해 매달 의식적으로 긍정적인 습관을 만들어 가고 있다. 당신의 내면—생각과 감정과 반응의 세계—도 같은 방법으로 관리할 수 있다. 동료가 부정적인 말들을 쏟아붓거나 평상시 하는 농담인데도 상처를 받았다면, 잠시 생각을 멈추고 스스로에게 이렇게 말하자. "이런 말에 일일이 반응할 필요 없어." 그리고 개인적인 고통 때문에 주위 사람들을 공격할 수밖에 없는 그 사람에게 동정심을 갖자.

마르틴 루터 킹과 간디는 비폭력주의를 가르쳤다. 그런데 간디가 이야기한 비폭력의 개념에는 자기 자신에 대한 비폭력도 포함한다. 절대 동료가 쏟아 내는 감정에 휘둘리지 말라. 만약 다른 사람의 말 때문에 당신 안에서 부정적인 메시지들이 나오려고 한다면, 잠시 멈추고 냉정을 유지하라. 당신이 반응하지 않으면 그 동료는 바로 다른 사람에게로 화살을 돌릴 것이다. 그러면 조용히 선언하라. "게임 끝." 정말 그 게임은 끝난다.

당신이 직면해야 할 두려움은 무엇인가? 당신은 일을 할 때 초조한가? 당신은 완벽주의자인가? 일을 미루는 사람인가? 지금은 당신 자신의 부정적인 면을 확실하게 바꾸기 위해 한 걸음 나가야 할 때다. 천천히, 작은 걸음으로 시작하라. 당신의 성공을 위해 인내심을 갖고 나아가라.

당신의 미루는 버릇이 어디에서 어떻게 생겼든 그 버릇이 일주일 만에 없어지지는 않는다. 그러나 그 시간 동안 업무와 일상의 모든 세세한 일들을 다루는 새로운 방법을 실행할 수 있다. 다음 주에는 시간에 대한 개념을 이야기할 것이다. 당신은 시간이 어디로 흘러가고, 당신이 어떻게 쓰고 있는지 확실하게 알고 있는가? 몰랐다면 이제 알게 될 것이다. 그리고 이제 시간이 어딘가로 술술 새어 버린 듯한 느낌은 사라질 것이다.

잃어버린 시간을
되찾아라

신나서 일을 할 때는 누구도 나와 일 사이를 떼어 놓을 수 없다. 아침이 오기를 기다리기가 힘들고 잠을 자는 것조차 시간 낭비처럼 느껴진다. 사랑에 빠진 듯이 일 외의 다른 것은 생각할 수가 없다.

그런데 어떤 일들은 나를 그저 피곤하게만 만든다. 그러면서 '왜 이 일은 하기 싫은 걸까?' 하고 스스로 묻게 된다. 이런 것은 우리가 인간이기 때문에 부닥치는 문제들이다. 다음의 이야기가 당신의 경우는 아닌지 생각해 보라.

1 이 일은 '전에도 많이 했고 혹은 전에 한 적이 있지' 하는 분위기가 사무실 전체에 퍼져 있다. 사실 이런 일에 시간을 쏟을 생각을 하니 힘이 나지 않고 재미가 없다.

2 이 업무를 하다 보니 과거에 했던 일이 생각난다. 그 일은 결과가 좋지 않았고, 지금 하는 일도 똑같이 반복될까봐 두렵다.

3 내가 이 업무를 잘해 내면 회사에서는 더 많은 일을 시킬 것이 확실하다. 나는 지금도 일이 많다. 내 책상에 더 많은 일이 쌓이지 않았으면 좋겠다.

4 상사는 내가 이 일의 적임자라고 생각한다. 그런데 실패하면 어쩌나? 나는 아주 곤란해질 것이고 팀 전체를 실망시킬 것이다.

5 나는 몸이 안 좋다. 아침에 피곤한 상태로 일어났고 하루 종일 억지로 일을 했다. 이렇게 많은 일을 어떻게 감당할 수 있을까?

일 때문에 신나기보다 한 발 물러서고 싶은 생각이 드는 이유가 또 있는가? 이번 주에는 당신의 일 미루기 스타일의 핵심에 접근해야 한다. 준비되었는가?

나의 하루를 추적하라

특정한 날을 잡아서 직장에서 하루 종일 연습 문제를 풀기 바란다. 신경을 곤두세우고 자신을 계속해서 지켜봐야 한다는 점에서 아주 힘든 일일 수도 있다. 그리고 매우 불편할 것이다. 하지만 이 방법은 일을 미루는 버릇에 대해 아주 확실하게 설명할 수 있고, 우리가 어디서 어떻게 시간을 낭비하는지 명백하게 알 수 있는 방법이다. 한마디로 꼭 필요한 과정이다.

일단, 수첩과 시계를 준비하자. 종일 일을 하는 동안 각각의 업무에 사용하는 정확한 시간과 실제 인터넷 사용 시간 그리고 하루에 몇 번씩 한 가지 일을 중단하고 새로운 일을 시작하는지를 잘 관찰해서 기록해 보자. 당신은 일상적인 일만 하면 된다. 단지 수첩과 펜, 시계를 가까이에 놓아라. 시계는 시간을 재기만 하면 되므로 컴퓨터에 있는 시계나 손목시계 어느 것이든 상관없다. 기억할 것은 엑셀로 깔끔하게 정리하는 등 일을 크게 벌이지 말라는 것이다. 단순히 시간만 기록하면 된다.

이런 연습을 숙제처럼 생각한다면, 하루가 아주 길게 느껴질 것이다. 사용 시간을 적어 넣을 때마다 죄의식을 느낀다면, 점심시간쯤에는 이 책을 집어던지고 싶을 것이다. 명심하라. 지금 하는 일은 사실을 확인하는 작업일 뿐이다.

나도 최근에 이런 연습을 했다. 나는 다음달에 있을 프레젠테이션을 준비하고 있었는데, 내가 몇 가지 방법으로 일을 미루는지 알고 싶었다. 나는 집에서 일을 하기 때문에 일을 피하는 방법이 당신과는 다를 수 있다. 그러나 가장 중요한 발견은 시간을 낭비하는 행동에는 '대의명분'이 있다는 것이다. 다음은 내가 그동안 발견한 시간 낭비 요소다.

1 일하는 공간에 큰 새장 세 개를 두었다. 보통은 월요일 업무가 끝나고 나면 새장을 청소한다. 하지만 일을 미루고 싶으면, 새들에게 약간의 대우를 해줘야겠다고 결정하고 그날 새장 청소를 한다. 청소하는 데는 20분이 걸린다.

2 화장실에서 휴지통이 꽉 찬 것을 발견할 때가 있다. 이 휴지통을 비우고 나면, 침실과 거실, 사무 공간, 부엌에 있는 휴지통도 확인하게 된다. 귀중한 10분이 창밖으로 날아간다.

3 인터넷은 정말 시간을 잡아먹는 괴물이다. 그렇지 않은가? 이날 나

는 일을 멈추고 이번 여름에 가려고 계획한 여행을 위한 항공권과 렌터카 비용을 알아보았다. 그러면서 20분을 사용했다. 해야 할 일이었지만 수요일 업무가 끝난 뒤, 많은 항공사가 특별 할인 가격을 홈페이지에 올릴 때 할 수도 있었다.

좋은 쪽으로 생각하자면, 새장은 깔끔해졌고 방에 있는 휴지통을 모두 비웠으며 휴가 계획도 세세하게 세웠다. 그러나 나쁜 점은 업무 시간을 50분이나 버렸다는 것이다.

이번 주에 당신의 시간 낭비 패턴을 잘 추적해 보라. 창의적인 방법을 생각해 내서 기쁠 수도 있지만 얼마나 많은 시간을 잃고 있는지 알면 충격을 받을 것이다. 이 모든 작업으로 얻을 수 있는 큰 이익은 당신의 무의식적인 작전을 알 수 있다는 점이다. 화장실에 들렀다가 같은 팀 사람들에게 커피를 타 주기 위해 회사 부엌에 가기로 결정했다면, 잠시 멈추고 '내가 지금 도피하고 있는 중인가?' 하고 물어 보라. 만약 그렇다면 책상으로 다시 돌아오고, 그렇지 않다면 커피를 준비하라.

공통적인 시간 낭비 요소

주어진 하루의 소중한 몇 분, 혹은 몇 시간을 낭비하기 위해서라면 인간의 마음속에서는 창의력이 샘솟는다. 친구나 동료가 당신과 함께 이런 연습을 하고 있다면, 일이 끝나고 난 뒤 수첩의 내용을 비교해 보라. 공통점과 차이점들이 눈길을 사로잡을 것이다.

준비되었는가? 어느 하루를 공식적인 추적의 날로 정해라. 일주일 내내 그 목록을 옆에 두고 새로운 시간 낭비 요소가 나타나는지 지켜보라. 만약 나타난다면 수첩에 적고 낭비된 시간을 기록하라.

시간 낭비 원인 진단
— 새는 시간 추적하기 —

❶ 업무 시간에 불필요하거나 개인적인 전화통화를 하는가?

그렇다면 가장 우선적인 업무에 쏟아야 할 시간을 낭비하는 셈이다. 가끔은 짧은 이메일로 시간을 절약할 수 있다.

❷ 얼굴을 보고 얘기할 수 있는 동료와 메신저를 하지는 않는가?

고객 중 한 사람은 옆 사무실에 있는 동료 때문에 미칠 지경이다. 바로 옆 사무실인데도 계속해서 메시지를 보내기 때문이다. 그 동료가 5분마다 찾아오기를 바라는 건 아니지만, 여기에는 뭔가 균형이 깨져 있다. 아마 그는 정보 처리의 우선순위를 전혀 모르는 사람일 것이다. 그 사람의 컴퓨터 모니터를 들여다보면, 정보를 받자마자 동료들에게 전하고 있을 것이다. 혹시 당신이 그런 사람은 아닌가?

❸ 인터넷으로 불필요한 정보를 검색하는 데 시간을 낭비하고 있는가?

업무와 관련한 정보 검색이 갑자기 다른 방향으로 가기는 정말 쉽다.

눈 깜짝할 사이다.

❹ 회사 일 중간 중간 컴퓨터 게임을 하고 있는가?

게임에서 길을 잃으면 시간을 낭비하느라 목표에 도달하지 못할 것이다.

❺ 가족이나 친구들이 부르기만 하면 당신은 업무 중이라도 바로 달려갈 사람이라는 평가를 받고 있는가?

지속적으로 그들의 전화와 이메일을 물리치고 있는가?

시간 낭비 버릇은 일단 발견하고 나면 그 버릇을 행하기 전에 멈출 수 있다. 고객들은 이런 말을 자주 한다. "이 일을 할 수 있으면 좋겠어요." 마치 다른 사람이 그들의 머릿속에 들어가서 행동을 지시하는 것 같다고 한다. 당신도 지금 그렇게 느끼는가? 당신은 무기력하지 않다. 우선 순위에 변화를 주고 자신과 약속을 하라. 그리고 당신의 변신 과정을 지켜보라.

집중력은 훈련으로
길러진다

집중력을 높이고 머릿속에서 끊임없이 떠들어대는 쓸데없는 생각을 없애고 싶다면 5분의 짧은 명상을 가져 보자. 집중력이 높아질수록 중요한 업무에 쉽게 몰입할 수 있으므로 미루는 버릇을 없애기 쉽다. 물을 마시고 운동을 하는 것도 정신을 맑게 하는 데 도움이 된다.

이번 주에는 일을 미루는 버릇을 없애면 얻을 수 있는 이득을 살펴보겠다. 다음은 가장 큰 이익을 정리한 것이다. 혹시 여기에 더 첨가하고 싶은 목록이 있는가?

1 일에 열중하면 당신은 '실시간'의 삶을 살 수 있다. 머릿속에 두려움이 가득하면 실생활과 멀어진다. '실패하면 어쩌지? 기한에 맞추지 못하면 어쩌지? 이 일을 제대로 못하면 어쩌지?' 두려움은 계속된다. 그러나 일을 미루지 않고 에너지를 '바로 지금'의 현실에 집중시키면 두려움은 잠잠해진다.

2 스트레스가 줄어들면 넘치는 아드레날린으로부터 우리 몸을 보호
할 수 있다. 싸움이나 도주 같은 본능적인 행동과 관련된 이 호르몬
은 우리의 생명을 구하는 일도 하지만, 스트레스를 계속해서 받으
면 몸을 낡게 만들기도 한다.

3 일을 논리적이고 정리된 방식으로 하면 어떤 업무를 수행하는 데
시간이 얼마나 걸릴지 본능적으로 알 수 있다. 일을 부문별로 나누
어 처리 속도를 대충 짐작할 수 있다. 사실 우리가 계속 일을 하는
것은 이런 전문 기술을 얻기 위해서가 아닌가.

4 당신이 시간에 맞춰 일을 해내면 조직 전체에 이득을 주게 된다. 이
렇게 지속적으로 일을 하면 1년 인사고과에 기록으로 남을 것이다.
일반적으로 회사 업무는 회사의 전문 기술과 지식을 계속해서 쌓는
방식으로 돌아간다. 변칙적인 일은 아주 드물다.

두뇌 재훈련

새로운 습관을 익히기 시작한 지 4개월이 되었다. 지금쯤이면 이 습관
들이 오래전부터 해온 것처럼 느껴질 것이다. 우리는 머릿속에 나쁜 행
동만큼이나 좋은 행동을 고정시킬 수 있다. 다시 말하지만 변화는 거창
한 것이 아니다. 한 가지 행동을 다른 것으로 바꾸는 것이다. 그러므로
두려움에 떨며 크게 부담을 느낄 때, 당신이 해야 할 일은 오로지 그 상
황에서 다르게 행동하는 것뿐이다. 책상을 정리해야 하고, 휴지통을 비
워야 하고, 모든 동료들에게 가 봐야 하고, 모두를 위해 오후의 커피를

준비해야 할 때, 그 두려움을 인정하고 전혀 다른 행동들을 하기로 결정해 보라. 당신의 이해를 돕기 위해 편도체를 중심으로 설명하겠다.

뇌의 편도체(amygdala)는 뇌에서 즉각적인 싸움과 도주를 관장하는 곳이다. 동굴에 살던 우리 조상들을 생각하면 이해가 빠를 것이다. 정글을 헤치고 다닐 때, 덤불 속에서 바스락거리는 소리를 듣는다. '뭐지? 새나 별로 무섭지 않은 동물인가? 아니면 점심거리로 나를 덮치려는 호랑이인가? 어서 도망갈 준비를 해야겠다.' 편도체는 몇 초 동안 사람을 그 자리에 얼어붙게 만든다. 이 몇 초 동안 사람은 모든 정보를 취합해서 적절한 판단을 내리게 된다.

스스로 보호하기 위해 편도체는 한 걸음 더 나아간다. 그 사건을 뇌에 기록하는 것이다. 그러면 다음에 덤불 속에서 바스락거리는 소리를 듣더라도 그 소리가 어떤 소리인지 더 빨리 알아채고 도망갈 필요가 있는지 없는지 거의 자동으로 알 수 있다. 왜 이런 얘기를 하느냐고? 직장은 현대인의 정글이기 때문이다.

당신이 맡은 프로젝트를 미룰 때마다 뇌는 그 사건을 기록한다. 뇌에 남겨지는 메시지는 명확하다. 당시 주어진 일과 요구사항은 마음을 불안하게 한다. 그래서 일을 미루기 위해 할 수 있는 모든 일로 도피하는 것이 최상의 선택이다. '무슨 수를 써서라도 일에서 도망쳐라' 고 메시지를 남기는 것이다.

미루는 버릇은 게으름이나 필요한 정보가 부족해서 생기는 문제가 아니다. 생물학적인 요인, 보통은 두려움에 관한 생물학적 요인 때문이다. 이제, 이전 자극에 대해 새로운 반응으로 대체해야 할 필요가 있다.

예를 들어 보자. 상사가 당신에게 진행 중인 프로젝트의 진척 상황을 물어 본다. 당신은 상사에게 지금 정보 조사 단계이고 하루 이틀 내로 확실한 결론을 얻을 수 있을 거라고 말한다. 상사가 갈 때 "일이 잘 되어 가고 있습니다"라고 중얼거린다. 상사의 발소리가 사라질 때쯤 당신은 식은땀을 흘린다. 상사한테 보고한 것과 달리 일의 진척이 별로 없었던 것이다. 오늘 내일 아주 바쁘게 움직이지 않으면 주말 내내 밤을 새워야 할 판이다. 그런데 주말에는 이미 가족과 약속을 해둔 상태다. 이제 당신은 배가 쥐어짜듯이 아프다. 저 건너편에 있는 동료와 메신저로 대화해야겠다는 생각이 든다. 그 동료는 당신의 딜레마를 공감하면서 위로해 줄 것이다. 당신은 아직도 곤경에 빠진 상태다. 지금 바로 그 업무에 뛰어든다면 조금이라도 일에 진전이 있겠지만, 이 상황에서는 진한 커피 한 잔이 정말 도움이 될 것 같다. 회사 부엌으로 빠르게 달려가면서 이렇게 생각한다. '아침 10시에 커피를 세 잔째 마시고 있구나.' 그러나 커피를 마시는 순간 당신은 왠지 안전지대에 있다는 느낌에 젖는다. 당신에게도 익숙한 내용인가? 확신하건대, 일을 미루는 데 당신만의 특별한 기술이 따로 있을 것이다.

일정 재정비

앞에서 나온 상황을 어떻게 처리해야 할지 한 번 살펴보자. 상사가 떠나고 난 뒤, 당신은 두려움을 느낀다. 바로 지금이 그 두려움을 글자 그대로 몸으로 들이마실 시간이다. 마음을 진정시키고 두려움이 당신의 몸에서 어떤 식으로 나타나는지 의식해 보자. 스스로에게 이럴 필요가 없다고 말을 해보자. 당신에게는 이 프로젝트를 성공적으로 마무리하고도 남을 능력이 있다. 지금은 5분 동안 명상을 하기에 가장 좋은 시간이다. 종이 한 장을 꺼내고 플래너를 열어라. 그리고 다음과 같은 일을 해보자.

프로젝트 일정표

— 최종 마감일에서 역순으로 단계별 마감일 계획하기 —

❶ 플래너에 최종 마감 날짜를 표시하라.

그날 이후로는 꼼짝할 수 없는 날짜다. 안전하게 원래 날짜보다 며칠 앞선 당신만의 마감 날짜를 표시하라. 이 날짜가 당신의 목표일이다.

❷ 과거 비슷한 프로젝트를 했던 경험을 바탕으로 진행 중인 프로젝트가 어느 단계에 있는지 판단하라.

예를 들어, 조사 단계, 재무 상황 개요, 보고서 작성 등의 단계일 수 있다.

❸ 각 단계별 마감 날짜를 생각해서 플래너에 표시하라.

❹ 당신은 각 단계별 마감 날짜를 보고 있다. 조사 단계가 2주 안에 끝난다고 했다면, 이 날짜에 맞추기 위해 정확히 무엇을 해야 하는가?

어떤 형식의 조사가 필요한가? 조사를 위해 누군가를 만날 계획이 있는가? 도서관에 가야 하는가, 아니면 인터넷에 모든 정보가 있는가? 결론

을 얻는 데 얼마나 걸릴 것인가? 당신이 생각할 수 있는 만큼의 자세한 조
사 단계 계획을 플래너에 표시하라.

플래너에 'XYZ 프로젝트 조사' 라고 써 있는 날이 오늘이라면 오늘 업
무 시간에 어떤 일을 해야 할지 알기 쉽다. 그러나 'XYZ 프로젝트 조사 :
2시간 소요' 라고 표시하면 훨씬 더 효과적이다. 각 단계에서 좁은 범위에
집중하고 일을 잘 관리할 수 있다.

사실 이런 방법은 연습이 필요하다. 하지만 이 방법이 인생의 모든 일
을 다루는 방법이라는 사실을 언젠가는 알게 될 것이다.

더 이상 도망치지 말라

"당신은 도피 중입니까?" 에 대한 짧은 대답은 "그렇다!" 이다. 우리는
모두 마감 기한과 해야 할 일들과 할당된 일에서 도피할 때가 있다. 결혼
식이나 첫 아기 탄생 혹은 1년에 한 번 있는 가족 여행을 한 달 앞두고 끝
내야 할 큰 프로젝트가 있다면 어떨까? 당연히 집중을 못하고 마음이 산
만해질 것이다. 우리의 이번 달 목표는 계속 반복되는 자기 파괴적인 버

룻, 즉 만성적으로 미루는 버릇을 없애는 것이었다. 그러기 위해 사용할
수 있는 무기를 다시 한 번 정리해 보자.

1 집중력을 높이기 위해 매일 명상 수련을 한다.

2 스트레스를 완화하기 위해 규칙적으로 운동하고 온종일 물을 마
신다.

3 당신에게 할당된 일과 마감 기한을 피하려고 습관적으로 하던 시간
낭비 버릇을 알아낸다.

4 각 프로젝트의 궁극적인 목표를 알아본다. 시간을 낭비하고 싶어질
때면 그 목표를 이루는 데에만 집중한다. 기분 좋은 보상을 준비하
는 것도 좋다.

5 항상 스스로에게 질문하라. '지금 정말 해야 할 일을 피하고 있는
가?' 가능한 한 빨리 시간을 낭비하는 일을 중지하고 중요한 업무
로 돌아가라.

정신적으로든 육체적으로든 우리가 반복하는 모든 행동은 습관이 된
다. 우리는 우리 삶에 긍정적인 습관을 새로 만들기 위해 1년 동안 노력
하고 있는 중이다. 의도한 바는 아니지만 우리 삶에는 부정적인 습관들
이 많다. 부정적인 습관을 계속 반복하면 그것은 당신의 현실이 된다. 부
정적인 습관을 갖고 있었다면, 이제 그 습관은 버릴 때다.

그러려면 먼저, 미루는 버릇과 완벽주의, 성공과 실패에 대한 두려움
을 버려라. 당신은 일과 개인적인 목표를 성취하기 위해 물리적인 공간
을 정리했다. 당신에게 도움이 되는 환경이 조성되었는데 일을 미루는

이유가 무엇인가? 어느 누구도 당신이 할 일을 대신할 수는 없다. 누군가가 당신과 당신의 능력을 믿었기 때문에 회사에 입사할 수 있었다. 이제 당신이 자신을 믿을 때다.

- 완벽주의, 성공과 실패에 대한 두려움에서 벗어나자. 일을 미루는 습관이 자연히 사라질 것이다.
- 만약 회사에서 일을 미루는 습관이 있다면 먼저 제한된 시간에 일을 처리하는 방법을 익히자. 앞으로 당신을 구원할 중요한 기술이다.
- 시간을 낭비하는 습관이 있다면, 당신의 습관을 조사해 보자. 나쁜 습관을 없애려면 그것이 어떤 형태로 나타나는지 정확히 알아야 한다.

우선순위

마음의 소리에 귀 기울이기

1 WEEK

왜 이렇게 힘든 걸까

2 WEEK

부정적인 생각을 멈춰라

3 WEEK

작성한 목록은 실행하라

4 WEEK

방해꾼을 제거하라

리얼 행복습관

5/12 파멜라는 막 시작한 사업에 정리가 필요하다며 나를 찾아왔다. 작은 사업체를 꾸리고 있는 그녀는 물건을 만들고, 팔고, 영업하고 배송까지 혼자서 감당하고 있었다. 그녀의 육체적, 정신적, 감정적인 소모를 생각하면 한마디로 일에 압도당하는 느낌일 것이다.

그녀의 사업이 성장하기 위해서는 여력이 필요했다. 너무 지쳐 꼼짝 못하는 상태에서 진정한 성장은 불가능하다. 우선, 나는 그녀의 물리적인 공간에 질서를 부여하기로 했다. 그녀의 사무실과 물건을 만드는 작은 작업 공간까지 정리했다. 그리고 외부로부터 도움을 받을 수 있는 기발한 방법을 생각해 냈다. 지역 교회를 통해 자원봉사자들을 받을 수 있다는 사실을 알게 된 것이다. 그러면 그녀의 짐이 많이 줄어들 것이다.

그리고 나는 6개월 동안 무료로 그녀에게 정리법을 가르쳐 주기로 했다. 그녀가 전화와 이메일로 일주일에 한 번씩 소식을 전하면, 나는 그녀에게 새로운 과제를 주고 지난번 과제에 비해 얼마나 진전이 있는지를 살펴보기로 했다. 내가 그렇게 한 이유는 지친 그녀가 내가 전수한 새로운 기술을 통해 성취감을 느꼈으면 해서였다. 파멜라는 처음에는 매우 흥분했다. 그런데 어떤 일이 벌어졌는지 상상이 가는가?

내가 첫 번째로 보낸 이메일 과제에 그녀는 답을 하지 않았다. 내가 낸

과제는 파멜라의 엄청난 많은 일에 과제 하나를 더 얹어 주었을 뿐이었다. 파멜라는 마음속의 소리를 듣지 않고 일을 하다가 6개월 후에 사업을 접었다.

이 이야기의 교훈은 무엇일까? 우리가 원한다고 말하는 것이 마음속에서 신정 원하는 것이 아닐 수도 있다는 것이다. 이것은 우리가 우선순위를 정할 때 왜 갈팡질팡하는지를 이해하는 중요한 열쇠다.

파멜라는 사업에서 성공하면 무의식적으로 지금보다 시간과 자유가 더 없으리라고 느꼈다. 그녀는 결혼한 지 얼마 안 되었고, 사업이 궤도에 오르면 남편 얼굴을 보기 어렵다는 것을 알고 있었다. 그녀는 일하기를 좋아했지만 일 때문에 자신의 사생활이 소모되는 것은 원하지 않았다.

이번 달에는 장기적·단기적 우선순위의 세계로 들어갈 것이다. 지금 우리에게 필요한 일은 우리가 진정으로 이루려는 목표에 대해 결정을 내리는 것이다. 자신만의 우선순위를 인정하고 받아들이고 나서, 목표를 현실화할 단계를 계획해야 한다.

긍정적인 행동을 기록하자

매일 노트에 당신의 직장생활을 더 쉽게 만든 긍정적인 행동 세 가지를 적자. 그리고 이 일지를 수첩에 간직하자. 이런 사소하고 작은 일들에 대해 관심을 기울여야 마음의 소리를 들을 수 있다.

만약 수첩에 부정적인 행동에 대해 느낀 점을 적었다면, 다음날에는 반대로 행동하라. 실수에서 배우는 일을 두려워하지 말라. 인간은 실수를 한다. 실수에서 배우는 것은 신성하다.

물건은 제자리에 두자

당신은 아침형 인간인가, 저녁형 인간인가? 언제 가장 일이 잘 되고 정신이 맑아지는가? 가장 좋아하는 시간대에 5분만 집 안 구석구석을 다니며 제자리에 놓여 있지 않은 물건들을 찾는 데 투자하라.

쓰레기봉투를 옆에 두고 타이머를 맞추자. 그리고 지난 잡지나 신문, 광고 우편 등은 버리거나 재활용 박스에 넣는다. 제자리에 있지 않은 물건들은 모두 모아서 타이머가 울린 후에 제자리에 돌려놓는다. 소파 위에 있던 담요가 마룻바닥에 떨어져 있는가? 잘 개어 놓자. CD나 DVD가 탁자 위에 그냥 있는가? 보관함에 넣어 두자.

이번 달 말에는 방에 들어가거나 나갈 때 원래 상태를 꼭 점검하게 될 것이다. 집 안 구석구석을 5분 안에 하기 힘들다면, 방 한두 개를 꼼꼼히 정리하라. 하다 보면 속도가 빨라질 것이다.

왜 이렇게 힘든 걸까

대기업 영업부장인 빌은 그 분야에서 천재로 평가 받는다. 다만 한 가지 흠이라면 그의 주의를 끄는 것을 절대 그냥 지나치지 못한다는 점이다. 예컨대 빌이 중요한 회의를 가던 중에 감기에 걸린 부하직원을 만나면, 감기 치료를 위한 자연요법에 대해 5분 동안 설명을 한다. 누군가 잠깐 빌한테 인사만 하고 가려고 사무실에 들렀다면, 다음 순간 빌의 책상에서 지난 주말 보츠와나 사파리에서 찍은 사진을 슬라이드로 보며 낄낄거리고 있다. 물론 그는 회의 시간에도 늦게 들어간다. 빌은 일단 회의실에 들어서면, 그가 지각해서 화가 난 참석자들의 기분을 돌려놓으려 최선을 다한다. 그때 느끼는 압박감은 그가 난국을 대처하는 데 도움이 된다. 그리고 훌륭한 발표를 하고 나면, 빌은 용서를 받고 엄청난 칭찬을 받는다.

상상할 수 있는가? 빌은 사실 지금 녹초 상태다. 그는 이른 아침부터 밤늦게까지 자기 자신을 몰아붙인다. 내가 빌을 처음 만났을 때는 일과가 끝난 오후 5시 이후였다. 한창 정리 작업을 하려는데 빌은 8시에 야간 자전거 타기 수업이 있어서 그만 가야 한다고 말했다. 그의 눈에는 피곤함이 가득했다. 나는 그가 자전거를 타면서 졸다 떨어지지 않을까 심히 걱정됐다. 빌에게는 자신과 회사를 위한 큰 비전이 있었다. 그러나 그는 무의식중에 과도한 스케줄을 잡고 한눈을 파는 방법으로 매 순간 일을 더 어렵게 만들었다. 매일 그날 분량의 업무를 끝내기가 쉽지 않았다.

혹시 당신은 빌에게서 자신의 모습을 보고 있는가? 슈퍼맨이나 할 수 있는 많은 일을 진행하고 있는가? 이번 일주일 동안 당신에게 정말 중요한 것이 무엇인지 알아보자.

해결의 실마리 찾기

우선순위를 정하지 못하는 이유는 여러 가지 요인이 있다. 그 이유를 이해하면 바꾸기도 쉬워진다. 당신의 수첩에 아래 질문에 대한 답을 적어 보라.

우선순위를 정하지 못하는 이유
― 과거의 기억에서 원인 찾기 ―

❶ 부모가 우선순위를 정할 때 어떤 식으로 했는가?

그들이 목표를 정하고 이루어 가는 과정을 목격했는가? 아니면 행동으로 옮기기보다는 꿈만 꾸는 사람들이라는 것을 알게 되었는가? 부모가 모두 같은 식이었나, 아니면 한 사람은 꿈만 꾸고 한 사람은 행동에 옮기는 사람이었나? 무의식적으로 그들을 닮아 가는 것은 아닌가?

❷ 학창 시절에 숙제는 어떻게 했는가?

모든 수업을 쉽게 공부했는가? 리포트를 제때 냈는가, 아니면 허둥지둥 하면서 간신히 했는가?

❸ 당신은 직장을 옮길 때마다 도전을 받거나 어려움을 느끼는가?

아니면 이 직장에서만 다르게 느끼는가? 차이점이 있다면 이유가 무엇이라고 생각하는가? 직장 상사? 동료? 업무의 양? 아니면 가정의 상황?

과거의 일이 우선순위를 정하는 데 애를 먹는 현재에 어떤 영향을 미치고 있는지 파악할 수 있겠는가? 빌과 파멜라가 일을 대하는 자세와 비교했을 때 당신은 어떤가?

빌은 재미있게 살고 싶어 한다. 그는 누군가에게 조언을 해줘서 진심으로 도움을 주고 싶어 한다. 빌은 모든 사람이 행복하기를 원한다. 나는 그와 함께 일하면서 한 가지 사실을 발견했는데, 빌은 뭔가에 집중할 만하면 과거의 파란만장한 이야기를 늘어놓기 시작한다는 것이다. 그의 이야기는 아주 흥미로웠지만, 나는 애써 그를 과거에서 현재로 돌려놓아야 했다. 사람들이 과거의 에피소드를 늘어놓거나 귀중한 것을 보여 주면서 자꾸 시선을 다른 데로 돌리려 하는 것은 현재 상황에 대해 두려움을 느껴서라는 걸 잘 알기 때문이다. 그래서 이때 내가 할 일은 그들을 계속 움직이게 하는 것이다. 그렇지 않으면 거의 이룬 것도 없이 타이머의 시간이 끝나고 만다. 그 순간 우리의 우선순위는 과거가 아니라 지금 이 시간임을 잊어서는 안 되는 것이다.

빌과 몇 번 더 만나면서 그가 이렇게 행동하는 이유를 알게 되었다. 빌의 형제는 여덟이다. 그는 어렸을 때 어머니의 관심을 받고 싶어서 항상 무엇인가를 했다고 한다. 빌은 여러 사람을 한 번에 다루는 데 익숙하지만, 문제는 직상에서 상사의 관심을 받고 동료에게는 존경을 얻고 싶어 한다는 것이다. 직장 내의 인간관계는 가족 관계와는 근본부터 다르다. 사람이나 조직, 환경에 따라 관계를 맺는 행동방식에 변화를 줘야 하는 것이다.

그는 사무실에서 문을 닫고 고요한 상태에서 일을 하면 왠지 막막함을 느낀다고 했다. 외향적이고 늘 시끌벅적하게 모여서 지내던 가정 분위기 탓이다. 빌은 막막한 느낌을 떨쳐버리기 위해 사무실 문을 열어 놓고 우연히 지나가는 사람을 불러 집에 새로 구입한 가구의 사진을 보여 주며 노닥거리곤 하는 것이다.

빌은 훈련과 연습을 통해 결국 우선순위를 정하는 방법을 배웠고, 옆 길로 새고 싶은 충동을 자제할 수 있었다. 당신도 할 수 있다.

파멜라는 어떨까? 파멜라는 일에서 성공하기를 원했지만, 무의식중에 성공하기 위해 열심히 일하면 개인 생활이 사라져 버릴 것이라는 두려움이 있었다. 사실 나도 작은 사업을 시작하면서 직장생활을 하던 지난날보다 훨씬 더 많은 시간을 일에 투자한다. 직장생활과 사생활 사이에 균형을 잡기가 참 어렵다. 그러나 방법은 있다. 우선순위를 정하는 것이다.

동기화로 일을 줄여라

파멜라나 빌이 왠지 낯설지 않은가? 나랑 별로 다르지 않다고 느끼는가? 파멜라나 빌처럼 바쁜 사람들은 자신의 능력과 시간을 어떻게 사용하는가에 따라 실패할 수도 있고 성공할 수도 있다. 당신도 컴퓨터 캘린더를 효율적으로 사용할 수 있다.

캘린더를 주소록과 통합하고 그 안의 정보를 아이폰이나 PDA 같은 모바일 장비에 동기화하라. 모바일 장비로 약속을 잡을 수 있고 어떤 활동을 했는지 간략한 메모를 남길 수도 있으며 세금 관련 회의에 대해서도 알 수 있다.

과학 기술은 빛의 속도로 변화하고 있다. 업그레이드하기 전에 IT를 잘 아는 사람과 상의하면 도움을 받을 수 있을 것이다.

이번 주에 할 우선순위 정하기 연습으로 당신은 변화의 실마리를 찾게 될 것이다. 과거의 경험이나 다른 사람들의 요구, 아니면 단순한 정신적 혼란이 당신의 생활을 지배하고 있다는 사실을 알게 되었다면, 용기를 내라. 이번 달의 남은 기간 동안 문제가 처리될 것이다.

부정적인 생각을
멈춰라

사람들은 마음속이 너무 어지러워서 명상하기가 쉽지 않다고 말한다. 마음속에서 제멋대로 떠오르는 생각과 감정을 진정시키기는 정말 쉽지 않다. 그럴 수만 있다면 평온한 상태에서 강력한 집중력을 발휘할 수 있을 텐데 말이다. 이번 주에는 '어지러운 마음' 속에서 어떤 일이 진행되고 있는지를 알아보려 한다.

어지러운 마음 정리하기

우선순위를 정하려고 노력하다 보면, 항상 부정적인 생각이 따라다닌다. 이럴 때는 수첩을 들고 다니면서 '그런 노래들이 얼마나 자주 떠오르는가? 항상 같은 주제인가?' 좀 더 심각한 문제로 들어가서 '누가 처음에 그런 생각을 심어 주었는가?' 와 같은 질문에 답해 보라. 일을 못하게 하고 당신을 산만하게 만드는 구체적인 생각들은 무엇인가? 그리고 이런 부정적인 생각을 어떻게 긍정적으로 바꿀지도 생각해 보자.

이 책에 나온 프로그램을 1월부터 잘 따라 했다면 몇 가지 새로운 습관이 생겼을 것이다. 당신은 지금 전보다 물을 더 많이 마시고, 건강에 좋은 간식을 즐기며, 하루에 적어도 5분은 운동을 한다. 이 모든 것은 정신을 맑게 할 뿐 아니라 보다 쉽게 목표에 이르도록 계획을 세우는 데 도움이 된다. 당신의 사무실은 잘 정리되어 있고 서류 정리 시스템도 훌륭하게 갖춰졌다. 매일 업무가 끝나면 사무실도 잘 정리한다. 이제 부정적인 생각을 떨쳐버리고 싶을 때는 당신이 이룬 것에 대해 잘 생각해 보라. 곧 머릿속에는 긍정적인 생각이 떠오를 것이다.

일하는 데 걸리는 정확한 시간 알아내기

가끔은 아주 간단한 행동이 가장 강력한 결과를 가져오기도 한다. 마음속이 부정적인 말로 시끄러운 사람이 아니더라도, 이번 주에 했으면 하는 일이 있다. 직장생활에서 매일 반복되는 일을 하는 데 시간이 얼마나 걸리는가? 알아봐야 할 핵심적인 몇 가지 일은 다음과 같다.

- 매일 생기는 우편물 처리
- 이메일, 음성 메시지, 문자 메시지, 메신저 메시지에 답하기
- 이메일, 음성 메시지, 문자 메시지, 메신저 메시지 새로 쓰기

- 회의 참석
- 프로젝트 관련 업무
- 고객들과의 직접적인 만남
- 동료들과의 관계 유지

여기에 어떤 항목을 더 추가하겠는가? 다음 주 해야 할 일 목록을 작성할 때 지금의 데이터를 사용할 것이다. 이 목록은 당신을 우선순위에 따라 계속 앞으로 나아가게 만드는 엔진이다.

일의 능률을 높이는 방법을 제시한 수많은 정보를 따라 하더라도 머릿속에 떠오르는 부정적인 생각을 해결하지 않는다면 성공하기 힘들다.

이번 주는 겉으로 드러나지 않고 우리의 머리와 마음속에 살고 있는 생각과 감정들을 다스리려 한다. 일의 능률을 높이려면 삼위일체, 즉 몸과 마음과 영혼이 협력하여 시너지를 극대화해야 한다.

작성한 목록은
실행하라

"레지나, 나는 매일 그날 해야 할 일의 리스트를 만들어요. 하지만 그 중에 반도 채 못해요. 매일 반복되는 일이죠."

많은 고객이 공통적으로 자주 하는 하소연이다. 당신은 어떤가?

여기서 명심할 것은 해야 할 일 목록은 그저 '목록' 일 뿐이다. 사람들은 목록에 적어 놓기만 해도 자기가 원하는 일 혹은 해야 할 일들을 하기 위해 옳은 방향으로 한 걸음 내디뎠고, 그 일을 하기 위한 명확한 방법을 알 수 있다고 생각한다.

하지만 목록은 스스로 일하지 않는다. 할 일을 적어 두는 행동만으로는 절대로 일을 끝낼 수 없다. 몇 단계 더 거쳐야 한다. 이번 주에는 바로 그 단계를 자세하게 살펴볼 것이다.

해야 할 일 목록과 분류

전문가들은 목록을 작성할 때 해야 할 모든 일을 적으라고 권한다. 하지만 나는 해야 할 모든 일을 적되 그 일을 마칠 수 있는 적절한 날짜까지 적으라고 권하고 싶다.

새로운 날을 맞이하기 전날 밤에, 달력을 보고 스스로 생각한 마감 기한을 조절한다. 다른 사람들이 정한 마감 기한도 적어 놓는다. 이렇게 체크를 하면서 다음 날 해야 할 일의 목록을 만든다. 여기에 문제를 푸는 핵심이 있다. 어떤 방식이 당신에게 가장 잘 맞는지 실험해 보고 꾸준히 그 형식을 유지하는 것이다. 어느 워킹맘의 해야 할 일 목록으로 예를 들어 보겠다.

식료품 사기

앨리와 대학 입학 원서 작성하기

미첼 관련 프로젝트 끝내기: 금요일까지

세탁기 돌리기

엄마에게 편지쓰기

아버지 생신 선물 사기

개인적인 메시지 확인하기

부엌과 모든 화장실 청소하기

배관공에게 전화하기(위층 화장실에 물이 새고 있음)

돈의 생일 파티 초대장 보내기

휴가에 떠날 여행 계획 세우기

ABC 회사의 고객들과 점심 약속 잡기

월급 인상에 관한 인사고과 요청서 준비하기

이메일의 해야 할 일 목록 지우기

직원들을 위해 캘린더 업데이트하기

여기서 중요한 것은 이 목록은 주변을 정리하는 데 도움이 된다기보다 의식의 흐름을 따라가는 글쓰기와 비슷하다는 것이다. 시간을 정리하는 데 서툰 초보라면 이런 식의 목록을 만들 것이다.

그러나 이 목록을 달력에 옮겨 적는다면 훨씬 효과적일 수 있다. 주요 서류 목록은 당신이 일에 질릴 때 정기적으로 사용할 수 있는 도구다. 당신의 달력은 진실한 친구다. 달력을 보고 매일 해야 할 일의 계획을 세울 수 있다. 이제, 주요 목록을 좀 더 효과적으로 만드는 데 도움이 되는 몇 가지 팁을 알려 주겠다.

엑셀로 주요 목록 작성하기

엑셀로 주요 목록을 작성하면 형식을 쉽게 편집할 수 있고 유동적이다. 목록을 다 작성한 후에 잠시 검토하는 시간을 갖자. 절대 일어나지 않을 일이라고 생각되면 그런 항목은 지금 지울 수도 있지 않을까?

미래를 위해 달력에 적어 놓아야 할 항목들이 있는가? 지금은 3월이고 세금 처리 문제로 한창 바쁜데 크리스마스 여행을 짜고 싶다면 6월 15일 이후 어느 날짜에 '여행 계획 세우기' 라고 써 넣을 수 있다. 적당한 시기에 문제를 처리할 준비가 되기까지는 그 항목은 쳐다보지도 말아야 한다. 이것은 생략을 위한 변주곡이다.

목록을 항목별로 나누기

두 번째 팁은 목록을 항목별로 나누라는 것이다. 엑셀이나 워드를 쓸 때 그냥 잘라서 붙이기만 하면 된다. 손으로 쓰는 대신 컴퓨터를 이용할 때 편리한 팁이다. 우리가 예시로 든 목록에는 다음과 같은 영역들이 있다. '직장, 가족/아이들, 집, 그리고 사생활'. 항목별로 일을 나누면 한 번에 한 분야씩 처리할 수 있다. 더 나아가 목록에 우선순위를 주고 중요한 순서로 일을 처리할 수도 있다.

위의 목록을 항목으로 나누고 깔끔하게 정리하면 다음과 같다. 원래 목록과 비교해 보자.

직장

미첼 관련 프로젝트 끝내기: 금요일까지

ABC 회사의 고객들과 점심 약속 잡기

월급 인상에 관한 인사고과 요청서 준비하기

이메일의 해야 할 일 목록 지우기

직원들을 위해 캘린더 업데이트하기

가족/아이들

앨리와 대학 입학 원서 작성하기

엄마에게 편지쓰기

아버지 생신 선물 사기

돈의 생일 파티 초대장 보내기

휴가에 떠날 여행 계획 세우기

집

식료품 사기

세탁기 돌리기

부엌과 모든 화장실 청소하기

배관공에게 전화하기 (위층 화장실에 물이 새고 있음)

사생활

개인적인 메시지 확인하기

이 목록을 거꾸로 한 번 살펴보자.

사생활 항목 : 이 항목은 비참하리만큼 너무 부족하다. 나의 모든 에너지가 다른 사람들을 위해서나 업무를 성취하는 데로만 빠져나간다면, 에너지를 다시 채워 넣을 수가 없다. 당신 자신에게 먼저 에너지를 쏟아야만 다른 사람들에게도 쏟을 수 있다. 이 항목에 무엇을 더 첨가할 것인가? 메시지 확인하기를 좋아하는가, 아니면 이 내용을 삭제하고 영화를 보거나 뜨거운 목욕을 하겠는가? 목록에 어떤 내용을 넣더라도 달력에 계획을 써 넣을 필요가 있다. 원래 목록의 '메시지' 라는 단어는 의미 없이 떠다니고 있다. 만약 당신이 이번 주 화요일에 '토요일 저녁 마사지 예약' 이라고 쓴다면, 확실한 계획이 될 것이다.

집 항목 : 집 항목 안에는 당장 해야 할 일이 한 가지 있다. 화장실 물이 새는 것을 처리하는 일이다. 다른 일들은 정리 상태를 유지하기 위한 반

복적인 일일 뿐이다. 그렇지 않은가? 그런 일들은 어느 특정한 날 자동으로 하게 된다. 더욱이 세탁기를 돌리는 일 같은 사소한 집안일은 아이들에게 시키면 좋다. 나는 달력에 '세탁기 돌리기'와 '식료품 사기'를 특정한 날 하기로 적어 놓는다. 여행을 가거나 급하게 처리해야 할 업무가 있거나 멀리서 온 친구들을 맞이하거나 하는 일이 생기면 일정을 바꾼다. 그러나 대부분의 경우 이런 일들은 고정적으로 한다. 이런 일들은 거의 기계적으로 할 수 있는 일들이라서 부담도 없다. 매일 똑같은 일들을 반복할 때 요일을 체크할 수 있는 기준이 된다.

직장 항목 : 우리의 선택권을 고려할 때 가장 많은 시간을 할애할 수 있도록 직장 항목을 마지막으로 남겨 두었다. 각각의 일들을 순서대로 살펴보고 우리가 주도권을 쥘 수 있는지 생각해 보자.

'ABC 회사의 고객들과 점심 약속 잡기'와 '직원들을 위해 캘린더 업데이트하기', 이 두 가지 일은 바로 행동으로 옮겨야 할 일들이다. 나라면 가장 일이 잘 될 것 같은 날을 택해서 달력에 스케줄을 잡을 것이다. 비서가 있다면 이런 일들은 비서를 시켜서 해도 된다.

'이메일의 해야 할 일 목록 지우기'는 우리 모두가 해야 할 일이다. 그렇지 않은가? 이 책의 뒷부분에서 자세하게 알려 줄 것이다. 핵심은 매일 상태를 유지하는 것이다. 이메일은 일을 쉽게 만들어 주지만 당신이 긴장을 늦추면 시간을 낭비하는 덫이 된다.

인사고과는 한 해 중 특정한 시기에 해야 할 일이다. 준비할 필요가 없는 시기에 몇 주, 혹은 몇 달 동안 매일 이 보고서를 붙잡고 있지 말고 달력에 적당한 날짜를 정해서 메모를 해 놓는다. 지금 당장 해야 할 일도 아닌데 왜 마음속을 복잡하게 만드는가?

업무 계획을 세울 때마다 이 업무와 동시에 처리할 수 있는 관련 업무가 있는지 자신에게 물어 봐야 한다. 정상적인 마음 상태라면, 몇 가지 비슷한 일들을 동시에 처리할 수 있지 않을까? 만약 지금이 인사고과를 준비해야 할 시기라면 다음 주 달력에서 이 일을 처리할 수 있는 가장 적당한 날을 선택해서 '월급 인상에 관한 인사고과 요청서 준비하기' 라고 적어 놓는다. 나는 늘 다음날 해야 할 스케줄을 체크하기 위해 전날 밤에 달력을 확인한다. '인사고과 준비하기' 라고 적혀 있다면 이를 위한 행동지침들을 첨가하면 된다. 잘 모르겠다고? 곧 이 부분을 다루게 될 것이다.

한 가지 더 고려해야 할 일이 있다. '미첼 관련 프로젝트 끝내기 : 금요일까지.' 미첼 프로젝트를 다루는 방법은 인사고과를 다루는 방법과 똑같다. 모든 프로젝트는 같은 방법으로 다룰 수 있다. 각각의 업무는 프로젝트별로 변할 수 있지만 작업 방식은 모두 같다. 그래서 해야 할 일끼리 잘 결합시키는 것이 중요하다. 조금만 연습하면 당신이 직장생활을 관리할 수 있다. 지금 당장은 아마도 직장생활이 당신을 관리하고 있을 것이다.

이번 달에는 달력 사용에 초점을 맞출 것이다. 이것은 시간 사용 방법에 대한 안내서다. 시간을 효율적으로 사용하면 우선순위를 정하는 것이 가능해진다. 한 단계씩 나아가 보자.

스케줄 짜기

수첩을 꺼내서 펼치면 백지 상태의 두 면이 나타난다. 왼쪽 면을 세로로 둘로 나눠라. 첫 번째 칸에는 평소에 처리해야 하는 업무들의 목록을 작성하라. 지난주에 이것을 만들었으니 복사만 하면 된다. 각각의 업무 옆에는 일을 끝내는 데 보통 걸리는 시간을 적어라. 이런 식이 될 것이다.

매일 오는 우편물 처리―30분

두 번째 칸의 제일 위에는 특별한 일이나 프로젝트를 모두 목록으로 작성하라. 지금 직장에서 가장 신경 써야 할 일은 무엇인가? 그중 하나를 선택해서 세분화하라.

위에서 예시로 든 워킹맘의 미첼 프로젝트가 6월 15일까지라고 가정해 보자. 달력에 표시를 하라.

해야 할 일 목록에 'ABC 프로젝트 끝내기'라고 써 있다면, 그 최종 마감 날짜만 봐도 완전히 질려 버릴 것이다. 자, 일을 끝내기 위해 필요한 단계별 행동은 무엇일까?

어떤 조사를 해야 한다고 가정해 보자. 오로지 인터넷만 이용해서 할 수 있는 일인가, 아니면 전화를 하거나 서면으로 다른 사람들에게 연락해서 더 많은 정보를 얻어야 하는가? 누군가를 인터뷰해야 하는가? 서면으로 제안서를 제출해야 하는가? 아니면 앞에 나가서 발표를 해야 하는가? 발표를 해야 한다면, 메모를 작성해서 준비해야 하는가? 논리적인 순서로 단계의 목록을 작성하고 수첩에 기록하라. 그런 다음 현실적으로 시간이 얼마나 걸릴지 예상해서 달력에 스케줄을 기록하라. 예를 들면 다음과 같다.

- 5/15 월요일 미첼 프로젝트 금요일까지(이하 MP) : 인터넷으로 조사 마치기
- 5/16 화요일 MP : 전화 인터뷰 모두 끝내기 - 모든 데이터 종합하기
- 5/17 수요일 MP : 리포트 초안 쓰기
- 5/18 목요일 MP : 리포트를 세심하게 다듬고 마무리하기
- 5/19 금요일 MP : 리포트 제출

달력에 적어 놓은 스케줄은 미첼 프로젝트를 위해 그날그날 해야 할 일들을 알려 주고 있다. 그 전날 밤 내가 해야 할 일의 계획을 짤 때, 다음 날 확실하게 목표에 집중해서 빨리 움직일 수 있도록 아주 세세한 계획을 세운다. 미첼 프로젝트와 관련해서 화요일에 해야 할 일 목록은 다음과 같을 것이다.

1. 덕 존스와 셀마 프록터에게 전화해서 최종 인터뷰 : 미첼 프로젝트
2. 맨디(비서)에게 지금까지의 데이터를 모두 종합해서 오후 2시까지 내 책상 위에 올려놓으라고 지시.
3. 미첼에 관한 모든 자료를 다시 검토해서 모두 갖춰졌는지 확인.

만약 도와줄 사람이 있다면 어떤 단계에서 일을 맡길 것인가를 정해

서, 그 사람이 끝내야 할 단계 옆에 그의 이름을 써라. 그리고 그로부터 언제 맡긴 일을 받을 것인지 계산해서 계산보다 이틀 먼저 달라고 요구한다. 이틀은 병이나 돌발 상황 같은 만약의 경우에 대비한 여유 시간이다. 그러나 실제 마감 기한은 절대 어겨서는 안 된다. 컴퓨터를 사용한다면 캘린더에도 입력하고 자동 리마인더에도 스케줄을 입력한다.

이제 다른 시각에서 이 문제를 들여다보자. 직장에서 해야 할 일을 다룰 때는 몇 가지 선택을 하기 바란다. 수첩에 일주일을 한눈에 볼 수 있는 면을 만들거나 아웃룩이나 다른 프로그램에서 달력을 프린트해서 수첩에 붙인다. 만약 지금 진행 중인 프로젝트들이 있다면 앞으로 다가오는 주에 다루고 싶은 할당 업무들을 적고, 각각 얼마나 걸릴지를 계산해본다.

다음으로는 매일 해야 할 업무와 각각의 소요 시간을 첨가한다. 총 소요되는 시간을 계산했을 때 평일 근무 시간이면 충분한가? 일상적인 업무를 줄여서 시간을 아껴야 할 필요는 없는가? 생략해도 될 만한 일이 있는가?

그런데 우리는 직장 밖의 삶도 있다. 거기서도 할 일이 있다. 당신은 이런 모든 일을 다 해낼 수 있을 만큼 육체적, 정신적, 감정적으로 강한 사람인가?

스케줄상의 업무들과 행동 단계를 살펴봤을 때, 다음날, 이번 주, 혹은 다음달에 해야 할 일 중에 가장 중요한 일은 무엇인가? 무슨 일이 있어도 꼭 해야 하는 일은 무엇인가? 할 필요는 있지만 기한이 유동적인 일은 무엇인가? 좀 더 시간이 있을 때 하려고 미뤄 둘 만한 일은 무엇인가?

달력은 거대한 우주이고 당신의 스케줄을 새겨 넣는 기본 판이다. 해야 할 일의 행동 계획은 '미세 우주' 다. 거대 우주는 일주일에 한 번 만들어지고 미세 우주는 매일 밤 다음 날을 준비하면서 만들어진다. 일주일의 일정이나 그날그날 계획을 만들 때 이 질문을 자신에게 잊지 말고 꼭 하라. 현실적으로 가능한가? 나는 이 질문을 수없이 한다.

마법의 공식이 당신을 도와줄 수 있다는 사실도 기억하라. 어떤 일을 생략하거나 남에게 맡길 수 있는가? 다음달까지 마무리하지 않아도 되는 일은 스케줄을 다시 짤 수 있을까? 이런 전략들은 하루를 계획하고 정리하는 데 도움이 될 것이다.

우선적으로 할 일 정하기

당신은 이런 종류의 세밀한 작업을 통해 대부분의 날이 예측한 대로 흘러간다는 사실을 알게 될 것이다. 다음의 세 가지 개념은 이 작업에 중요하니 마음속에 꼭 담아 두기 바란다.

1 당신의 하루 계획은 조절이 가능하다.

어떤 변화가 생겨서 불가피하게 스케줄을 조절해야 한다면 원래 스케줄을 계획할 때와 똑같이 스케줄을 조절하면 된다. 중요한 것은 진짜 응급 상황인지 잘 판단해야 한다는 것이다. 당신의 계획을 망치고 자신을 방해하는 무의식적인 핑곗거리일 수도 있다.

2 현실적인 계획을 세우고 거절하는 방법을 배운다.

당신이 하루 계획을 신중하게 짰는데 사무실에 들어선 순간 모든 계획이 날아가 버리고 지금 당장 필요한 일만 한다면, 두 가지 경우다. 계획이 현실적이지 않거나 그 상황에 너무 얽매여 있거나. 계획들이 현실적인지 검토하고, 거절하는 법을 배워서 자신과의 약속을 존중하고 지켜라.

❸ 일상을 새롭게 정비하라.

일상에서 반복하는 일들을 가능한 많이 만들어라. 이런 일상은 하루 중 당신이 어디까지 와 있는지 알려 주는 역할을 할 것이다. 반복되는 일상도 정리를 유지하는 핵심이다.

도움이 될 만한 팁을 몇 가지 더 소개하겠다.

❶ 한 동료가 급한 일을 들고 오면, 그 일이 당신에게도 급한 일인지 꼭 확인하라! 괜히 알았다고 대답하고 다른 사람을 도와주기 위해 당신의 계획을 포기할 필요는 없다. 물론, 정말 급한 일이면 하루 계획을 다시 세워야 할 필요가 있다. 다른 사람의 필요나 요구가 반영된 일이라면, 동료에게 가능한 한 빨리 도와주겠다고 부드럽게 말하라.

❷ 매일 해야 할 일들 중에는 거의 시간이 걸리지 않고 기계적으로 할 수 있는 사소한 일들이 있다. 이런 일들은 큰일을 처리하는 사이사이에 하라. 뇌에 필요한 휴식을 줄 뿐 아니라, 리듬이 끊어지지 않고 일을 진행할 수 있다. 중요하지 않은 일로 하루를 시작하거나

그런 일을 하는 데 너무 많은 시간을 허비하지 말라.

3 당신의 월급이나 지위 혹은 두 가지 모두를 높일 수 있는 회사 업무에 집중하라. 메기 이모의 이메일에 답장을 하면 올해 최고의 조카 소리를 들을 수는 있겠지만 승진을 하거나 새 집과 자동차 할부를 갚을 수는 없다.

4 매일 꼭 해야 하지만 업무에서 당신의 발목을 잡는 항목들을 찾아라. 그중 가장 큰 걸림돌은 이메일이다. 우리는 대체로 인터넷에 심하게 중독되어 있다. 그렇지 않은가? 이메일을 확인할 때는 가능한 한 걸림이 되지 않는 방향으로 가야 한다. 나는 될수록 많은 이메일을 지우면서 주의를 기울일 필요가 없는 일에 에너지를 낭비하지 않으려 한다. 불필요한 이메일을 빨리 지워 버리는 일이 아직 익숙하지 않다면, 출근해서 새로운 기분일 때 하루 일과의 최우선 순위를 정하고 오전 11시경에 이메일 체크를 하는 것도 방법이다.

5 전화도 발목 잡기에 한몫을 한다. 프로젝트에 깊이 빠져서 일하는 중이고 기한이 얼마 안 남았다면, 전화를 음성 메시지로 전환시켜라. 정말 급한 일이 생기면 사람들이 어떻게 해서든 당신에게 연락할 방법을 찾을 것이다.

6 너무 일에만 신경 쓰다가 건강을 해치지는 말아야 한다. 물을 충분히 마시고, 운동을 하고 좋은 음식을 먹으면 당신의 신체에 연료가 공급되어 집중력을 키울 수 있다.

7 갖가지 편지함을 꼭 이용하라. 고객 중 한 사람은 미친 듯이 바쁘게 돌아가는 사무실에서 일을 한다. 책상 위에 더 이상 공간이 없는 관계로, 편지함을 벽걸이 주머니 두 개로 만들어서 입구 바로

안쪽에 걸어 놓았다. 사람들이 문 앞에서만 왔다갔다 하면 사무실 안은 놀랄 정도로 소통이 원활해진다.

8 만약 당신이 20대라서 아직 놀라운 기억력을 갖고 있다 하더라도 무조건 적어라. 머리는 문제를 해결하는 데만 사용하라. 달력과 컴퓨터가 당신 대신 기억해 주는데 일부러 머리에 과부하가 걸리게 할 필요가 없다.

9 지금 해야 할 업무 말고 더 급하게 다른 일을 하려 한다면, 뭔가 피하려 하거나 두려워하는 게 아닌지 자신에게 물어 보라.

10 여러 가지 일을 되는 대로 성급하게 하기보다는 몇 가지 일에만 집중하라.

사람마다 하루 스케줄이 달라서 모든 사람에게 적용할 만한 공식은 없다. 그런데 바로 이 점이 훌륭한 선물이다. 어떤 공식에 얽매이지 않고 자유롭게 능률을 높이는 하루를 만들 수 있는 것이다. 스케줄을 세워서 하루나 이틀 정도 시도해 보라. 서류 작성이나 전화통화, 이메일 처리에 걸리는 최적의 시간을 찾을 때까지 스케줄을 수정하라. 진짜 응급 상황이 발생했을 때, 상황을 정상으로 돌려놓을 수 있는 길을 정리 기술을 이용해서 찾아보라. 오래지 않아서 당신이 지금까지 다른 사람들의 필요와 요구 때문에 얼마나 힘들었는지 알게 될 것이다.

다음 주에는 당신의 삶에 들어와 완전히 자리 잡은 방해꾼들에 대해 살펴볼 것이다. 당신이 1년 동안 시간 관리에 대한 이해를 높이다 보면, 궁극적으로는 성공적인 삶을 확신하게 될 것이다.

방해꾼을 제거하라

질병, 죽음, 사고 혹은 그 어떤 종류의 내적인 상처나 장애물이 생겼을 때, 맡겨진 일을 완수하려면 최선을 다해 움직여야 한다. 남에게 맡길 수 있는 일은 맡기고 될수록 많은 것을 생략해야 한다.

직장생활을 더 어렵게 만드는 방해꾼

우리는 자주 스스로 자처한 일 때문에 시간이 없어서 밤늦게까지 일하는 경우가 많다. 사람들이 자신을 스스로 어렵게 만드는 요인에는 '일 미루기, 거절 못하기, 성공이나 실패에 대한 두려움 혹은 자기 일에 대한 열정의 부족' 등이 있다.

당신의 마음을 최고로 산만하게 하는 것은 무엇인가? 한 가지인가, 여러 가지인가? 일기장에 써 보자. 자신을 힘들게 한 원인을 알아내고 그것을 글쓰기로 써 보면 다음번에 똑같은 일이 벌어졌을 때 금세 알아차릴 수 있다. 다음 문장들을 참조해서 자기 얘기를 써 보자.

- "계속 이런 식이야. 내가 자리에 앉자마자 전화가 울리고, 실시간 대화 메시지가 뜨고 문자 메시지가 온다고. 난 아무 것도 할 수가 없어."
- "나는 TV나 음악을 켜 놔야만 일을 할 수가 있어. 나한테는 방해되지 않아. 마음을 가라앉히기 위해 잠깐 잠깐 휴식을 취하지."
- "정말 이상한 일이지만, 나는 항상 프레젠테이션 바로 직전에 몸이 아파."
- "나는 우선순위가 확실해. 하지만 우선순위에 따라 일을 하려 해도 어려운 고비에 배우자(혹은 동료, 부모)에게 도움을 청하면 아무도 도와주지 않아."

이 글들의 공통분모가 뭔 줄 아는가? 다른 사람, 다른 일 혹은 부정적인 믿음의 힘에 굴복하고 있다는 사실이다. 사람들의 모든 요구에 즉각적으로 반응하느라 당신의 시간을 소비할 필요가 없다는 사실을 기억하라. 그리고 지금 현재 순간에 집중하라. 이메일 답장이나 전화통화를 지금 바로 할 필요가 없다. 지난 주말에 있었던 일을 얘기하느라 30분이나 당신의 시간을 빼앗는 직장 동료의 수다를 참아 줄 필요도 없다. 당신에게는 선택할 권리가 있다.

내 친구 수지는 대기업에 다니는데 가끔 전화하면 "지금 전화 못 받아"라고 짧게 말하고는 전화를 끊을 때가 있다. 그러나 수지가 이렇게 전화를 끊었다고 해서 우리 둘 사이에 문제가 된 적은 없다.

제 궤도에 되돌려놓기

그리 급하지 않은 일인데도 급하다며 일을 부탁하는 사람들이 있다. 이 경우 가장 먼저 생각할 것은 당신과 그 사람의 관계다. 만일 직장 상사가 별로 급하지 않은 일을 부탁하려 한다면 어떻게 해야 할까? 그건 급한 일이다! 한편 같이 일하기에 즐겁고 같은 시간을 함께하는 게 즐거운 사람이 요청을 하면 어떻게 해야 할까? 이것도 급한 일이다! 그러나 대부분의 경우 그런 요청은 자기 영역이 불확실한 사람이 이 일에 걸리는 시간을 전혀 모르고 부탁하는 경우가 많다. 또 당신이 모든 것을 버리고 자기를 도와야 한다고 생각하는 이기적인 사람도 그런 부탁을 한다. 어떤 내용이든, 잠시 그 일의 중요성을 생각해 보라. 이런 질문을 스스로 해보라.

1 이 일이 얼마나 걸릴까?

2 내가 지금 시간을 낼 수 있을까? 아니면 내가 신중하게 계획한 하루 일과에 이 일이 방해가 될까?

3 이 사람이 생각하는 만큼 이 일이 다루기 쉬운 일인가, 아니면 더 복잡한 일인가?

4 이 사람이 별로 중요하지 않은 부탁을 나에게 자주 하는 사람인가?

자기가 해야 할 일을 내 어깨에 짐 지우려는 것은 아닐까?

이런 짧은 질문들을 연달아 하고 나면 그 일을 평가할 만한 위치에 서게 된다. 여기 몇 가지 가능한 대답들이 있다.

- "존, 나도 정말 당신을 도와주고 싶어요. 하지만 내가 지금 처리해야 할 일만 해도 너무 많네요. 미안하지만 지금은 안 되겠어요."
- "메리, 이 일을 처리하지 못할 어떤 이유가 있어? 아마 내가 처리하는 과정을 함께할 수도 있지 않을까?"(신입사원과 함께 일할 때는 이런 말이 도움이 된다.)
- "칼, 나도 정말 도와주고 싶어요. 그렇지만 나도 마감 기한을 코앞에 두고 있어요. 오늘 오후에 다시 얘기하면 안 될까요? 나는 지금 내 일이 얼마나 진행되었는지 체크해야 하거든요. 아마 다른 사람이 당신을 도와줄 수도 있지 않을까요?"
- "팻, 당신이 내 도움을 원한다는 것은 알겠어. 그런데 왜 이 일을 지금 해야 하지? 기한이 얼마 안 남았나?"

화를 내거나 짜증내지 말고, 당신 자신을 멘토로 생각하는 것이 어떨까? 당신은 '그 사람에게 스스로 일을 처리하는 법을 가르친다, 그를 도와줄 수 있는 시간이 충분한 다른 사람을 알려 준다, 당신은 그가 위급할 때 늘 도와주는 사람이 아니라는 사실을 확실히 한다' 이상의 세 가지 중 한 가지를 해야 한다.

구닥다리 같은 얘기로 들리겠지만 말 한마디로 천 냥 빚을 갚듯이, 예의를 지키면 시간과 도움과 이해를 얻을 수 있다. 틈만 보이면 우리 시간을 홈쳐 가는 지루하고 우울한 사람들에게 거절할 때 특히 효과가 있다. 그들에게 안 된다고 말하면 당신에게 주도권이 돌아갈 뿐 아니라 그들에게도 강렬한 영향을 미치게 된다. 거절하고 나면, 그들은 다른 희생양을 찾아 움직일 것이다. 중요한 점은 이제 당신은 희생양이 아니라는 것이다.

다른 사람들의 행동과 나의 행동 되새겨보기

이번 주에는 당신의 일을 방해하는 동료의 행동을 면밀히 살펴보라. 정리 프로그램을 시작한 이후로 상황이 더 나빠졌는가? 만약 그렇더라도 너무 놀라지 말라. 모든 사람이 당신의 노력과 생산성 증대에 박수를 보내는 것은 아니다. 그들은 어쩌면 달라진 당신으로 인해 위협을 느끼는지도 모른다. 하지만 예전보다 일이 훨씬 쉽게, 빠르게 진척되고 있고, 어느 한쪽으로 치우치지 않는 균형 잡힌 생활을 하고 있지 않은가?. 당신은 이제 어떤 힘든 일도 해치울 수 있는 힘이 생긴 것이다.

다른 사람이 어떻게 방해가 되는지 살피면서, 당신 자신의 행동도 꼭 살펴보기 바란다. 당신이 얼마나 점잖게 당신 자신을 방해하고 있는지 알고 나면 깜짝 놀랄 것이다.

이번 주가 끝날 즈음, 당신의 스케줄을 스스로 방해하려 한 모든 것을 적어 보라. 적어도 세 가지를 써라. 일단 알고 나면 다음부터는 그런 행동을 경계하게 된다. 그리고 다른 사람들이 당신의 스케줄을 빼앗는 가장 흔한 방법 세 가지를 써라. 목록 작성은 하루 종일, 아니면 일주일 내내 해도 좋고 금요일 오후에 해도 좋다. 얼마나 자주, 얼마나 다양한 방법으로 다른 이들의 힘에 굴복하는지 명백하게 알고 나면 놀랍고도 재미있을 것이다. 해결책이 궁금한가. 그냥 'No'라고 말하면 된다.

우리는 매일 어떻게 살 것인지를 놓고 크고 작은 선택을 한다. 이때 우리가 정한 우선순위가 현명한 선택을 하도록 돕는다.

행복 실천하기

- 우선순위를 정하지 못하는 이유를 알아내라. 그 과정에서 당신은 과거로부터 자유로워지고 홀가분해질 것이다.
- 일을 할 때 걸리는 평균 시간을 확인하라. 집이나 회사에서 일정을 짤 때 무엇부터 해야 할지 기본 자료가 될 것이다.
- 직장생활을 방해하는 요인이 있다면, 서류로 작성해서 차례차례 없애자.

관계

변화를 두려워하지 않기

1WEEK

마법의 공식으로 회의를 진행하라

2WEEK

과거에서 배워라

3WEEK

반응은 선택할 수 있다

4WEEK

두려운 관계도 극복할 수 있다

21일 행복습관

6/12 솔직하게 말해 보자. 직장에서 받는 스트레스는 모두 '그들' 때문이다. 그렇지 않은가? 상사, 동료 혹은 인사부장만 아니라면 직장생활이 편할 텐데, 혹은 그 사람은 거래처 사람일 수도 있다. 그도 아니라면 도매업자일 수도 있다.

이번 달 내용을 읽고 테레사 수녀가 되지는 않겠지만, 가장 어려운 문제를 처리하는 좀 더 쉬운 방법을 알게 되리라고 확신한다. 그 사람을 저녁에 초대하고 싶은 마음까지는 생기지 않더라도, 적어도 그 사람이 사무실에 들어올 때마다 진정제를 털어 넣지는 않게 될 것이다.

반복되는 일상에 변화를 주자

지난 5개월 동안 일상의 새로운 습관들을 만들었다. 이번 달에는 여기에 재미를 줘 보자. 오랫동안 한 가지 특별한 방식으로만 해 온 일이 있는지 생각해 보라. 좀 다르게 해볼 수 있는 방법이 없을까? 변화에 대해 개방적이기를 바란다. 예를 들면, 매일 아침 이런 순서로 움직였다고 가정해 보자. 화장실에 가고, 커피를 내리고, 개를 산책시키고, 아이들을 깨웠다. 순서를 바꿔 보자. 사무실에서는 어떤가? 이메일 체크를 하고,

우편물을 개봉하고, 음성 메시지를 듣고, 커피를 준비하는 일을 거의 동시에 하는가? 한 번에 한 가지 일만 하면서 마음을 안정시켜 보자.

고맙다고 말해 보자

이번 달에는 말이 행동이 되도록 해보자. 가족과 함께 살고 있다면, 적어도 하루에 한 번은 고맙다고 말해 보자. 이것이 이번 달 임무다. 10대 아들이 시키지도 않았는데 쓰레기를 갖다 버리고, 남편이 늦게 돌아온 당신을 대신해 고양이에게 밥을 주고, 딸이 알아서 저녁 식탁을 차리고… 그런 행동을 구체적으로 얘기하고 고맙다고 하라.

혼자 사는 사람이라면, 매일 적어도 한 사람(낯선 사람이라도)의 친절한 행동에 감사하라. 운전 중에 누가 손을 흔들어 주었는가? 누가 당신을 위해 문을 잡아 주었는가? 짐을 들어 주었거나 당신이 떨어뜨린 것을 주워 줬는가? 고맙다고 말해라.

직장에서 누군가 우편을 가져다주고, 커피를 뽑아 주고, 그때마다 고맙다고 말해라. 진심으로 고마워한다는 것을 그들이 느낄 수 있게 해줘라.

이번 달 습관의 핵심은 다른 사람에게 좋은 말을 하는 습관을 들이는 것이다. 말을 하는 것도 선택의 연속이다. 다른 사람을 북돋워 주기로 선택하는 것이다.

마법의 공식으로
회의를 진행하라

회의 없이 살 수는 있지만 회의 없이 일을 할 수는 없다. 동료들과 의견을 나누고 일을 진행시키기 위해 회의를 하는 것은 중요하지만 회의가 너무 길어지거나 당신의 스케줄을 너무 침범하면 문제가 된다.

이번 주에는 마법의 공식을 이용해 문제를 더 쉽게 해결할 수 있는 방법을 소개하겠다. 서류 정리 시스템을 만들면서 익힌 단계들은 회의와 관련해서도 그대로 적용된다.

필요 이상의 문제는 제외하기

당신이 회의를 주재하는 사람이라면, 먼저 물어 볼 것이 있다. 회의가 전반적으로 생산적이라고 생각하는가? 회의 결과에 대해 고용인들의 피드백을 지속적으로 받고 있는가? 아니면 회의 스케줄을 기계적으로 짜고 좋은 결과도 거의 얻지 못하는가? 당신이 회의 주재자로서 가져야 할 능력의 핵심은 무엇인가?

마법의 공식 첫 번째 단계인 '생략하라'를 회의에 적용해 보자. 몇 가지 아이디어가 있다.

1 **시간을 어느 정도 생략하라.** 회의가 너무 길면 참석한 사람들의 창의적인 활력을 소진시킬 수 있다. 각 참석자의 발표 시간을 줄일 수 있는가?

2 **참석자를 몇 명 생략하라.** 정말 모든 참석자들이 매번 회의에 들어와야 한다고 생각하는가?

3 **몇 가지 항목을 생략하라.** 별로 중요하지 않은 보고서라면 모두에게 이메일로 보내 여가 시간에 읽도록 하는 것은 어떨까?

4 **회의를 생략하라.** 일주일에 한 번씩 모이는 것이 목적인가? 그게 아니라면 한 달에 한 번으로도 충분하지 않은가?

생략에 대한 아이디어를 활용해 더 나은 회의 계획을 세웠는가? 적어도 세 가지 아이디어를 목록으로 작성하고 자세한 내용을 써 보자.

회의 항목을 분류하라

분류는 우리를 강하게 만든다. 분류로 얻는 이득은 냉장고나 사무실 용품 캐비닛, 서류 정리 시스템에서 쉽게 볼 수 있다. 여기서는 어떨까?

분류는 다음과 같이 회의에도 적용된다.

1. 회의에서 다룰 모든 사안의 목록을 만들고 각 부분의 발표를 적어라. 모든 프로젝트가 순서대로 보고되면 일이 훨씬 쉬워진다. 가장 압박이 심한 문제부터 시작해서 가장 중요도가 낮은 순서로 내려가는 것도 좋은 방법이다. 만약 급한 일이 생겨서 시간이 줄어들면 뒷순서는 핵심만 짚고 넘어갈 수도 있기 때문이다.

2. 각각의 프로젝트를 발표할 때는, 정보를 논리적으로 그룹화하자. 만약 회사 창고를 개조하는 계획을 세웠다고 가정해 보자. 당신은 제일 먼저 재정과 관련된 문제를 듣고, 새로운 디자인 안건, 끝으로 건축 과정의 자세한 사항을 들으려 할 것이다. 회의 자료도 이런 식으로 정리할 수 있지 않을까?

3. 프로젝트별로 주제가 모두 다를 때, 자료를 같은 순서로 분류해 오라고 요청하자. 예를 들어, 재정적인 문제로 시작해서 현재 상황, 끝으로 다음 회의까지 해야 할 목표의 순서로 보고하는 것이다. 당신은 모든 부서원들이 사용할 수 있는 회의의 원형을 만들고 있다.

회의 요소 정리하기

끝으로 분류한 항목들을 검토해서 가장 효율적인 방법으로 정리하라. 위에서 말한 대로 각 항목들을 논리적인 순서로 목록을 작성하는 것이 확실한 선택이다. 한 항목을 완전히 정리한 후에 다른 항목으로 넘어가면 다른 사람들이 정보를 더 쉽게 받아들인다.

간결하고 효율적인 회의 진행을 위해 다음을 고려하도록 하자.

- 예를 들어, 각 발표자에게 시간은 얼마나 줄 것인가? 정기 회의에서 모두에게 똑같이 배분하기를 좋아하는가? 아니면 발표 자료의 중요도에 따라 다르게 주는 것을 좋아하는가?
- 회의 장소는 어떤가? 동료 참석자들이 장식물을 편하게 느끼는지 알아본 적이 있는가? 회의실 온도에 대해 불평은 없는가? 회의가 너무 많은 자료를 다루고 있거나 너무 긴 시간 계속되는 것은 아닌가? 붏과 간식거리를 들고 들어가도 되는가?
- 회의 시작 시간은 어떤가? 아침 8시에 회의를 잡아서 자녀가 있는 부모들의 개인 스케줄을 엉망으로 만들지는 않는가? 이런 사람들에게 최고 수준의 발표를 기대하기란 불가능하다. 회의 참석자들에게 하루 중 언제가 가장 능률적인지 조사해 본 적 있는가?
- 업무 시간이 끝날 때쯤 긴급회의를 해서 퇴근 시간을 늦추곤 하는가? 당신은 괜찮을지 모르지만 자녀가 있는 부모의 스케줄에는 큰 영향을 끼치고 있는 것이다. 더구나 당신의 리더십에도 심각한 손상을 입히고 있다.

당신이 발표자인 경우

당신은 회의를 주재하는 사람이 아니라 회의에서 발표하는 사람인가?

그렇다면 당신의 상황 관리 능력을 당신의 발표에만 국한시키면 된다. 당신의 발표를 실현 가능한 것을 보여 주는 방식으로 정리하는 것은 어떤가? 여기 개인적인 발표를 위해 마법의 공식을 사용하는 방법 몇 가지가 있다.

1 모든 불필요한 자료들은 생략하라.

2 자료를 분류하라. 그러면 모든 것을 논리적으로 보여 줄 수 있다. 가장 중요한 순서로 각 항목의 우선순위를 정하라.

3 발표를 듣는 사람들의 주의를 끌 수 있는 방법으로 분류 항목들을 정리하라. 사람들에게 나누어 줄 자료가 있는가? 차트나 그래프, 그림 등이 의미를 명확하게 전달하는가? 나누어 줄 자료에 이런 것들을 포함시켜야 하는가, 아니면 파워포인트 자료에만 넣는가? 도움이 되는 기술을 잘 활용하라.

과거에서 배워라

나의 옛 남자친구 앤디(가명)에 대해 말해 보겠다. 앤디는 잘생겼다기보다는 카리스마가 있는 사람이었다. 그는 자기중심적이고 거만하기까지 했다. 나는 그를 처음 만난 날 우리가 오래가지 못하리라는 것을 예견할 수 있었다.

나의 정신분석의는 그에 대해 이렇게 말했다. "자, 우리는 앤디가 얼마나 나쁜 놈이었는지 아무도 부정할 수 없는 사실을 적어도 6개월 동안 얘기할 수 있어요. 아니면 당신이 지구상의 수많은 남자들 중에 하필이면 그 사람을 남자친구로 선택했는지에 대해서 6개월간 말할 수 있겠죠." 그때 내가 이렇게 말한 것이 생각난다. "이런! 나한테 이런 일은 또 일어날 거예요. 그렇지 않나요?" 그리고 이런 일들은 직장에서도 일어난다.

사람들이 당신을 자극시키는 단추를 누르는 이유는 당신에게 그 단추가 있기 때문이다. 한 친구가 우리 둘 다 아는 한 사람 때문에 자기는 미쳐 버릴 지경이라면서 나더러 성자 같다고 말했다. 나는 그 사람의 어떤

점이 그렇게 못 견디겠느냐고 물어 보았다. 그 친구의 장황한 이야기를 다 듣고 나서 나는 그냥 웃을 수밖에 없었다. 그 친구가 말한 내용은 내게는 하나도 문제가 되지 않는 것들이었다.

직장에서 어떤 사람이 당신을 미치게 만든다면, 좋은 기회로 받아들이기 바란다. 당신을 치유하기 위해 과거의 어떤 사람과 닮은 그가 나타난 것이다. 짜증나는 사람을 이렇게 다른 각도에서 보면, 그 사람이 그렇게 나쁜 사람이 아니라는 사실을 인정하게 된다. 우리는 말뿐 아니라 생각도 선택할 수 있다. 당신이 뱀을 창조하는 데 도움을 줬다면, 뱀의 송곳니를 뺄 수도 있다.

반복되는 일

수첩을 꺼내서 몇 가지 질문에 대한 답을 적어라. 당신은 지금 단서와 연관성을 찾고 있다.

나를 짜증나게 하는 인간관계 목록
— 반복되는 악순환 기록하기 —

❶ 직장에서 당신을 미치게 만드는 사람들의 목록을 만들어라.

각 이름 옆에 짜증스러운 행동을 간단하게 써라.

❷ 이들의 공통점이 있는지 살펴보라.

예를 들어, 그 공통분모가 비판적인 행동이라고 해보자. 당신은 이런 사람 옆에 있으면 늘 불안하다. 과거의 어떤 사람이 당신을 그렇게 대한 적이 있는가? 이번 조사에서 부모님을 포함시키는 것을 잊지 말자. 부모 중 당신에게 아주 비판적인 말을 많이 해서 마음속에 상처를 남겼다면, 그 상처는 일생 동안 지속될 수 있다. 당신은 부모님과 함께 문제를 해결할 수 있는가?

❸ 모든 직장에 대한 목록을 만들어라.

친구에게 이야기하듯이 각 직장에서의 경험을 간단하게 적어라. 전부는 아니더라도 대부분의 상황에서 반복되는 짜증나는 상황이나 비슷하게 힘들게 한 사람이 있는가? 힘들게 만드는 사람의 유형이 한 군데 이상에서 반복되고 있는가? 당신은 자존감이 낮은가? 자신을 위해 목소리를 높이는 일이 어려운가? 똑같은 이유로 몇 번이나 직장을 옮겼는가? 직장을 자꾸 옮기는 것을 멈추고, 그 이유에 대해 깊이 따져 보도록 하자.

❹ 당신이 연관성을 찾는 데 실패했다면, 가장 친한 친구나 배우자에게 지금 나를 미치게 만드는 사람들이 과거와 어떤 연관이 있는지 물어 보라.

우리가 보지 못하는 연관성을 다른 사람들이 찾아내는 경우도 있다.

이번 주는 과제만 보면 가볍게 느껴진다. 이런 반응을 적어 내려가기만 하면 되니까 시간도 오래 걸리지 않을 것 같다. 하지만 이번 과제는 자기를 들여다보는 용기가 필요한 과제다. 굳이 자기를 들여다보는 이유는 무의식중에 반복하고 있는 것을 찾아내서 걸림돌이 되지 않도록 제거하기 위해서다. 그런 것이 아니라면 당신은 그저 무수히 다양한 나쁜 놈들을 만났을 뿐이다.

현재 상황 발견하기

직장에 대해 불평만 하지 말고 여기에 특별한 문제가 있는지 알아보자. 마음속에 불안함이 자꾸 떠다니면 당신은 이 문제에서 헤어 나오지 못한다.

1 지금 직장에 대한 가장 큰 불만 세 가지는 무엇인가?

2 이 중 대화의 부족이 원인인 것은 없는가?

3 솔직하게 얘기해서 분위기가 좋아지면 즉시 개선될 만한 문제들인가?

4 동료와 개인적인 이야기를 하는가?

5 대화 방식에 대한 이야기를 하기 위해 스케줄을 잡을 수 있는가? 당신은 이메일을 보내기 좋아하는 반면 동료는 직접 대면해서 대화하기를 좋아하는 스타일인가? 당신의 동료가 퇴근하기 20분 전에 당신을 부른 것도 모르고 메시지를 보내고 있는가? 서로 다른

대화 방식 때문에 짜증이 나는 경우가 있다. 인간관계가 지속되려면 약간의 타협과 이해가 필요하다.

당신은 한 사람과 문제가 있는가, 아니면 회사 전체적으로 문제가 있는가? 대화를 통해 관계를 개선시키려고 노력한 적이 있는가? 동료나 상사, 혹은 인사부 사람들에게 도움을 요청한 적이 있는가? 같은 회사에서 다른 부서로 옮기는 것도 바람직할 수 있다. 이런 가능성을 알아본 적이 있는가? 때로 이 상황을 끝내는 유일한 방법은 당신의 대화 방식과 업무 능력이 안전하게 맞아떨어지는 새 직장을 찾는 것이다. 부기와는 달리 직장에서 생기는 문제가 더 나은 경력을 얻을 축복이 될 수도 있다.

반응은 선택할 수 있다

이번 주에는 까다로운 사람들을 대처하는 신뢰할 만한 비결을 배울 것이다. 이 비결은 사회생활 속 심리학의 세계에서 검증된 것이다. 하지만 이런 비결을 생각하기 전에, 한 가지 기술을 제안하고 싶다. 처음 들으면 얼굴이 붉어지고 의아할 것이다. 진부한 말로 들리겠지만, 내가 경험한 바로는 아주 강력한 기술이다. 어떤 기술이냐고? 나에게 상처 주는 사람들에게 사랑을 베풀어라.

사랑? 내 삶을 지옥으로 만드는 동료를 사랑하라고? 여기서 말하는 사랑은 그 사람과 그 사람의 불쾌한 행동에 대해 분노하기보다는 연민으로 대응하라는 뜻이다. 그들의 인생 이야기를 끌어내는 방식으로 대화를 하면서 왜 이렇게 행동하는지 이유를 알아보라는 뜻이기도 하다. 나는 치통을 유발할 정도의 사람들과 몇 년 동안 일을 했는데, 그들을 이해하라는 임무를 내게 부여했다. 우리는 정기적으로 만나야 할 사람들인데 그들이 방에 들어올 때마다 전쟁이 임박한 것처럼 느끼기는 싫었기 때문이다.

정말 놀라운 일은 그 사람들과 마침내 친구가 되었다는 것이다. 사랑에서 시작해서 심리적, 사업적인 기술로 넘어가라. 사람마다 다른 해결법이 필요할 것이다.

마지막으로 주의할 것은 사랑을 베풀 때는 적대적인 감정을 배제하고 그 자리에서 들어주기만 하면 된다. 듣고 나면 당신은 아마 깜짝 놀랄 것이다. 결국 버릇없고 냉소적이며 파괴적이고 부정적인 행동은 어떤 방식으로든 상처 받은 사람에게서 나온다. 그들은 고통스러워서 울고 더 심한 고통을 기대한다. 사랑은 당신이 줄 수 있는 놀라운 치유제다. 다른 사람에게 약간의 틈을 주면 기적이 일어난다.

까다로운 사람들과 잘 지내는 비결

몸무게, 식성, 옷차림 등에 대해 안 좋은 농담을 즐겨서 우리 모두를 민망하게 만드는 사람이 있다. 이런 사람들과 얘기하기 좋은 때는? 바로 마음이 안정되어서 쉽게 중심이 흔들리지 않는 때다. 반면에 가장 안 좋은 때는 감정 조절이 힘든 때다. 감정 조절이 쉽지 않은 때는 1분, 한 시간, 아니면 하루 종일이라도 마음을 가다듬은 다음에 대응해야 한다. 먼저 당신이 신경 쓰이는 일을 어떻게 표현해야 할지 미리 생각해야 한다. 필요하다면 그 사람에게 잠시 얘기할 시간을 내달라고 요구하라. 두 사람의 만남은 반드시 비공개로 해야 한다.

"나한테 상처 주려고 그런 것이 아니라는 걸 잘 알아요. 하지만 그런 농담이 나는 불편해요. 나에 대한 농담은 이제 그만할 수 없나요? 나는 지금 정리에 대한 책을 읽고 내 시간을 좀 더 생산적으로 쓰려고 해요. 그런 말을 들으면 집중이 잘 안 돼요."

동료가 하는 말에 반응하는 당신 자신에게 계속 집중하라. 비난을 하면 사람들은 마음을 닫고 방어 자세를 취한다. 그러나 '나' 를 중심으로 얘기하면 상대방도 무슨 뜻인지 알아듣게 된다.

징징거리거나 불평하지 말고 회사 내 다른 사람들도 그 사람의 행동 때문에 기분 나빠하는지 살펴보라. 그런 경우라면, 사무실 매니저나 인사부장, 혹은 사장에게 말하는 것이 적절할 수도 있다. 한 사람이 많은 사원들과 문제를 일으키면, 회사의 생산성이 타격 받을 것이다. 마법의 공식은 생략으로 시작된다. 때로 생략되어야 할 것이 사람일 수도 있다. 그러나 모두에게 알릴 때는 단단히 준비해야 한다. 아니면 그냥 당신이 같은 회사의 다른 팀으로 옮기는 방법을 생각해 볼 수도 있다.

희생양이 되지 말자

한 성자가 시골을 여행 중이었다. 그는 음식과 물을 얻기 위해 작은 마을에 들렀다. 마을 주민들은 그 마을을 위협하는 거대한 코브라에 관해 이야기했다. "그 뱀이 죄 없는 아이들을 죽이고 우리 가축들을 잡아먹었어요." 마을 주민들은 성자에게 만약 길을 가다가 뱀을 만나면 뱀에게 얘기해 달라고 했다. 성자는 그러겠다고 말했다.

성자가 근처 숲에 들어섰을 때, 갑자기 사나운 코브라가 그의 앞에 우뚝 섰다. "잠깐!" 성자가 소리쳤다. "뱀이여, 무슨 짓을 하는 것이냐? 죄 없는 목숨을 잡아먹다니, 창피한 줄 알아라. 그런 악한 행동을 당장 그만두어라." 성자의 말은 뱀의 마음속에 깊이 새겨졌고, 뱀은 나쁜 짓을 그만두겠다고 말했다.

약 6개월 후에, 성자는 같은 지역을 지나다 '뱀 친구가 어떻게 지내는지 궁금하군' 하며 혼잣말을 했다. 그는 마을에 들어가서 확인해 보기로 했다. 놀랍게도 마을 광장에는 한때 사나웠던 거대한 코브라가 거의 죽어 가고 있었다. 아이들이 뱀에게 돌을 던지며 놀리고 있었다. "뱀이여, 어떻게 된 일이냐?" 성자가 소리쳤다.

뱀이 몹시 지치고 슬픈 눈을 들어 성자를 바라보며 말했다. "당신이 내게 아무도 해치지 말라고 말씀하셨습니다."

성자의 눈은 눈물로 가득 찼다. "오, 하지만 위협하지 말라고 하지는 않았는데."

다른 사람의 잔인하고 파괴적이고 무신경한 행동에 희생양이 되어서는 안 된다. 그들과 전쟁을 벌일 필요도 없다. 그저 차분하고 확실한 목소리로 말을 하면 된다. 그러면 비록 그가 계속 그런 행동을 해도 예전처럼 신경 쓰이지 않게 된다. 핵심은 이것이다. 어떤 일이나 어떤 사람도 당신의 생산성과 행복감을 방해하지 못하게 하라. 필요할 때는 위협을 해도 된다.

두려운 관계도
극복할 수 있다

까다로운 사람들과 잘 지내려면 그들이 어떤 사람인지 아는 것이 중요하다. 당신의 인생에서 그들을 없애 버릴 수는 없지만 그들을 분류할 수는 있다. 어디가 아픈데 무슨 병인지 몰라서 혼자 걱정하다가 의사가 설명해 주면 마음이 편해지던 경험이 있는가? 병을 알면 그에 걸맞은 치료를 하면 된다.

인간관계도 마찬가지다. 자주 대하는 사람들의 성격을 잘 알면 감정적으로 대응하지 않아도 된다. 다음 행동을 예측할 수 있으니까 너그러워지는 것이다.

다음에 나오는 사람들이 당신 직장에도 있는지 살펴보라. 더불어 당신 자신을 돌아보는 것도 잊지 말라.

부정적인 사람

나는 맨해튼에 있는 헌터 대학을 다녔다. 2학년 때 새로운 방식의 평가 방법이 도입되었는데 A, B, C, D로 성적을 매기는 대신에 간단하게 수료와 낙제로 나눈 것이다. 이는 학생들이 낮은 등급을 받아서 학점 평점이 낮아질 것을 두려워하지 않고도 교육적인 경험을 할 수 있도록 고안된 방법이었다. 그때 나는 펜싱 수업을 정말 듣고 싶었다. 어머니는 그 말에 경악하셨다. 내가 운동신경이 없어서 낙제할 게 뻔하다는 것이다. 나는 어머니와 이 문제로 2주 동안이나 싸웠고, 마침내 내가 포기했다. 그로부터 몇 년 후 나는 LA에서 펜싱을 배웠다. 올림픽 대표팀에 나갈 정도는 아니었지만 나의 운동신경은 대학에서 낙제를 받을 수준은 아니었다. 어머니의 부정적인 생각 때문에 나는 재미있게 배울 기회를 박탈당한 것이다.

직장에서도 당신의 시도와 노력을 두고 보나마나 실패할 거라고 말하는 사람들이 있다. 그런데 그 사람은 사실 당신의 능력이 아니라 자신의 능력을 말하는 것이다. 당신이 성공한다면 그들은 뭐라고 말해 줄까? 그들이 가장 두려워하는 것은 변화이기 때문에 설사 당신이 성공한다 하더라도 새로운 시도를 인정하고 싶어 하지 않을 것이다. 이런 사람들에게 당신이 선택할 수 있는 치료제는 동정심이다. 그리고 성공에 대한 의지를 보여 줘서 그 사람의 독기를 빼는 것이다. 언젠가 그가 당신의 성공을 축하해 줄 날이 올 것이다. 그러므로 부정적인 사람들의 기대치에 맞춰 희생양이 되지 말고 가능성을 보여 주는 모범 사례가 되자.

아는 척하는 사람

내가 예전에 같이 일하던 사람 중에는 아는 척의 대가가 있었다. 그가 자신이 얼마나 우월한지를 드러내려고만 하면 얼마나 두려웠는지 모른다. 이런 사람을 매일 봐야 하는 것은 정말이지 고역이었다.

오랜만에 큰맘 먹고 산 만년필을 자랑하면 그는 그보다 더 멋진 만년필로 기를 죽인다. 지난달 판매 실적이 좋아서 칭찬을 들을라치면 그는 훨씬 더 좋은 실적으로 아무 것도 아니게 만들어 버린다. 화제의 책을 설명하고 있으면 그는 한 수 더 떠 참고 도서까지 나열하며 지식을 자랑한다. 도저히 이길 수가 없다. 그럼 왜 이기려 하는가? 이길 필요가 없다. 유도나 합기도의 달인들처럼 상대방의 힘을 이용해 다른 쪽으로 공격하라. 뭐든지 아는 사람에게 지혜를 나눠 달라고 해보자. 당신이 질문을 하면 그는 아주 기뻐할 것이다. 그는 사실 당신이나 당신의 목표에는 관심이 없다. 자기 말에만 관심이 있다. 그가 말을 하는 동안, 당신은 머릿속을 정리하라. 책상을 어디로 옮길까? 내가 필요한 폴더는 무엇일까? 집에 가져갈 물건들은 뭘까? 그의 열기가 사무실에 남아 있는 동안 당신은 끊임없이 머릿속에서 계획을 세워 보라. 그리고 아는 척의 대가에게 정보를 알려 줘서 고맙다고 인사하고 당신 할 일을 하면 된다.

권위적인 사람

권위적인 사람은 자신만이 어떤 일에 대해 가장 최선의 방법을 알고 있다고 확신하는 사람이다. 그 사람이 사장이든 동료든 상관이 없다. 이런 행동에는 많은 이유가 있지만 그중에 가장 흔한 이유가 두려움이다. 그들은 두려움 때문에 자기가 알고 있는 방법 외에 다른 방법이 있다는 사실을 인정할 수 없다.

동료가 권위주의자라면, 만물박사 얘기를 들어주듯이 인내심을 갖고 들어줘라. 당신의 일에서 활용할 만한 정보가 한두 가지는 있을 것이다. 어쩌면 그가 독특한 방식으로 정리하는 법을 알아냈을지도 모른다. 그에게 곰곰이 생각해 보겠다고 하고 시간을 내줘서 고맙다고 인사한 다음 돌아와 조용히 당신 할 일을 하면 된다.

한편 사장이 권위적이라면 어떻게 할까? 당신은 사장이 원하는 대로 따를 의무가 있다. 각각의 사안과 항목의 중요도를 체크해야 한다. 사장이 이메일을 처리하는 방식이 더 효율적인가? 좋다. 그 방법을 받아들여라. 반면에 당신이 선택한 서류 정리 시스템이 당신이 필요로 하는 정보를 찾는 데 더 유용한가? 당신의 시스템을 먼저 시도해 봐도 되는지 물어보라. 생산적으로 일을 한다면, 문제될 것이 없다.

교활한 사람

입사한 지 얼마 안 되어서 동료들에 대한 정보가 거의 없을 때는 교활한 사람들의 표적이 될 수 있다. 어떤 일에 대한 아이디어를 동료들과 아무 생각 없이 나누었다가, 다음 미팅에서 누군가가 당신의 아이디어를 자기 것처럼 말할 수 있다. 다음 사항에 주의하라.

1 이 사람은 회사 내에서 이런 일로 악명이 높은가? 믿을 만한 사람에게 회사 내 그의 위치에 대해 물어 보라. 그 사람이 늘 그런 식으로 일을 했다면, 사람들은 그가 훌륭한 아이디어를 내도 원래 그의 생각이 아닐 것이라고 의심할 것이다.

2 당신이 빼앗긴 아이디어가 작은 것이라면 그냥 놔둬라. 그러나 사안이 중대하다면, 담당 상사에게 알려야 할지 결정을 해야 한다. "로버트가 제게 무슨 짓을 했는지 아십니까?"라고 고발하는 식으로 말하지는 말자. 그러기보다는 잠시 둘만 이야기할 시간을 내달라고 요청하고 조용히 무슨 일이 있었는지 얘기하라. 이런 상황을 어떻게 처리해야 할지 물어 보면 사람들은 자신에게 권한이 주어진 것처럼 느낀다.

3 이 사람과는 최소한의 대화만 하고 더 이상 정보는 내보이지 말라. 이런 사람들은 아이디어를 채 가는 것 외에도, 당신이 흘린 개인 정보를 부적절한 방법으로 공유하는 방법도 잘 알고 있다.

4 상사가 교활하다면 최악의 상황이다. 이럴 때는 참 쉽지 않다. 분노와 억울함을 억누르기만 해서는 안 된다. 당신이 소리 내어 말하지 않으면, 나쁜 에너지가 속으로만 뻗쳐서 몸이 아프거나 화가 폭발해서 더 심한 피해를 입을 수 있다. 상사가 상처가 많은 사람이라서 당신 말을 들을 수 없는 경우가 아니라면, 직접적이고 솔직하게 비적대적으로 대화를 하는 것이 가장 효과적이다.

어떤가? 까다로운 사람들의 유형을 보면서 그들을 대하는 해결책이 나왔는가? 먼저 나를 힘들게 하는 사람들의 이름을 쓰고 어떤 타입인지

알아보라. 시간을 들여서 그들을 대처할 수 있는 몇 가지 가능한 방법을
적어 보라. 당신 친구 중에 인간관계에 능숙한 사람이 있는가? 나는 직장
에서 힘든 사람을 만날 때마다 내 친한 친구에게 상담을 요청한다. 그리
고 한 가지 방법만 고집하지 않는다. 당신도 한 단계씩 성사시키면서 가
야 한다. 명심할 것은 이런 일의 목적은 당신의 전체적인 생산성을 높이
기 위해서라는 것이다.

당신이 까다로운 사람이라면

고객 중 한 사람은 정말 꼼꼼한 사람이었다. 그녀의 비서가 한 일을 아
무리 사소한 일이라도 실수를 찾아내기 위해 다시 했다. 회사 경영은 어
려웠다. 회사 성장에 투자할 에너지를 다른 곳에 써 버렸기 때문이다. 나
와 내 비서는 그녀에게 그런 점을 지적했지만 그녀는 인정하지 않았다.
몇 달 후 그녀의 비서는 자신의 능력을 인정해 주는 다른 회사로 옮겼다.

이 이야기의 주인공이 당신이 될 수도 있다. 만약 당신이 같이 일하기
힘든 사람이라는 사실을 깨달았다면, 당황스럽겠지만 일단 감정이 지나
가기를 기다리자. 지금은 문제를 해결해야 할 때다.

권위주의나 부정적인 사람, 아는 척하는 사람이 안 되려면 어떻게 해
야 하는가, 혹은 인생에서 나타나는 감정 결핍의 징후를 어떻게 없애는
가는 이 책의 영역에서 벗어나는 내용이다. 그러나 이런 경향이 같이 일
하는 사람들에게 어떤 영향을 미칠지에 대해서는 알아볼 수 있다. 어쨌
거나 당신이 회사를 위한 동료들의 최선의 노력을 방해하고 있다면, 회

사나 동료에게 부적절하고 공평하지 못한 짓을 하는 셈이다. 그리고 가장 큰 손실은 당신 자신이 입는다.

수첩에 다음 질문에 대한 답을 써 보자. 당신 자신의 행동을 용기 있게 들여다보아야 한다. 희생양 행세를 하면 아무 힘도 가질 수 없다. 자신의 행동이 다른 사람에게 어떤 영향을 끼쳤는지 알아보고 당신의 원초적인 꿈에 힘을 실어 줄 변화를 기꺼이 받아들이자.

행복한 인간관계로 가는 비결
— 여러 가지 행동 변화 시도해 보기 —

❶ 여기 나온 파괴적인 패턴을 받아들이게 된 이유는 어떤 불행한 경험 때문인가?

이 경험 이후에 다른 선택을 할 수는 없었는가?

❷ 변화를 위해 해야 할 일을 구체적으로 다섯 가지 정도 써 보자.

만약 당신이 사원들을 질식시킬 정도로 꼼꼼한 사장이라면, 어떻게 직원들의 창의성을 장려하고, 그들에게 더 많은 자유를 줄 것인가?

❸ 일하는 방식을 정확하게 알고 있는 사람이 당신밖에 없다고 생각하지 않고, 다른 사람들에게 그 방법을 물을 수 있는가?

이것을 목표로 삼고 사람들로부터 얻은 정보에서 배울 수 있는가?

❹ 집에서 아래와 같은 행동 변화를 시도해 보자.

직장에서 행동을 갑자기 바꾸면 조절 능력을 잃어버릴까봐 두렵다면 집에서 이렇게 연습하면 도움이 된다.

▎당신은 정리에 관한 전문 지식을 이용해 배우자나 아이들을 협박한 적이 있는가? 집이 안고 있는 문제에 대해 가족회의를 열고 다른 해결책을 즐겨 보는 것은 어떤가? 당신은 권위적이어야만 하는가?

▎옷장을 정리하고, 아침의 일상을 만들고, 화장실을 청소하는 등의 일을 누구보다도 잘 알고 있다고 생각하는가? 몇몇 친구들한테 이런 일을 어떻게 하는지 물어 보라. 새로운 용품이나 도구, 비법들을 찾아보라. 깜짝 놀랄 만한 것도 마음을 열고 받아들여라.

▎아이들이 집안일을 하면 당신이 한 것만큼 잘할 수 없어서 아이들에게 집안일을 시키지 않는가? 몸을 움직여서 하는 일을 경험이 많은 어른들만큼 잘하는 아이는 없다. 처음에는 아이들에게 몇 가지 방법을 익히게 해서 미래 어느 날 자신만의 가정을 꾸려 나갈 수 있게 하라.

여기 언급한 모든 집안일은 직장에서도 똑같이 이루어진다. 집이라는 안전한 공간에서 모든 통제권을 버리는 연습을 한 후에 사무실에서도 적용해 보자. 당신에게 이런 방법이 더 쉽다면 말이다. 때로 당신은 멘토가 되기도 하고 학생이 되기도 할 것이다. 역할을 자주 바꾼다면 당신의 삶은 균형이 잡히고 즐거워질 것이다.

우리는 1년의 중간에 와 있다. 당신의 삶이 잘 관리되고 있다는 느낌을 받을 것이다. 아마도 새로운 습관들이 몇 가지 몸에 배었을 것이다. 운동 시간은 얼마나 늘렸는가? 물은 얼마나 마시고 있는가? 당신이 시간을 잘 관리하고 있다고 생각하는가? 업무의 우선순위를 정하지 못하던 때가 언제인지 기억나는가?

행복 실천하기

- 당신이 다른 사람과의 관계에서 반복해서 겪고 있는 문제가 있다면, 그게 어떤 부분인지 생각해 보자. 변화를 위해 꼭 필요한 첫걸음이다.
- 까다로운 사람을 대하는 비결을 익히자. 먼저 그 사람이 왜 그런 행동을 하는지 이유를 알게 되면, 그에 대한 반응은 당신이 선택할 수 있다.
- 위의 비결을 참조해 당신이 대하기 힘든 사람을 대처할 전략을 세워 보자. 이런 연습 과정을 통해 당신의 골칫거리는 서서히 해결될 것이다.

휴식

힘을 빼고 쉬는 법 배우기

1WEEK

제대로 쉬는 법을 배워라

2WEEK

휴가를 준비하라

3WEEK

마법의 공식으로 휴가 계획을 세워라

4WEEK

휴대폰은 두고 떠나라

21일 행복습관

7/12

'일만 하고 놀지 않으면 잭이 바보가 된다'는 말이 있다. 바보가 되는 것보다 더 나쁜 사실은 일에 대한 창의력과 기쁨, 집중력이 바닥을 드러내는 것이다. 지속적으로 일만 했을 때 받는 스트레스는 사람을 모든 유행하는 독감과 감기에 잘 걸리게 하고 '우울증'으로 빠르게 인도한다.

익스페디아 여행사의 최근 보고에 의하면 유급 휴가를 모두 쓰지 않는 미국인들이 35%라고 한다. 쉬지 않고 일을 하는 것은 현실 생활을 도피하는 데 훌륭한 변명이 된다. 일 중독자들은 친구나 친지들을 잘 만나지 않는다. 항상 사무실에 있던 사람은 연인과 이별한 뒤에도 일을 멈추고 슬퍼할 틈이 없다.

그러니 쉬어라. 가서 휴가를 즐겨라. 아니면 적어도 자신에게 더 많은 시간을 투자하라. 여기서 말하는 정리법은 일과 휴식이 균형을 이루는 삶의 방식에 관한 것이다. 이번 달에는 이미 지니게 된 기술들을 연습하는 달이다. 시작할 준비가 되었는가? 가장 먼저 할 일은 물론 새로운 습관이다.

버리는 데 익숙해지자

이번 달에는 매일 세 가지씩 버리자. 답장을 한 이메일을 삭제하기, 유효한 정보가 없는 메시지는 지우기, 광고 우편물이 책상 위에 쌓이기 전에 버리기 등 실행할 것이 많다. 주말에는 집에서 버리기를 계속하라. 3은 아주 작은 숫자지만, 21일 동안 꾸준히 하면 삶의 짐이 훨씬 가벼워진다. 버리는 데 필요한 마음 근육도 단련될 것이다.

운동에 변화를 주자

여름이다. 낮이 길어졌다. 이제 지금까지 해 오던 운동 시간에 5분을 더 하거나 새로운 운동을 해야 할 때다. 어떤 운동이든 꾸준히만 하면 몸은 익숙해지게 되어 있다. 이번 달은 대대적으로 변화를 줘야 할 멋진 한 달이다. 요가를 시작했다면, 몇 가지 새로운 자세를 취해 보라. 걷기나 뛰기를 한다면 거리를 늘리거나 코스를 바꿔 볼 수도 있다. 계단 오르기를 5분 더 하는 것은 어떤가? 휴가 가서 수영복을 입었을 때 엉덩이 근육이 얼마나 멋지게 보일지 상상해 보라!

제대로 쉬는 법을
배워라

과로로 쓰러지지 않기 위해 필요한 가장 중요한 기술은 무엇일까? 바로 결정권을 갖는 것이다. 스트레스를 받지 않고 더 균형 잡힌 삶을 살기로 마음먹었다면 그 어떤 것도 당신을 막을 수는 없다. 이번 주에는 당신에게 유리한 팁 몇 개를 소개하겠다.

집에서 시작하는 자기 치유

일주일에 몇 번이고 사우나에 갈 수 있다면 얼마나 좋을까? 계속 긴장을 풀 수 있고 아주 가벼운 마음으로 일에 최선을 다할 수 있을 것이다. 불행히도 보통의 직장인들은 이런 사치를 누리기 힘들다. 하지만 삶의 균형을 얻기 위해 우리 모두가 할 수 있는 일이 몇 가지 있다. 크게 노력하지 않고도 그 과정을 즐기게 될 것이다.

충분한 수면

수면은 사람 몸에 필요한 원기를 회복시키는 힘이 있다. 그러나 한 주 내내 잠을 자지 않다가 주말에 부족한 잠을 보충할 수는 없다. 그리고 카페인이나 설탕을 하루 종일 섭취해서는 힘을 얻을 수도 없고, 수면 부족을 무시할 수도 없다.

그냥 쉽게 잠자리에 드는 것은 어떤가? 새로운 이불보를 산 건 언제가 마지막이었나? 잠옷은 어떤가?

일기장을 들고 침실로 들어가라. 그 방에서 개선할 것들을 적다 보면 힘든 하루의 끝에 당신이 누려야 할 조용한 휴식이 찾아올 것이다.

균형 잡힌 식사

음식의 중요성은 더 말할 필요도 없다. 시간을 들여 영양가 높은 음식을 찾아볼 것을 권한다.

잘 모르겠다면, 과일과 채소를 먹어라. 너무 많은 설탕은 피하고 인스턴트 음식과 트랜스지방도 먹지 마라. 탄산음료 대신 물을 마시고 건강에 좋은 간식거리를 사 놓아라. 에너지가 떨어지면 빠르게 기운을 차리게 할 초콜릿이나 탄산음료 같은 음식부터 찾을 것이다. 간식부터 시작해서 매일 매일 새롭게 바꿔라.

땀 흘리기

일주일에 한 번은 몸에 대한 보상으로 오래 목욕을 해보자. 에센셜 오일을 물에 풀고 촛불을 켜고 화장실의 조명을 어둡게 한 후, 조잡한 소설 한 권을 손에 들어라. 어려운 문제 해결보다는 단순한 생각을 하라. 목욕

할 때 열기 때문에 탈수 증상이 올 수 있으니 허브차나 물을 옆에 놓고 마셔야 한다.

혹시 오랜 시간의 목욕을 사치라고 생각하는가? 남자들도 길고 뜨거운 목욕을 즐길 수 있다. 샤워를 할 때도 진정 효과가 있다. 아로마테라피는 여성들의 전유물이 아니다.

물 얘기가 나와서 노파심에 확인하는데, 요즘 하루에 물을 얼마나 마시고 있는가? 물이 스트레스를 진정시키는 효과는 정말 놀랍다. 반드시 하루에 8잔의 물을 마셔야 한다.

놀기

가장 친한 친구, 이성친구나 배우자, 아이 아니면 애완동물이라도 데리고 나가서 놀아라. 여기에는 두 가지 치료제가 있다. 웃음과 운동이다. 아이를 데리고 유치한 영화를 보러 가거나 어린이 박물관에 가보자. 비누나 양초 만드는 방법을 배우고 애벌레 몇 마리를 키우면서 나비가 되어 가는 과정을 지켜보자. 휴대폰은 집에 두고 나가거나 꼭 가지고 나가야 한다면 전원을 꺼라. 화장실에 갈 때 급한 메시지가 없는지 확인하면 된다.

아이와 강아지를 근처에 있는 큰 공원으로 데리고 가는 것도 좋은 방법이다. 자연은 치유와 진정의 힘이 있다. 마지막으로 등산을 한 적은 언제인가? 학창 시절에 가장 좋아하던 운동은 무엇이었나? 토요일 아침에 취미로 운동하는 동호회 모임이 많으니 기회를 찾아보자.

마지막으로, 가장 친한 친구는 당신을 괴롭히는 문제를 치유해 주는 힘이 있다. 그리고 그 힘은 생각보다 훨씬 크다.

직장에서의 원기 회복

인생은 가정과 직장에서 이루어진다. 서로가 서로를 충족시킨다. 이 사실을 기억하면, 집에서 하는 일들은 직장에서 보낼 하루를 준비하기 위한 것이다. 그러면 직장에서 스트레스를 완화하고 과로하지 않기 위해 어떤 일을 할 수 있는가? 여기 몇 가지 아이디어가 있다.

목표를 재설정하라

목표를 재설정하면 어떨까? 과로로 고생하고 있다면 당신은 기대 이상의 성과를 올리고 있을 가능성이 높다. 목표는 우리 인생에 방향과 의미를 제시해 주는 중요한 역할을 한다. 너무 많은 목표를 세우거나 목표를 달성하기가 너무 어렵다면, 혹은 두 경우 모두라면, 일을 한다는 명분으로 자신을 완전히 탈진시키고 있는 것이다. 올해 초에 세운 목표를 다시 한 번 살펴보고 너무 많은 것을 이루려 했거나 실패하는 방법으로 목표를 세운 것은 아닌지 생각해 보라.

다른 사람에게 일을 시켜라

모든 일을 혼자서 할 필요가 없다. 당신의 어깨를 무겁게 누르는 짐을 덜어 줄 능력 있는 사람을 찾을 필요가 있다. 이때 가장 중요한 요소는 무엇일까? 당신이 좋은 선생님 혹은 멘토가 되어 그들이 무엇을 해야 할지 정확하게 설명해 줘야 한다.

거절하는 법을 배워라

사소한 일들이 너무 높이 쌓여서 주위를 둘러볼 수 없을 지경이 되기 전에 'No' 라고 말하라. 물론 연습이 필요하다. 'No' 라고 말할 때마다 삶의 여유가 생긴다.

도움을 요청하라

혹시 당신은 누구보다 더 많이 일한다는 사실에 즐거워하는 사람인가? 다른 사람을 돕는 데 너무 자발적으로 나서는 것은 아닌가? 지금은 사장이나 팀장에게 당신의 짐을 덜어 달라고 얘기할 때다. 어떤 조직이든 당신이 과로하고 있다는 것을 알아줄 것이라고 생각하지 마라. 그들은 그들대로 자기 문제로 벅차다. 그리고 설사 알아준다 해도, 당신이 소리 내어 얘기하지 않으면 그들은 도와줄 생각이 없다. 기억하라. 도움을 요청해도 된다.

속도를 늦춰라

지금도 넘치는 스케줄에 더 많은 일을 집어넣으면, 더 빨리 떠밀려 가게 될 것이다. 보통 이런 식이면 더 쉽게 지치고 옳지 않은 결정을 내릴 수 있다. 그러면서도 꽤나 우쭐해한다! 달력을 한 번 보라. 당신이 여유 있게 처리할 수 있는 약속은 최대 6개인데 10개의 약속을 잡아 놓지는 않았나? 당신은 천천히 갈 필요가 있다.

이런 실험을 한 번 해보자. 타이머를 맞춰 놓고 5분 동안 얼마나 많은 일들을 할 수 있는지 알아보자. 각각의 행동과 업무를 하나하나 주의를 기울여 수행하라. 일을 멈추고 자신의 몸과 마음과 감정을 살펴보라. 어떤 느낌이 드는가?

그 느낌을 적고 이번 주 내용을 마저 다 읽어라. 다시 타이머로 5분을 맞춰 놓고 이번에는 가능한 한 많은 일들을 동시에 수행하라. 일이 끝났을 때, 어떤 느낌이 드는가? 확실한 차이가 있는가? 두 번째 실험에서 당신은 아마 많이 지치고 일에도 최선을 다하지 못했을 것이다. 당신이 알아낸 사실을 적어라. 생산적이지는 못해도 이렇게 여러 가지 일을 한꺼번에 하는 것이 늘 해오던 방식이라 마음이 편할 수도 있다. 당신은 좀 더 효율적인 속도로 일하는 훈련을 해야 한다. 일의 수준이 자동으로 높아지는 것은 보너스다.

여러 가지 일은 슬기롭게 하라

멀티태스킹이라는 말은 존재하기만 한다면 예술의 한 형태다! 많은 일을 한꺼번에 하는 습관이 있다면, 아직은 당신에게 잘했다고 토닥여 주지 마라. 계속해서 여러 가지 일을 한꺼번에 하면 일을 제대로 할 수가 없다. 반대로, 자연스럽게 생기는 여유 시간을 다른 업무를 끝내기 위해 사용한다면 당신은 아주 훌륭한 학생이다.

효율적인 멀티태스킹 방법이 있다.

1 일반적으로 기다려야 하는 약속에 가는 경우(병원 검진 예약, 치과나 변호사와의 예약), 업무 자료를 갖고 가라. 시간은 금이다.

2 길이가 긴 문서를 프린트하는 중이라면, 그 시간에 연필을 깎거나 짧은 전화통화 등 유지를 위한 업무를 하라.

3 용량이 큰 문서를 다운받아야 하는가? 아니면 새로운 소프트웨어

를 설치해야 하는가? 기계적인 일을 해야 할 때는 사용 설명서를 읽는 것은 어떤가?

4 업무 시간이 끝났을 때나 오전에 개를 산책시키는 동안에 미뤄 뒀던 급하지 않은 전화통화를 하라.

직장의 상황에 맞춰 어떻게 멀티태스킹을 할 것인가, 실현 가능한 방법을 적어도 세 가지 적어 보자. 다시 한 번 말하지만 당신 스케줄에 맞춰서 이런 일들을 해야 한다. 당신이 적어 놓은 것들이 적격한가?

이번 주에는 직장에서 이성을 잃지 않고 정신을 가다듬기 위한 일을 많이 했다. 스트레스도 신중하게 잘만 사용하면 우리의 친구가 될 수 있다. 그러나 스트레스를 항상 받으면, 에너지가 고갈되고 만다. 우리는 매일 건강하게 잘 정리된 삶을 살 것인가, 아니면 혼란과 두려움과 극단적인 피로 속에 살 것인가를 선택하며 산다. 선택권은 항상 우리에게 있다.

휴가를 준비하라

지금 당장 일어나서 아무 업무 준비 없이 사무실을 떠나 휴가를 간다면 얼마나 좋을까? 불행히도 현실에서 이런 경우는 없다. 동료들은 당신이 없을 때도 업무를 진행해야 하기 때문에 당신의 업무를 파악해야 한다. 중요한 것은 당신이 사무실에서 멀리 떠나 있을 때도 상사에게 계속 감명을 줘야 한다는 사실이다.

탈출 전략 짜기

휴가 갈 준비를 하면서 고려해야 할 몇 가지 사항이 있다. 지위나 일의 책임 정도에 따라 다르고, 정리하기 시작한 시점에 따라 다르고, 올해 받은 지속적인 도움의 양에 따라 달라진다. 그러므로 자기 상황에 맞게 조정해야 한다. 그러면 완벽한 탈출 전략을 위해 먼저 '예, 아니오'로 대답할 수 있는 몇 가지 질문으로 시작해 보자. '예'가 많을수록 당신은 휴가 가기 전에 준비할 것이 많다는 뜻이다.

1. 동료들이 당신 책상을 보면 무시무시하게 엉망이라고 하는가?
2. 당신이 없을 때 동료들이 필요한 것을 찾기가 아주 어려운가?
3. 사무실 구석구석에 이런 저런 물건들이 가득 찬 가방과 상자들이 있는가?
4. 컴퓨터 파일이 다른 사람들이 접속할 수 있는 공유 드라이브에 저장되어 있지 않고 개인 하드 드라이브에 저장되어 있는가?
5. 컴퓨터 파일을 정보를 논리적으로 쉽게 찾을 수 있도록 정리해 놓지 않고 아무렇게나 여기저기 저장해 놓았는가?
6. 프린트한 서류들이 정리가 안 된 상태여서 주요 프린트 서류 목록에서 찾을 수 없는가?
7. 일하는 시스템을 새로 개발한 후 아무한테도 말을 안 해서 아무도 당신의 일이 어떻게 진행되고 있는지 모르는가?
8. 당신이 없을 때 다른 사람에게 일을 맡겨서 진행시키는 것이 탐탁지 않은가?
9. 혼자 몰래 일하는 느낌을 즐기는 편인가?

당신의 사무실과 책상이 엄청나게 어지럽다면, 이유가 어떻든 간에 해결책은 같다. 시간을 내서 사무실을 정리해야 한다. 사무실을 정리하면 단기적으로는 다른 사람에게 일을 맡기고 홀가분하게 휴가를 떠날 수 있다. 장기적으로는 일의 효율을 높이고 스트레스가 줄며 건강이 더 좋아진다. 시작할 준비가 되었는가?

　우선, 앞에서 소개한 정리법을 토대로 책상 정리부터 시작하자. 휴가가 코앞에 닥쳤다면, 가능한 한 많은 것들을 해놓고 가라.

업무 인계하기

　실제적인 공간을 정상화시켰다면, 다시 말해 당신이 떠난 뒤에도 동료들이 당신을 대신해서 필요한 자료를 가지고 작업할 수 있다면, 다음으로 업무의 다른 측면으로 눈을 돌려 보자. 제일 큰 관심은 프로젝트다. 다른 사무실에 있는 동료와 정기적으로 만나는 거래처 사람들도 잊지 마라. 당신은 휴가를 가는 것이지 회사를 아주 떠나는 것이 아니다. 모든 사람이 당신에게 존중 받는 느낌을 받게 하고 모든 업무가 잘 관리되어야 한다. 당신이 고려해야 할 중요 사안은 다음과 같다.

일의 흐름

　매일 해야 하는 업무를 살펴봤을 때, 당신이 없을 때도 계속 진행되어야 하는 일들이 있는가? 비서나 동료가 당신이 없을 때 일을 해줄 수 있는가? 그 사람에게 얘기해서 모든 사람들이 당신의 출발일, 휴가 기간, 그리고 해야 할 일에 대해 같은 내용을 알고 있게 만들어야 한다. 당신을 대신할 사람이 없다면 문제가 될 만한 일은 상사에게 미리 이야기하고, 만약 사장이라면 일을 위임하면 된다.

프로젝트

이제 당신의 특정한 프로젝트를 고려해야 할 때다. 당신이 없을 때 진행되어야 하는 일은 무엇인가? 이 일을 믿고 맡길 수 있는 사람은 누구인가? 당신을 둘러싼 사람들과 경쟁이 치열해진다고 초조해하는 대신, 좋은 선생님이나 멘토가 되는 방법으로 문제를 해결하라. 부정적인 면에서 긍정적인 면으로 관점을 바꾸면 당신은 마음을 놓을 수 있고 다른 사람들은 최선을 다할 마음이 생긴다.

전화통화와 이메일

고객들에게 당신의 휴가 계획과 대신 누구한테 연락하면 되는지를 알려 줘라. 연락망이 제대로 되어 있지 않으면 고객은 무시당했다고 생각할지도 모른다. 사무실 밖에서 전화와 이메일 메시지를 확인할 수 있는 시스템을 갖춰라.

우편물

우편물과 회사 내 메모들을 휴가를 다녀온 뒤 꼼꼼하게 읽을 수 있도록 처리 방법을 정하라. 휴가 후에 우편물과 편지함이 쌓여 있으면 맥 빠질지도 모른다.

휴가에서 돌아왔을 때, 마법의 공식을 이용해서 우편물 박스를 쉽게 정리할 수 있다. 제일 먼저 광고 우편물을 제거하고, 보관해야 할 우편물은 관련된 항목에 맞춰서 놓아 둔다. 각 항목별 우편물을 처리할 때는 관련된 프로젝트나 진행 중인 일에 대한 자료를 기존의 시스템에 따라 정리할 수 있다.

직접 말하기

마지막으로, 중요한 사람들을 직접 찾아다니면서 휴가에 대해 말하라. 그들에게 정말 급한 상황일 때만 연락을 해달라고 부탁하라.

이런 계획이 자리를 잡는 데는 어느 정도 시간이 걸린다. 어느 하루를 정해 늦게까지 야근을 하거나 주말에 나와서 일을 해야 할 수도 있다. 가능하다면, 당신을 대신할 사람과 개인적인 시간을 가져라. 그 사람이 당신이 적어 준 지침을 읽어 봤는지, 당신의 요청을 들었는지 확인할 수 있다. 사람마다 배우는 속도와 스타일이 다르다. 나는 컴퓨터 매뉴얼은 읽어도 모르지만, 기술이 좋은 사람이 가르쳐 주면 모두 이해한다. 같이 일하는 사람의 능력과 함께 그 사람의 배우는 스타일과 잠재력을 알아 두면 좋다.

동료에게 당신을 대신해 업무를 처리할 수 있도록 시간을 내는 것은 평화로운 휴가를 위한 투자다. 당신 없이도 팀이 잘 돌아갈수록 전화벨이 울리는 횟수도 줄어들 것이다.

실망하지 않으려면 기대치는 현실적으로 잡아라. 당신이 테이블에 갖다 놓은 상세 자료를 주의 깊게 검토하지 않는 동료도 있을 수 있다. 고객에게 당신만큼 세심하게 대하지 않을 수도 있다. 반대로 동료가 당신만큼 일을 잘할 수도 있다. 이 경우 정중하게 감사 인사를 하자.

마법의 공식으로
휴가 계획을 세워라

마법의 공식을 이용해서 당신은 어떤 것도 정리할 수 있다. 올 한 해 사무실에서 이 공식을 광범위하게 쓰고 있다. 이제 휴가 계획 세우기에도 적용해 보자.

휴가 계획 세우기

당신의 바쁜 스케줄에 휴가라는 프로젝트를 하나 더 추가하는 것 같아서 시간이 빠듯하다고 느끼는가? 하지만 해야 할 일보다 결과를 생각해 보자. 당신은 열대 섬의 코코넛 나무 아래 앉아 있을 것인가? 아이들에게 유명한 놀이공원을 구경시켜 줄 것인가? 고향에 가서 친척들을 방문할 것인가? 당신에게 휴가는 어떤 의미인가? 휴가 가서 하고 싶은 일을 골라서 그 속에 있는 자기 모습을 반복되는 영화의 한 장면처럼 떠올려 보자.

구체적인 것까지 자세하게 생각해 보자. 온도는 몇 ℃일까? 하루 중 언제일까? 무슨 옷을 입고 있을까? 누구와 같이 있을까? 타이머로 5분을 맞춰 놓고 미래에 대한 환상을 음미해 보자. 여행을 위해 정리할 마음이 나게 하는 방법 중 하나다.

좀 더 재미있게 준비하기 위해 수첩을 꺼내자.

휴가 100배 즐기기
— 여행을 현실화하는 실천 사항 작성하기 —

❶ 이 여행의 목적은 무엇인가?

❷ 꼭 해야 하는 가족 방문인가, 아니면 그냥 놀러 가는 것인가?

전자의 경우라면, 약간의 재미있는 경험을 그 안에 넣을 수는 없는가? 예를 들어, 방문 예정인 친척집 근처에 있는 박물관이나 유적지, 아니면 아름다운 공원에서 하루를 보내는 것이다.

❸ 전에 한 번도 가 보지 못한 곳으로 휴가를 간다면, 숙박, 관광 아니면 지역 명소에 대해 조사했는가?

나는 휴가를 위해 그런 조사를 하느라고 몇 달이 걸린 적도 있다. 책에서만 보던 장소에 나 자신이 서 있다는 사실이 그 노력에 대한 보상이다. 몇 년 전에는 완전 반대되는 경험을 했다. 중국으로 여행을 갔는데 조사를 하나도 안 했다! 매일 매일이 놀라운 모험이었다. 현 상황에서 최선을 다해 즐겨라.

❹ 교통편을 예약했는가?

비행기, 기차, 버스 혹은 자동차를 이용하려면 미리 예약해야 한다.

이 질문들은 여행을 현실화하기 위한 실천 사항이다. 각 질문에 '그렇다'는 대답을 했다면 당신은 여행을 떠날 준비의 초기 단계를 밟은 것이다. 이제 본격적인 여행 준비가 남았다. 예를 들어, 당신이 차를 운전해서 부모님을 방문하러 간다고 하자. 당신 차를 이용한다면, 먼저 정비를 받아야 한다. 그러면 그 항목을 목록에 적어라. 생각지도 못한 고장이 있어서 예상보다 시간이 오래 걸릴 수도 있으므로 미리 차를 정비소에 맡겨야 한다. 생각지도 못한 일까지 계획에 넣는 것이 정리 기술을 습득한 사람들의 특징 중 하나다. 또 다른 특징은 급한 일이 생겼을 때 즉시 구체적으로 정리할 수 있는 능력이다. 올해 말에는 이 두 가지를 모두 할 수 있게 될 것이다. 경험이 최고의 스승이다. 요새는 비행기 기내에 실을 수 있는 작은 가방만 갖고 다니지만 전에는 짐 찾는 곳에서 여행가방이 나오기를 기다렸다. 그때 문득 여기서 빙빙 돌고 있는 저 검은 가방의 바다에서 눈에 띌 만한 독특한 색상의 가방을 사야겠다는 생각이 들었다. 정리하기는 습득해야 할 기술이고 재미있는 게임이 되어야 한다.

현실적으로 생각하고 과감히 생략하라

일단 목록을 만들었으면, 현실에서 너무 동떨어진 계획이 되지 않도록 마법의 공식을 적용해 보자.

1단계는 생략하기다. 예를 들어 텍사스로 가는 길을 찾다가 예전부터 가 보고 싶던 명소는 시간이 너무 걸려 포기하기로 마음먹었다면 그곳에 대한 안내서는 과감하게 버려라.

여행 계획 목록과 일정표에서 몇 가지 사항을 지웠다면 이제, 해야 할 일 몇 가지를 다른 가족에게 맡겨 보자. 당신이 가족이나 친구들 사이에서 여행에 필요한 모든 것을 관장하는 사람이 아니라면, 또 그런 것을 즐기지 않는다면, 다른 사람에게 일을 맡겨라. 그리고 집에 10대 아이들이 있다면, 아이들이 여행 계획을 짜는 일에 참여할 수 있도록 구체적인 방법을 가르쳐 주라. 아이들에게는 좋은 기회다.

목록을 분류하고 정리하라

이제 항목을 분류할 시간이다. 여행 갈 때 해야 할 일 목록에서 같은 주제별로 나눌 수 있는 일이 있는지 확인하라. '항공편 검색과 예약, 호텔이나 모텔의 검색과 예약, 관광, 갖고 갈 짐 목록, 집과 관련된 지시사항' 등 대충 이런 항목들이 나올 것이다. 뒷부분은 다음 주에 다룰 것이다. 지금은 논리적으로 일들을 나누어서 당신의 달력에 각각의 일들을 언제 할지 약속을 잡아라.

마법의 공식 3단계인 분류한 항목들을 정리하는 것이다. 이제 거의 다 왔다. 집을 떠날 시간이 얼마 안 남았다. 몇 가지 팁은 다음 주에 다룰 것이다.

4주

휴대폰은 두고 떠나라

만약 휴가를 가면서 꼭 통신장비를 갖고 가야 한다면, 같이 여행하는 사람을 배려해야 한다. 특히 어린아이들과 같이 간다면 더더욱 그래야 한다. 한 친구가 최근에 휴가를 가면서 열한 살 된 딸을 데리고 갔다. 쇼핑 중에 친구가 회사에서 온 전화를 받자 딸이 이렇게 말했다. "엄마, 지금은 휴가 중이잖아요!" 아이들이 어릴수록 하기 싫어도 꼭 해야 할 일이 있다는 것을 이해하기 어렵다. 지금은 사무실에서 멀리 떠나 있고 일은 잘 진행되고 있으니 동료에게 정말 급할 때가 아니면 연락하지 말라고 부탁하라. 아니면 전화할 시간을 특별히 정할 수도 있다.

집을 나서기 전에

휴가를 다녀와서 집에 돌아왔을 때, 신경 쓸 일이 없으면 정말 기분 좋지 않겠는가? 당신이 휴가를 떠난 뒤에도 직장뿐 아니라 집이 잘 유지되도록 목록을 작성해야 한다. 지난 주에 작성했던 목록과 다른 새로운 목록을 만들자.

출발 전 체크리스트

이 목록은 출발하기 전에 주의를 기울여야 할 공통적인 사항들이다. 모든 것을 처리하도록 스케줄을 짜라. 새벽 5시에 일어나 공항으로 가는 길에 신문을 넣지 말라고 말하지 않았다는 사실이 갑자기 생각나면 난감하다. 현관 앞에 펴 보지도 않은 신문이 쌓여 있으면 도둑들의 가장 좋은 표적이 되기 때문이다.

1 신문 배달 중지시키기

2 우체국에 우편물을 보관해 달라고 하거나 이웃에게 받아 달라고 부탁하기

3 나가기 전에 보일러는 외출 상태로 해 놓기

4 휴가 기간 동안 기한이 얼마 남지 않은 청구서는 모두 지급하기

5 집에 아이들이나 애완동물이 있다면, 돌봐 주는 사람에게 위급 상황일 때 연락할 전화번호 남기기

6 아이들을 두고 가는 경우 필요한 준비물

- 가까이 사는 친척이나 친구 등 위급할 때 당신을 대신할 수 있는 사람들의 전화번호 목록
- 잘 가는 병원이나 의사, 보험카드 복사본 같은 의료 정보
- 학교 정보

- 아이 돌보미
- 숙소 전화번호 등 당신과 연락할 수 있는 모든 정보

7 애완동물을 두고 가는 경우 필요한 준비물

- 수의사 이름과 전화번호
- 가까운 동물 응급센터 이름과 전화번호
- 사료, 장난감, 의료 기구, 동물 돌보는 법 설명서
- 여행 일정표 복사본과 모든 가능한 연락 정보
- 위급한 상황에서 애완동물을 책임질 수 있는 사람의 연락처

마지막 지혜의 말

앞에 나온 체크리스트에 몇 가지 더할 것이 있다. 여기 있는 아이템들은 모두 신경 써야 하는 것은 아니다. 그러니 너무 질리지 말고 당신에게 해당되는 항목들만 찾으면 된다.

누가 집을 봐준다면 집 안의 모든 중요한 것들의 위치를 알려 주고 현관을 여는 방법을 연습했는지 확인하라. 경비 시스템이 있다면 집을 봐주는 사람들에게 시스템을 켜고 끄는 방법을 몇 번 해보도록 하라. 경비 회사에는 당신이 없을 때 누가 집을 보는지 알려야 한다.

여행을 자주 하는 사람이라면 연락처 파일을 컴퓨터로 작성해서 떠날 때마다 업데이트를 하거나 수정하라. 집에 복사본을 남겨 둘 때는 모든 사람이 알고 있는 장소에 둬야 한다. 복사본을 몇 장 만들어서 여기저기 놔둘 수도 있다. 가장 좋은 곳은 냉장고다. 아이들과 같이 여행하는가? 연령대에 따라서 아이들에게 필요한 특별한 짐을 따로 싸야 한다. 이것도 목록으로 만들어라. 아이가 어느 정도 컸다면 책과 게임 등 아이들이

가져가고 싶어 하는 물건들을 상의해서 결정할 수 있다. 아이에게 목록에 있는 물건들을 모아 오라고 한 뒤 짐 싸는 것을 도와줘라. 자기 짐을 자기가 들고 가야 한다면, 너무 많은 것을 넣으려 하지 않을 것이다.

별로 권유하고 싶지 않지만, 대부분의 사람들처럼 당신도 일거리를 집으로 가져올지도 모르겠다. 만약의 경우에 대비해서 중요한 서류를 갖고 있어야 안심이 된다면, 서류 파일을 USB 메모리에 복사해서 열쇠고리에 끼워 놓자. 요새는 대부분의 집이나 호텔에서 컴퓨터 접속이 가능하다. 정말 곤란한 경우라면 근처 인터넷 카페를 이용할 수 있다. 그러나 다시 한 번 말하지만 정말 권하고 싶지 않다.

마지막으로, 개개인과 상황에 따라 다르므로 모든 휴가에 맞는 해결책은 없음을 명심하기 바란다. 당신이 떠날 때처럼 휴가에서 돌아올 때도 완전히 지쳐서 돌아오는 경우가 많다면, 그렇게 되지 않도록 행동방식을 수정해야 한다.

행복 실천하기

- 당신에게 활력소가 되는 일을 기억해 두고 필요할 때마다 활용하자. 때론 반신욕처럼 간단한 일이 과로로 지치지 않도록 당신을 돌볼 것이다.
- 재충전을 위한 시간이 필요하다면, 앞서 익힌 정리법을 사무실에 적용하자. 공간이나 자료 등이 정리된 것만으로도 당신은 에너지를 아껴 여유를 가져 볼 수 있다.
- 앞서 사무실을 정리한 것처럼, 집도 정리하자. 두 공간의 일이 다 처리되었면 재충전을 하러 떠나자. 그 이상은 당신이 남아 있다 해도 처리할 수 없는 일이니, 모든 걸 잊고 휴식을 즐기자.

8
AUGUST

IT 기기
정리체계를 갖추고 관리하기

1WEEK

나의 대화 스타일을 알아본다

2WEEK

이메일도 서류처럼 정리하라

3WEEK

나에게 맞는 통신 수단을 알아보라

4WEEK

백업하는 습관을 길러라

리얼 행복습관

 매일 저녁, 디지털 정보를 동기화하기
 인터넷 사용 시간 제한하기

8/12 나는 지난 25년간의 기술적인 진보에 대해 경외감을 갖는다. 전 세계 사람들과 실시간 대화를 나누고 전통적인 우편 제도가 이렇게 구식 취급을 당하게 될 줄 누가 상상이나 했겠는가? 그러나 기술의 발전은 축복이자 한편으론 올가미다. 경계하지 않으면 주종관계가 바뀔 수 있기 때문이다. 지금까지 현실 생활을 정리한 것처럼, 이번 달에는 이메일, 음성 메시지, 컴퓨터 파일 등 당신의 디지털 세상을 정리할 것이다.

디지털 정보를 동기화하자

플래너 사용을 계속 유지하는 일은 정말 중요하다. 많은 사람들이 사업상 그리고 일상에서 최신 정보를 얻기 위해 전자기기를 사용한다. 내 고객들도 모바일 장비가 손에서 떨어지지 않는 사람들이 있다. 이런 기기들에 최신 정보를 입력하는 일이 핵심이다. 매일 밤 잠자리에 들기 전에 컴퓨터에 전자 다이어리를 연결해서 정보를 동기화하라.

인터넷 사용 시간을 제한하자

　우리 모두에게는 긴장을 풀 시간이 필요하다. 사무실에서 긴 하루를 보내고 나면 집에 가서 푹 쉬고 싶은 것이 당연하다. 그러나 자칫 이런 시간이 시간을 낭비하는 요소가 될 수 있다. 집에서 이런 요소를 찾기 바란다. 그래야 없앨 수 있다.

　가장 흔한 예를 하나 들어 보자. 하루 종일 열심히 일하고 난 후, 개인적인 이메일을 체크하기 위해 컴퓨터 앞에 앉았다가 게임이나 인터넷을 하게 되는 경우가 많다. 이럴 때 두 시간은 금방 지나간다. 피곤해서 눈도 제대로 못 뜰 지경인데도 인터넷에 접속해서 눈을 굴리고 있는 것이다. 더구나 집안일은 하나도 못한 채 쌓여 있다.

　이런 미친 짓은 그만하자. 타이머를 맞춰 놓거나 매일 저녁 긴장을 푸는 시간을 정하자. 이 시간이 한두 시간으로 길어지면 가족이나 친구들과 함께 얘기할 수 있는 소중한 시간을 잃게 된다. 이번 달에 통제하고 싶은 것은 무엇인가?

나의 대화 스타일을
알아본다

당신이 일반적으로 대화하는 방식을 알아보는 것으로 이번 달을 시작해 보자. 당신을 사랑하는 사람에게 당신이 어떤 사람인지 물어 봤을 때 그들은 뭐라고 대답할까? 대화하기 까다로운 사람이라는 대답이 나올 수 있다. 당신의 상사나 동료, 고객들이 당신과는 대화 방식이 너무 다르다고 말할지도 모른다.

당신이 일하는 방식을 살펴보라

수첩을 꺼내서 좀 더 자세한 과정을 차트로 만들어 보자. 다음 질문에 대해 정확한 답을 모르겠다면, 배우자나 친한 친구에게 물어 보라.

대화 스타일 진단

— 일하는 방식 살펴보기 —

❶ 당신은 대화를 길게 하는 편인가? 대화 수단에 따라 길고 짧음이 바뀌는 편인가?

다시 말하면, 직접 대면해서 대화하기를 좋아하는가, 전화통화를 잘하는가, 아니면 이메일이나 문자 메시지를 남기기 좋아하는가?

❷ 당신의 대화 스타일은 여러 가지 방법으로 가능한가? 아니면 한 가지 방법에 충실한가?

내 친구는 일주일에 두 번 이메일을 체크한다. 그녀와 연락하고 싶으면 전화를 해야 한다. 반면에 나를 만나고 싶으면 이메일을 보내야 한다. 여기에는 옳고 그름이 없다. 당신이 어떤 방식을 선호하는지 알아서 다른 사람들이 당신과 연락할 수 있는 최선의 방법을 알려 주려는 것뿐이다.

❸ 당신은 직장에서 경쟁적인 사람인가, 아니면 단순히 들러리 같은 사람인가?

당신의 경쟁심은 대화에서 어떻게 나타나는가? 프로젝트가 당신에게 할당되면, 즉시 팀을 모아서 업무를 나눠 주기 시작하는가? 아니면 모든 세세한 일까지 끌어안고 혼자 일하는가?

❹ 당신은 자신이 다른 사람의 사기를 높여 주는 사람이라고 생각하는가?

다시 말하면, 동료들에게 일을 잘했다고 드러내고 칭찬하기 좋아하는가? 아니면 성공이나 실패에 크게 호들갑 떨지 않고 속으로 삭이는 타입인가?

❺ 당신은 다른 사람들과 정보를 나누기 좋아하는 사람인가? 아니면 나서기 싫어하고 내성적인 사람인가?

혹은 대화하는 사람에 따라 스타일이 달라지는 사람일 수도 있다. 예를 들어, 동료들과는 자세한 얘기를 절대 하지 않지만 친한 친구와는 수다쟁이라 불릴 만큼 말이 많을 수 있다.

❻ 당신은 혼자 일하기를 좋아하는가, 아니면 팀으로 일해야 가장 잘하는가?

상사와 이에 대해 말한 적이 있는가?

❼ 소문은 어떤가? 당신은 소문을 듣고 나서야 흠칫 놀라는 편인가, 아니면 소문을 퍼뜨리는 사람인가?

사무실에서 가장 안 좋은 형태의 대화법이지만, 불행히도 가장 보편적이다.

이 질문에 대한 답을 적은 후에, 잠시 멈추고 반응을 살펴보자. 자신에 대해 몰랐던 일을 깨달았는가? 무엇을 배웠는가? 구체적으로 말할 수 있는가?

지금 새롭게 발견한 것이 앞으로 직장에서 사람들과 대화하는 방식에 어떤 변화를 가져오겠는가? 전체적인 접근을 바꿔야 할 것인가, 아니면 특별한 동료들에게만 방법을 달리 해야 할까? 한 가지 사례를 들어 보겠다.

내 고객들 중에는 휴대폰을 중심으로 생활이 이뤄지는 사람이 있다. 그와 연락하고 싶다면 번호만 누르면 된다. 어떤 고객들은 이메일을 통한 대화를 좋아한다. 그러나 이메일을 통한 대화에는 변수가 있다. 대부분의 사람들은 간단하고 압축되고 요점만 있는 짧은 메모로 이메일을 보낸다. 한편 예전에 우편으로 보내던 편지 같은 형식으로 이메일을 이용하는 사람들도 있다. 이 경우 서로에게 고민거리가 될 수밖에 없다. 요점만 보내는 사람들은 장황한 편지글이 부담스러울 것이고, 편지글을 보내는 사람은 요점만 보내는 사람들이 왠지 정겹게 느껴지지 않을 것이다.

누구나 자기가 선호하는 대화 스타일이 있다. 하지만 우리 중 대부분은 남들의 방식을 융통성 있게 받아들이지 못한다. 그러나 여러 가지 대화 스타일을 유연하게 사용할 수 있다면, 당신은 훨씬 유리한 위치에 있는 것이다.

이메일도 서류처럼
정리하라

보통 전문적인 직장인들은 하루에 이메일을 수백 통씩 받는다. 가끔은 미쳐 버릴 것 같다. 이럴 때 재빨리 결정을 내리도록 도와주는 방법들이 있다.

받은 메일 처리하기

우리는 이메일을 직장에서, 집에서, 또 휴대폰으로도 그때그때 확인할 수 있다. 그래서 더욱 메일을 쉽고 효율적으로 처리하는 습관을 들여야 한다. 정해진 시스템이 없이 많은 양의 이메일을 처리하기란 쉽지 않다. 각각의 이메일은 정해진 장소에 저장해서 정보가 필요할 때나 문제를 꺼내고 싶을 때 찾을 수 있어야 한다.

당신이 이메일을 받을 때마다 컴퓨터에서 알림음이 나온다면, 소리를 끄거나 무시하자. 어떤 일에 열중해 있을 때는 특히 그렇게 해야 한다. 나의 경우, 글을 쓸 때는 산만해지지 않도록 주의한다. 여기서 핵심은 경계를 분명히 하는 것이다. 사이버 공간에 있는 사람들이 당신을 좌지우지하게 만들지 않으려면, 이메일에 대한 다음과 같은 결정이 우선 도움이 될 것이다.

1 이 일에 답을 해야 하나?
2 만약 그래야 한다면, 언제가 적당할까? 업무에서처럼 답장에도 우선순위를 정할 수 있다.

다음은 나의 아침 일과 중 한 부분이다.

아침에 일어나서 처음으로 하는 일이 이메일 체크다. 나는 미국 서부에 살기 때문에 시간대가 다른 동부 해안 쪽에서 온 메일을 확인해야 하기 때문이다. 그런 메일이 있으면 지체하지 않고 열어 본다. 누군가가 나를 급하게 찾고 있다면 즉시 답장을 해주는 것이 당연하다. 나는 이런 것을 '이메일 화재 진압'이라고 부른다.

받은 편지함 목록을 훑어 내려가면서 업무 관련 이메일을 찾는 동시에 스팸 메일을 삭제한다.

그런 다음 개를 데리고 산책을 나갔다가 집에 돌아와 아침식사 준비를 한다. 일할 준비가 되었을 때, 나는 받은 메일함을 열고 삭제할 메일이나 새로운 업무 관련 메일이 있는지 재빨리 훑어본다.

이제 공평한 경쟁의 장이 만들어졌다. 지금은 모든 업무 관련 이메일을 자세히 살펴보고, 즉시 처리해야 할 개인적인 메일에 답을 하고 남은 메일들을 이런 목적으로 만들어 놓은 폴더에 저장한다.

업무 관련 대화와 관련해서 당신의 약점은 무엇인가? 예를 들어, 아주 중요하지 않은 이메일에 자세한 답변을 하느라 시간을 쏟는가? 아주 오래된 시간 낭비의 원인이지만, 바쁜 일을 하는 것처럼 보이고 스스로도 그렇게 느낀다. 이제부터는 이메일에도 우선순위를 정하자. 이메일을 즉각적으로 처리할 수 있는 몇 가지 방법이 있다.

1 스팸 메일, 불필요한 메일은 삭제한다.

2 답장을 할 필요는 없지만 당신에게 필요한 정보를 담고 있는 이메일이 있는가? 그 정보와 관련된 폴더에 즉시 저장하라. 이메일로 저장하거나 정보만 출력해서 인쇄된 문서를 서류철에 저장할 수도 있다.

3 답장을 해야 하지만 필요한 자료를 수집하는 데 시간이 필요한가? 보낸 사람에게 언제쯤 답을 보내겠다는 짧은 메일을 보낸 뒤 일반적인 해야 할 일 폴더나 특별한 프로젝트의 해야 할 일 목록에 저장한다. 필요하다면 달력에 표시를 하거나 컴퓨터의 알림 리스트에 추가한다.

이런 선택을 하는 데는 몇 분밖에 걸리지 않는다. 결정하는 기술이 나아진 것을 느끼는가? 21일이 지나면, 그동안 왜 불필요한 것 때문에 시간을 낭비했는지 궁금해질 것이다.

이메일 정리하기

받은 메일이나 보낸 메일을 기록으로 보관해야 한다면 이메일을 보낼 때마다 자동으로 저장되도록 환경을 설정해 놓자. 그런 기능이 없다면, 메일을 보낼 때, 당신 자신을 받는 사람으로 추가해서 같이 보내도록 하자.

불필요한 정보가 담긴 이메일을 받으면 즉시 삭제 버튼을 누르고, 중요한 정보가 있는 이메일이라고 생각되면 거기에 맞는 폴더로 이동시켜라. 증거가 될 만한 일련의 문서들이 필요한 프로젝트에서는 기록 보관이 중요하다. 특별한 사람에게 보낸 이메일을 정해진 폴더에 자동으로 저장시킬 수도 있다.

컴퓨터 파일을 서류 관리하는 것처럼 정리하는 시스템을 만들 수 있다. 예를 들어, '해야 할 일─최우선순위' 폴더와 '해야 할 일─낮은 우선순위' 폴더를 만들면 어떨까? 여러 가지 프로젝트를 동시에 수행하고 있다면, 각 프로젝트별로 해야 할 일 폴더를 만들어서 처리해야 할 아이템을 나누는 능력을 더 개선시킬 수도 있다. 이 방법은 위에서 말한 두 가지 폴더 만들기를 대체할 수도 있고 두 가지 폴더와 병행해서 사용할 수도 있다.

큰 회사들은 대부분 일련의 서류들을 기록으로 남기도록 규정하고 있다. 규정에 따라서 저장하라. 작은 회사에서 일하고 있다면, 모든 사원들이 따라야 할 이메일 관련 규정을 만들도록 책임자에게 건의하면 어떨까? 당신은 회사가 성장하는 데 큰 기여를 하게 될 것이다.

흔히 업무용 이메일은 서류 정리 시스템과 조화를 이뤄서 업무에 사용

된다. 예를 들어, 서류에 이름을 붙이는 방식도 같아야 한다. 같은 정보의 파일 이름을 서류 따로, 컴퓨터 파일 따로, 온라인상의 파일 따로 붙이면 안 된다.

아마 지금쯤 당신은 정리의 원칙이 근본적으로 모두 같다는 사실을 알게 되었을 것이다. 사이버 공간이나, 하드 디스크나 서류 캐비닛이나 기본적인 규칙이 모두 적용된다. 한 공간에 대한 정리법을 완전히 익히고 나면, 다른 공간도 정리할 수 있다.

최근에 내가 가르친 사람들 중에 이메일을 4,000통 넘게 보관하고 있다는 학생이 있었다. 상상이 가는가? 이렇게 엄청난 부하가 걸린 컴퓨터를 사용하고 있다는 사실도 놀랍지만, 부하가 걸린 것은 컴퓨터 시스템만이 아니었다. 매번 새로운 이메일을 체크할 때마다 그 모든 메시지를 확인하는 그녀의 정신에도 부하가 걸린다. 빨리 결정을 내리지 못한 결과다.

당신도 이런 상황에 처해 있는가? 부지런히 삭제하고 폴더에 저장하라. 당신이 현재 살고 있는 소중한 공간을 과거의 일들이 잡아먹게 방치하지 말라.

3주

나에게 맞는 통신 수단을 알아보라

　요즘은 사업의 많은 부분이 인터넷을 통해 이루어지기 때문에 내게 이메일 체크는 생존을 좌우할 만큼 중요하다. 전에 쓰던 휴대폰으로는 이메일을 체크할 수 있었고, 새로운 휴대폰으로는 웹 서핑도 가능하다. 대신 문자 메시지는 거의 쓰지 않는 편이다. 어떤 통신 수단이 꼭 필요한지는 규정지을 수 없다. 당신이 하는 일의 성격과 최신 기술에 대한 당신의 흥미에 따라 달라진다.

　이번 주에는 가장 흔한 통신 수단의 힘을 활용할 수 있는 방법을 탐색하려 한다. 이메일이 아마 최고일 테지만, 전화기나 메신저, 음성 메시지 없이 살 수 있는 사람이 얼마나 될까? 이런 방법들은 모두 당신이 능률적으로 일하는 데 도움이 된다. 그러나 아무 생각 없이 사용한다면, 시간을 잡아먹는 괴물이 될 수도 있다. 차례대로 살펴보자.

전화통화

솔직히 말해서 아직 전화통화를 대체할 수 있는 것은 없다. 대화에서 가장 결정적인 표현법인 목소리가 담기기 때문이다. 여러 가지 다양한 톤과 크기로 자기 의사를 전달하므로 이메일이나 문자 메시지에 비해 오해의 소지가 적은 편이다. 다만 전화통화는 옆의 사람들이 듣게 된다는 것이 단점이다.

불필요한 전화에 답을 할 때는 급한 업무를 처리하고 약간 한가해졌을 때 하면 좋다. 나와 같이 일하는 동료는 금요일 저녁 6시만 되면 컴퓨터와 전화를 끄고 월요일 아침까지 음성 메시지나 이메일 체크를 하지 않는다. 가족이 있는 사람이면 이런 시간이 정말 중요하다. 나 역시 아이들과 남편이 집에 있다면 그러지 않겠지만, 지금은 독신으로 지내기 때문에 주말을 이용해 고객들이나 동료들에게 전화통화를 한다. 경계를 긋는 것은 매우 중요하지만, 자기 상황에 맞게 하면 된다.

음성 메시지

음성 메시지도 확실한 규칙을 세워 놓아야 한다. 첫 번째 규칙은 별로 관심이 없는 서비스나 정보를 제공하는 사람에게 시간을 낼 필요는 없다는 것이다. 절대 무례하게 행동하라는 뜻은 아니다. 그러나 그런 사람들을 상대하기 위해 시간을 낭비하지는 말라.

응답을 해야 할지 여부는 이메일을 처리할 때처럼 결정하라. 이 메시지를 응답하는 일이 우선순위가 높은가 낮은가? 회사에 기록으로 남기기 위해 완벽한 전화통화가 필요한가, 아니면 지워도 되는 메시지인가? 당신은 여러 가지 형태의 통신 수단을 사용해서 응답할 수 있고 그러면 시간을 아낄 수 있다. 만약 당신이 음성 메시지를 남긴다면, 나는 당신이 요청한 정보를 이메일로 보낼 것이다.

나는 나한테 많은 이야기를 하기 원하는 사람들과 연락해야 할 때가 자주 있다. 그들의 점심시간을 이용해 전화하거나 아니면 몇 시간 후에 메시지를 남긴다. 나는 내가 해야 할 일과 연락해야 할 사항을 다 수행하면서도 시간을 낭비하지 않는다. 다시 말하지만 기한이 있는 최우선순위의 일을 한 가지 이상 할 때는 이런 기술이 정말 중요하다.

잘 정리된 메시지를 남기기 어려울 때는 말로 연습하지 말고 중요한 점을 글로 남겨 놔라. 당신이 적은 목록을 따라서 얘기할 수 있고, 상대방은 음성 메시지를 사용한다는 사실에 감사할 것이다.

문자 메시지와 메신저

나는 우체국에서 줄을 서 있을 때나 다른 공공장소에서 빠른 손놀림으로 문자 메시지를 보내는 아이들을 종종 본다. 아이들은 내가 눈으로 따라갈 수 없을 정도로 빨리 손가락을 움직인다. 친구들끼리 문자 메시지를 주고받을 때는 문제가 없겠지만, 직장에서 문자 메시지나 메신저로 대화할 때는 다음 사항에 유의해야 한다.

1 받는 사람이 응답 방법을 알고 있는가? 모든 사람이 이런 기술에 익숙할 것이라고 생각하면 안 된다.

2 이런 방식의 통신에 대한 회사 내 규정이 있는가?

3 업무 시간에 개인적인 일이나 중요하지 않은 메시지 때문에 업무 시간을 낭비하고 있지는 않은가?

4 회사에 기록으로 남겨야 할 정보를 문자 메시지로 주고받는가? 필요하다면 형식을 갖춘 이메일이나 우편으로 정보를 남겨야 한다.

5 문자 메시지나 메신저는 급한 불을 끄거나 위급 상황일 때 사용하기에 좋은 통신 수단이다. 지나치게 쓰지 말자.

직접 대화하기

갈수록 대면하여 대화하는 일이 없어지고 있다. 하지만 서로의 눈을 보면서 하는 대화의 힘은 그 어느 것과도 비교할 수 없다. 목소리는 물론 얼굴 표정까지 볼 수 있으니 이만 한 대화 방법이 어디 있겠는가? 그러나 5분마다 다른 사람의 자리에 가서 얼굴을 보여 주면 반갑지 않은 사람이 된다. 신중하게 행동하라. 당신이 직접 해야 이야기에 무게와 의미를 더할 수 있는 상황에서만 얼굴을 보고 이야기해야 한다.

과학 기술 따라잡기

빠르게 변하는 기술의 발전에 보조를 맞춘다는 것은 이제 불가능에 가까워 보인다. 요즘 회사들은 과학 기술을 서로 다른 방법으로 사용한다. 그리고 모든 사무실에서 직원들이 더 효율적으로 사용할 수 있도록 특정한 프로그램을 사용한다. 당신의 일에 필요한 도구만 익히면 된다. 도움이 될 만한 아이디어 몇 가지를 살펴보자.

1. 당신이 대기업에서 일하고 있다면, 회사에서 쓰는 기술의 최신 정보를 알고 있는가? 그렇지 않다면, 도움이 될 만한 수업에 등록할 수는 없는가? 그런 수업이 없다면 물어 볼 사람이 있는가? 정보에 어두운 것은 당신뿐만이 아니다. 우리 모두는 주기적으로 지식을 업그레이드해야 한다.

2. 작은 회사에 근무하거나 재택근무를 한다면, 최신 소프트웨어나 갓 출시된 하드웨어에 관해 물어 볼 만한 사람이 있는가? 컴퓨터를 업그레이드할 시기는 아닌가?

3. 컴퓨터를 파는 많은 가게에도 당신이 도움을 얻을 수 있는 직원들이 있다. 근처 가게에 가서 도와줄 수 있는 사람들이 있는지 찾아보라.

4. 당신이 신뢰하는 기기를 파는 선호 회사가 있는가? 이런 회사의 웹 사이트에서 발행하는 뉴스레터를 보면 그들이 제공하는 최신 기술에 대해 알 수 있을 것이다. 소프트웨어 회사들도 같은 서비스를 제공한다.

자영업을 한다면, 작고 간단한 기기에 대한 두려움 때문에 뒤처져 있으면 안 된다. 우리는 21세기에 살고 있고 그런 기술들을 무시하고 살 수는 없다. 당신이 필요한 시스템을 갖춰 줄 능력 있는 사람을 고용할 수도 있다. 지레 겁먹지 말고 계속해서 배워 보기 바란다.

다음은 당신이 특별히 필요로 하는 사항에 초점을 맞추는 데 도움이 될 만한 질문들이다. 대화 내용을 분명하게 하면 기술적으로 훨씬 앞선 사람과 만나도 덜 겁먹게 된다. 그리고 절대 겁먹지 말고 모르는 용어를 물어 봐야 한다. 자꾸 묻고 듣다 보면 곧 전문 용어를 사용하게 될 것이다.

1 이번 주에 필요한 조사는 무엇인가?
2 누가 당신에게 조언을 주고 도움을 줄 것인가?
3 예산은 어느 정도인가?
4 자료를 정기적으로 백업하는가?

나는 이번 주가 당신에게 힘이 되는 주가 되기를 바란다. 과학 기술을 익히라는 것은 당신이 최신 과학 기술을 두려워하는 마음에서 벗어나라는 뜻이다. 에너지를 쏟는 방향을 바꾸면 언젠가 최신 과학 기술에 도통해 있을 것이다.

백업하는 습관을
길러라

내가 어렸을 때 우리 집은 항상 청결하고 정리정돈이 잘 되어 있었다. 집 안 어디에도 제자리에 있지 않은 것이 없었다. 그러나 그런 어머니에게도 아버지와 나만 아는 비밀이 한 가지 있었다. 바로 엄마의 옷장과 서랍 속은 완전히 엉망이었다는 사실이다.

고객들 중에도 사무실은 잘 정리하면서 컴퓨터 하드 드라이브는 정리하지 않는 사람들이 많다. 그들이 "아무도 안 보는데 뭘 그렇게 신경 써?"하는 말을 들으면 어머니가 생각난다. 대답은 간단하다. 당신의 삶을 더 쉽게 만들기 위해 신경 써야 한다. 당신 자신을 위해 정리를 해야 한다. 이번 주에 우리가 중점을 둘 것은 바로 그것이다. 컴퓨터 하드 드라이브라는 비밀의 세상을 치우고 깔끔하게 청소하는 것.

데이터를 간소화하라

컴퓨터 파일이 엉망으로 저장되어 있다면 지금 당장 순서대로 정리하라. 컴퓨터 파일은 출력한 문서와 같은 방법으로 작업해야 한다. 서류 캐비닛에 있든지 하드 드라이브에 있든지 필요할 때 쉽게 꺼내 볼 수 있어야 한다.

필요한 자료를 쉽게 찾을 수 있는가? 아니면 '아, 내가 어떤 이름으로 저장해 놨지?', '어느 폴더에 이 서류를 저장해 놨더라?' 하면서 시간을 보내고 있는가? 전체 하드 디스크에서 키워드 검색을 해보느라고 20분을 낭비하고 있는가? 이렇게 헤매지 않으려면 다음의 몇 가지 가이드라인을 따르면 된다.

1 될 수 있는 대로 많은 파일을 삭제하라. 오래된 파일들은 컴퓨터에 쌓이고 쌓여서 속도를 느려지게 만든다. 당신의 실제 삶에서도 오래된 정보들은 일의 흐름을 막고 속도를 느리게 한다.

2 어떤 회사는 다른 서버에 온라인 기록 저장소를 갖고 있다. 그곳에 완료된 프로젝트 관련 파일을 저장하라.

3 분류 항목을 만들어서 관련된 정보는 한 곳에 모아 둬라. 실제 서류 시스템을 만들 때, 한 항목 안에 관련된 정보가 많은 경우 박스에 각각의 폴더를 정리하는 법을 제시했다. 컴퓨터 안에서도 같은 방법으로 하면 된다. 큰 폴더를 만들고 그 안에 각각의 파일을 저장하라. 다시 말하지만 주요 서류 목록이 지침이 될 것이다.

4 바탕 화면에 너무 많은 서류를 띄워 놓지 마라. 그 서류들이 모두

중요할 리는 없다. 바로가기가 정말 필요한 파일들만 바탕화면에
남겨 두면 된다.

5 가능하다면, 서류 캐비닛에 있는 관련 서류와 같은 색으로 하드 드
라이브 파일을 색으로 표시하라.

6 주요 파일 항목의 이름을 신중하게 만들어라. 이름을 너무 빨리 만
들거나 머리에 떠오르는 대로 만들다 보면 후에 찾는 법을 기억하
기가 어렵다.

모든 파일을 백업하라

모든 파일을 한 가지 이상의 버전으로 백업할 방법을 알아봐야 한다.
컴퓨터가 다운되느냐 마느냐의 문제가 아니라 언제 그렇게 되느냐가 문
제다. 사실 이 책을 마무리하던 중에 어느 날 밤 내 컴퓨터가 다운되었
다. 당신은 파일을 온라인상에 백업할 수 있다. 매주 CD에 자료를 복사
해 놓을 수도 있다. 자료가 외부 하드에 자동으로 저장되도록 컴퓨터를
설정해 놓을 수도 있다. 어떤 방법을 선택하든 꾸준하게 해야 한다. 백업
한 파일이 어떤 방식으로 저장되는지 알고 있어야 한다. 백업된 장소에
서 파일을 불러오는 연습을 해서 정말 급할 때 당황하지 않도록 하라!

어떤 사람들은 손으로 쓴 형식을 신뢰한다. 내 생각에는 두 방법을 결
합시키는 것이 아주 좋은 타협안인 것 같다. 전자기기를 사용할 때는 이
정보를 잃을 위험이 있다는 사실을 알고 있어야 한다. 한 친구는 책을 쓰
던 중에 자동으로 그의 작품을 백업시켜 준다는 멋진 소프트웨어를 설치

했다. 이 소프트웨어는 매일 밤 CD에 자료를 복사하던 수고를 덜어 주었다. 그런데 어떤 일이 벌어졌을까? 소프트웨어에 버그가 났다. 컴퓨터가 다운될 때까지 그의 자료를 계속 복사했던 것이다. IT 전문가들이 그의 자료를 복구하느라 필사적으로 매달렸다. 이런 악몽 같은 경험을 해본 적 있는가? 어떻게 해결했는가? 미래에 이런 일을 당하지 않기 위해 저장 방식이나 기술을 어떻게 바꿨는가?

여기 간단하지만 확실한 두 가지 방법이 있다. 하나는 서류를 정리하듯이 컴퓨터 작업한 파일을 저장하는 습관을 들이라는 것이다. 전원이 갑자기 나가서 작업하던 문서를 잃어버린 경험이 없는가? 머리를 쥐어뜯지 말고, 저장 버튼을 미친 사람처럼 눌러라. 아니면 당신이 정한 간격마다 파일이 자동으로 저장되도록 설정하라. 그런데 이 유령 파일들은 컴퓨터에 조금씩 잔해를 남긴다. 그러니 문서 작성이 완료되면 앞에 저장한 파일들을 찾아서 꼭 삭제하라.

두 번째 방법은 모든 파일 이름에 날짜를 남기는 것이다. '업무보고 _20110712.doc' 이런 식으로. 앞으로 특별한 버전을 찾을 때 걸리는 시간이 어마어마하게 줄어들 것이다. 이런 방법은 같이 일하는 동료들과 파일을 주고받을 때 특히 유용하다. 예를 들어, 나와 편집자는 내가 책을 쓸 때 각 장에 대해 노트를 주고받는다. 수정, 검토, 삭제, 첨가할 내용이 인터넷에서 이메일을 통해 왔다 갔다 한다. 파일명에 날짜가 있으면 최신 버전 파일을 찾아야 할 때 큰 도움이 된다.

집에 있는 컴퓨터의 정보에 관해서도 실제 서류를 정리할 때처럼 간결하고 논리적으로 정리된 상태를 유지하라. 하드 드라이브나 사이버 공간에서 자리를 못 찾고 떠도는 것들도 쓸모없는 잡동사니들이다.

행복 실천하기

- 대화하다 문제가 자주 생긴다면, 당신의 대화 스타일을 점검해 보자. 문제가 생겼을 때, 상대가 한 말을 떠올리기보다는 자신의 대화 스타일을 점검하는 것이 문제 해결에 빠를 때가 있다.

- 사고가 났을 때를 대비하고 싶다면, 자료를 백업하고 컴퓨터를 정리하는 일을 정기적으로 하자. 그래야 나중에 후회가 없다.

9

SEPTEMBER

가족

무리한 스케줄 조절하기

1 WEEK

출퇴근길을 편안하게 만들어라

2 WEEK

가족과 함께하는 시간을 만들어라

3 WEEK

집 안에 사무 공간을 따로 만들어라

4 WEEK

즐거운 공간으로 꾸며라

리얼 행복습관

직장 미뤄 둔 일 처리하기
집 집을 유지하는 데 필요한 항목 작성하기

9/12 여름이 재미있게 놀며 긴장을 푸는 시간이었다면, 가을은 수확의 계절이다. 지금까지 몇 개월 동안 이 책과 함께 작업해 왔다면, 정리 기술에서만큼은 아름다운 수확을 얻었을 것이다. 설사 지금 막 시작했다고 해도 연말까지는 많은 것을 이룰 수 있을 것이다. 이번 달은 그동안의 우리 노력을 되돌아보는 것으로 시작해 보자. 이런 일은 앞으로도 평생 주기적으로 해야 할 일이다. 당신을 둘러싼 환경이 불편하지 않은 것처럼 우리의 흥미나 욕구도 변화한다.

이번 달의 후반부에는 집 안에 사무실을 꾸며 보기로 하자. 사업을 위해서든 집안일이나 가족 대소사를 처리하기 위해서든 집 안에 사무 공간은 꼭 필요하다.

미뤄 둔 일을 처리하자

사람들과 직접 대면하지 않아도 대화를 나눌 수 있다. 미뤄 둔 이메일 답장이나 전화통화가 있는가? 이번 달에는 웃으면서 해치우게 될 것이다. 매일 당신이 가장 편한 시간을 정해서 전화 한 통화, 이메일 답장 한 통, 기한이 오래전에 지난 감사 편지를 써라. 이런 사소한 일은 기분이 가장 좋을 때 해야 한다. 그리고 기쁜 마음으로 할 일 목록에서 이 항목을 지워라. 하루에 하나씩 하기 싫은 일을 하면 절대 다시 쌓이지 않을 것이다.

집을 유지하는 데 필요한 항목을 작성하자

이번 달에는 집에서 주기적으로 체크해야 할 일의 목록을 만들어 보자. 목록을 작성한 후에는 매달 해야 할 일들을 네 가지 이상 써 보자. 다음은 목록 작성에 도움이 될 만한 아이디어다.

- 정수기부터 에어컨까지 집에 있는 필터를 모두 꺼내 체크하기
- 화재경보기가 잘 작동하는지 점검하기
- 손전등이나 무선 전화기 등에 건전지를 갈아 끼울 때가 되었는지 확인하기
- 현관 바깥등이 잘 켜지는지 조사하기
- 전구와 건전지, 필터 등의 교체용 보충품이 있는지 확인하기
- 차의 엔진 오일과 타이어 공기압 체크하기

이밖에 중요한 항목들을 달력에 적거나 컴퓨터에 저장해서 일정한 날에 자동으로 알려 주도록 계획을 세워라.

<h1 align="center">출퇴근길을 편안하게
만들어라</h1>

출퇴근을 즐기는 사람이 있을까? 뉴욕에서 태어나 자라서 오랫동안 매일 지하철을 타고 다닌 사람으로서, 나는 브루클린에서 맨해튼으로 가는 지하철 탑승이 나의 하루에 어떤 영향을 미치는지 너무나 잘 알고 있다.

좋든 싫든 간에 출퇴근길은 집과 직장의 다리라고 할 수 있다. 하루 중 출퇴근이 미치는 영향은 상당하다. 이번 주에는 출퇴근 시간을 개선할 방법을 찾아볼 것이다. 버스, 기차, 자동차 등 어떤 교통수단을 이용하든 좀 더 순조롭고 나한테 맞는 출퇴근 방법을 생각해 보자. 달력과 수첩을 옆에 놓고 사야 할 것이나 조사할 사항을 적어 보자.

출퇴근 시간 이용하기

교통수단이 무엇이든 상관없이 나의 첫 번째 질문은 이것이다. '당신은 어떤 사람인가?' 다음 질문에 답해 보자.

1. 당신은 아침형 인간인가, 저녁형 인간인가? 출근하는 동안 아침형 인간은 오디오북을 듣기 원할 것이고, 저녁형 인간은 조용히 그날을 위해 재충전하기를 원할 것이다.

2. 당신은 차를 탔을 때 책을 읽을 수 있는가, 아니면 책을 보면 속이 울렁거리는가?

3. 공공장소에서 일하기 좋아하는 사람인가? 공공장소에서 잠깐 잘 수도 있는가?

4. 개인 공간에 대한 생각은 어떤가? 사람이 많으면 공포를 느끼는가, 아니면 편안함을 느끼는가?

5. 출퇴근 시간에 긴장을 풀고 싶은가, 아니면 일에 대해 계속 생각하고 싶은가?

이 질문들에 정답은 없다. 나는 지금 자동차의 도시 LA에 살고 있는데 대중교통이 정말 잘 되어 있는 뉴욕에 감탄하고 있다. 그래서 자가용 운전자들에게 정말 할 말이 많다.

출퇴근 시간이 너무 많이 걸리는가? 개선할 방법은 없는가? 예를 들어, 자가용을 운전해서 다닌다면, 대중교통으로 바꾸고 책을 읽거나 노트북으로 일할 시간을 만들 수는 없을까? 카풀은 어떤가? 짜증나는 출퇴근 시간을 기분 좋게 활용하는 방법을 완전히 새로운 관점에서 생각해 보자. 지하철이나 버스, 기차, 자가용 중 무엇을 이용하든 그 시간을 즐겁게 보낼 수 있는 방법이 있다.

1 당신의 출근은 집을 나서기 전에 이미 시작된다. 무거운 지갑과 서류가방, 큰 토트백 등을 들고 너무 무겁게 나서지 마라. 매일 저녁 가방을 깨끗이 청소해서 정말 필요한 물건들만 넣고 움직여라. 아무리 잠을 많이 자도 무거운 짐을 들고 출근하면 직장에 도착하기도 전에 지쳐 버린다. 퇴근할 때도 마찬가지다. 모든 것을 들고 가려고 하지 마라. 두뇌가 잘 돌아가려면 휴식이 필요하다. 당신의 몸도 마찬가지다.

2 편안한 신발을 신어라. 정장 구두는 직장에 갖다 놓거나 들고 가라. 하루 종일 구두를 신고 일을 해야 하는데 출퇴근 시간에라도 발을 편하게 해줘라.

3 직접 운전을 하지 않는다면 출퇴근 시간은 긴장을 풀 수 있는 시간이다. 아이팟이나 MP3 플레이어, 닌텐도 DS 등을 구입해서 그 시간을 즐기는 것도 생각해 보라. 좋은 책이나 신문을 읽는 것도 좋은 방법이다. 책을 더 좋아하면 포켓북 같은 가벼운 책을 갖고 다니면서 읽어라. 물론 오디오북을 들을 수도 있다.

4 아무 생각 없이 두뇌와 신경계를 쉬게 해주는 것도 아주 효과적이다. 출근하면 하루 종일 생각만 할 것이다. 지금은 그냥 사람 구경이나 하는 것이 어떤가?

5 출퇴근길에 기차나 지하철이 만원이라면, 더 이른 시간에 나가면 어떨까? 다른 사람들이 출근하기 전에 먼저 가서 그 시간 동안 하루를 계획하거나 책상을 청소할 수도 있다. 똑같은 방법으로 저녁에 더 늦게 퇴근한다면 집에 가져가서 할 일을 사무실에서 하고 집에서는 가족들과 시간을 보낼 수 있다.

6 많은 사람들이 약속 장소에 가는 동안 지하철이나 버스 안에서 전화통화를 한다. 앞에서도 말했지만, 다른 사람들은 당신의 사생활이나 사업에 관심이 없다. 유치원에서 배운 것처럼 '조용히 말할 것!'

7 건강에 좋은 간식거리를 매일 꼭 먹어라. 집에서 준비해 온 간식은 건강에도 좋고, 위급 상황에 대비할 수 있다. 나는 항상 500ml짜리 물병을 들고 다닌다.

출퇴근을 도와줄 물건 구입하기

한 가지 제안하자면, 차 정비에 관한 것은 컴퓨터 캘린더 알림 리스트에 넣기 바란다. 내가 이 책을 쓰고 있는 지금도 기름 값은 하늘 높은 줄 모르고 오르고 있다. 차를 정기적으로 정비 받으면 연료를 절약할 수 있고 안전하게 운전할 수 있다. 무엇보다 사고 상황이 발생했을 때를 대비해 자동차 보험에는 꼭 가입해야 한다.

1 자동차 보험증 사본은 항상 자동차 사물함에 찾기 쉽게 둬야 한다.

2 가능하면 매주 세차하라. 차 안이 엉망이면 거기에 영향을 받게 된다.

3 자동차 트렁크에는 스페어타이어처럼 위급 상황 시 필요한 물품들을 갖추어 놓자. 타이어를 바꾸는 법은 아는가? 트렁크에 필요한 도구는 있는가? 차가 오래되었다면, 스페어타이어를 6개월에 한

번씩은 체크해야 한다.

　이 목록을 죽 훑어보면서 당신에게 중요한 물품은 더 없는지 생각해 보고 수첩에 적어라. 우리는 일을 미루지 않는 연습을 하고 있다. 지금 당장 당신의 출퇴근길을 더 편안하게 만들어 줄 도구를 살 시간을 정하라. 그런 장비를 살펴보면서 아침에 도움이 될 만한 부엌용 도구들도 한 번 살펴보라. 텀블러에 자동으로 커피를 내려 주는 커피메이커를 쓰는 사람도 많다. 바쁜 아침 시간에 부엌에 들어서면 커피향이 반긴다고 생각해 보라. 그리고 그 커피를 가지고 가면, 출근길에 커피숍에 들르지 않아도 되니 돈과 시간을 절약할 수 있다.

　정리 습관은 성공을 향하는 습관이다. 출퇴근 시간이 계속 힘겨우면 극한 수준까지 밀어붙이거나 자기 태만에 빠질지도 모른다. 출퇴근 시간을 편안하고 긴장을 푸는 시간으로 바꾸어 그런 상황을 미연에 방지하자.

가족과 함께하는
시간을 만들어라

이번 주는 일하는 부모를 위한 한 주가 될 것이다. 우리는 모두 혼자만의 시간, 가족과 친구들과 함께하는 시간, 집안일 하는 시간을 균형 있게 가지려고 노력하지만, 일하는 부모라면 여기에 직장이 하나 더 추가된다. 이제 자신을 돌아보도록 하자. 자기 자신부터 치료해야 다른 사람을 도와줄 수 있다.

지난 1월을 되돌아보자. 목표를 세우는 일에 너무 들떠 있었는가? 새해가 시작되면 여기저기서 새로운 목표를 세우고 변화하라고 시끄럽게 떠들어댄다. 아무리 더 나은 삶을 위한 변화라지만 자꾸 들으면 부담스럽다.

당신의 스케줄에서 한 가지, 혹은 몇 가지 일을 지우고 싶은가? 운동 프로그램을 짜는데 너무 의욕만 앞섰는가? 야간 대학에 등록해 놓고 보니 지금은 석사학위를 위해 공부할 때가 아닌가? 당신이 짠 스케줄 때문에 죽을 지경이라면, 몇 가지는 떨쳐버려라. 나중에 적절한 시기가 되면 언제든지 다시 시작할 수 있다.

근무시간 선택제와 일자리 나누기

일에 대한 부담감을 줄일 수 있는 새로운 방법들이 있다. 회사에서 재택근무를 허용하는가? 상사에게 말하기 전에 가능성을 잘 생각해 보라. 단순히 가능성만 묻지 말고 어떤 방법으로 할 것인지 확실하게 보여 주는 것이 좋다. 일주일에 하루 이틀만이라도 집에서 일할 수 있다면, 일에 대한 부담을 확실히 줄일 수 있다. 그러려면 집에 전문적인 사무 공간이 필요할 것이다. 다음 2주 동안은 완벽한 홈 오피스를 만들어 볼 것이다.

근무시간 선택제는 어떤가? 보통 월요일에서 금요일까지 일하고 있다면, 아침에 더 일찍 가고 저녁때까지 일하는 시스템으로 일주일에 3~4일만 출근할 수 있는가? 일반적으로 직장에서 인정받는 사람이 되어야 이런 근무시간 선택제를 요청할 수 있다.

상사에게 가기 전에 신중하게 계획을 짜라. 이런 방식을 회사에서 시도한 적이 있는가? 일의 결과나 다른 동료들과의 협업에 어떤 변화가 생길 것인가? 회사에서 한 번도 시도한 적이 없다면, 시험 기간을 두는 것도 요청하라.

일자리 나누기에는 직업의식이 같고 서로 소통이 잘 되며 기술도 비슷해서 잘 맞는 두 사람이 필요하다. 이것은 신중하게 계획해야 한다. 당신보다 뛰어나서 나중에는 당신의 자리를 차지해 버릴 사람이나 마무리를 잘하지 않아서 결국 당신이 모든 일을 해야 할 사람과는 해서는 안 된다.

일하는 대가에 비해 너무 스트레스가 심한 일을 하고 있다면, 파트타임으로만 일하고도 경제적으로 무리가 없는지 생각해 보라. 몇 달간만 파트타임으로 일하면서 여유 시간에 당신의 재능에 더 잘 맞는 정규직이나 집에서 가까운 직장을 찾아볼 수도 있다.

아이들의 스케줄을 체크하라

요즘 아이들의 스케줄을 보면 정말 당황스럽다. 아이들은 시간을 분 단위로 쪼개서 산다. 어른들은 훌륭한 학자나 뛰어난 운동선수가 되어야 한다고 아이들을 몰아붙인다. 아이들은 이제 겨우 유치원에 다니는데 말이다. 새 학년을 시작하기 전에 아이의 삶을 한 번 생각해 보라. 정말 필요한 것만 하는가? 한가한 휴식 시간이 부정적인 개념이 되어 버린 사회에서 아이들은 과도한 열정을 강요받고 있지는 않은가? 아이로서 누릴 수 있는 유일한 기회를 빼앗긴 채 살고 있지는 않은가? 균형 잡힌 접근법을 찾아보자.

아이들과 함께 올 한 해 학교 스케줄을 확인한 후, 훨씬 더 중요한 사항들을 해결해 보자. 등하교 문제를 중심으로 봤을 때, 이 스케줄을 어떻게 소화할 수 있을까? 가족 중 누가 아침에 아이들을 데려다 줄 것인가? 방과 후에 당신이 아직 직장에 있다면 어떻게 해야 하나? 다른 아이의 부모가 당신의 아이도 함께 방과 후 활동에 데려다 주는가? 학교에서 방과 후 프로그램을 운영하는가? 집에 올 때는 누가 데리고 오는가? 집에서 숙제를 봐주는 사람은 누구인가?

일상적인 문제라고 흘려버릴 수도 있지만, 돌발 상황은 언제든지 벌어질 수 있다. 배우자와 더 큰 아이들, 아이 돌보미 혹은 아이를 돌봐주는 누구라도 관계된 사람들의 스케줄과 전화번호는 확실히 알고 있어야 한다.

이제 중요한 사안을 해결해 보자. 아이한테도 부모한테도 아이의 어린 시절은 다시 오지 않는다. 그 나이에 할 수 있고 돌볼 수 있는 시기는 그때뿐인 것이다. 어린 시절부터 힘들게 아등바등 살아야겠는가? 지금 이 순간을 즐겁게 살 수 있으려면 삶이 정리되고 균형 잡혀 있어야 한다.

배우자나 아이들의 스케줄을 작성해서 가족들 개개인에 맞게 전달하라. 다음 사항들을 시도해 보자.

1 가족들이 학교, 경찰서, 소방서 등 중요한 전화번호를 한눈에 볼 수 있도록 비상 연락망을 컴퓨터에서 작성하라. 휴대폰에 이런 정보를 저장해 놓았는가? 그러면 일은 좀 더 쉬워지지만, 휴대폰을 잃어버리거나 도난당한 경우를 생각해 보라. 컴퓨터에 파일로 저장해 놓으면 가족 모두가 쉽게 찾을 수 있고 업데이트하기도 쉽다.
그리고 나서 가족들의 기본 스케줄을 파일로 만들어라. 아들이 화요일 방과 후에 야구 연습을 한다는 사실을 엄마, 아빠가 알아야 하듯이 아들도 엄마, 아빠가 어디에 있는지 알아야 한다.
만약 부모 중 한 명이 정기적으로 출장을 간다면, 아빠나 엄마의 현재 위치를 알려 주기 위해 출장 때마다 기본 스케줄을 바꿀 수 있다. 아이가 시간과 여행에 대한 개념이 생기도록 시간대도 표시해 두자. 아주 어린아이라도 지도를 보여 주고 출장 간 엄마나 아빠가 그날 밤에 어디서 자는지 알려 줘라. 가족의 취향에 따라 멋진 달력을 걸어 가족 모두의 상황을 한눈에 쉽게 볼 수 있도록 할 수도 있다.

2 비상 연락망을 프린트해서 모두가 볼 수 있도록 하라. 참조용 바인더에 넣어 둘 수도 있고 자석을 이용해서 냉장고에 붙여 둘 수도 있다. 배우자나 이 정보가 필요한 가족에게는 이메일을 보내라.

가족이 함께 저녁식사를 하면서 스케줄이 바뀐 것을 체크하면 좋다. 이 시간을 통해 가족 모두가 다양한 활동을 어떻게 해나가고 있는지 알 수 있다. 모두 모여 저녁 먹기가 힘들면, 적어도 일주일에 한 번은 같이 저녁을 먹을 수 있도록 계획하고 지키려고 노력해야 한다. 맛있는 밥을 먹으면서 얼굴을 직접 보고 대화하는 것보다 좋은 일은 없다.

집 안에 사무 공간을
따로 만들어라

내가 하는 작은 사업은 지난 20년 동안 내가 생각지도 못한 방식으로 발전해 왔다. 일이 많아지면서 내가 사무실로 쓰는 공간도 넓어졌다. 오랫동안 나는 손님용 방을 사무실로 썼다.

내가 그 공간에서 충실하게 일을 하면서 사무실은 내 사업과 함께 성장했다. 나에게 홈 오피스 공간은 축복이었다. 늘 고객과 학생들에게 가르치는 정리법의 원리 중 하나를 내가 직접 경험한 것이다. 그 원리란 다름 아닌 성공은 우리가 일에 두는 가치에 정비례한다는 것이다.

한편 집 안의 공간은 각각 특정한 용도로 사용되어야 한다. 편지지나 회사 업무 서류, 학교 숙제 그리고 모든 종류의 종이쪽지들이 부엌 식탁이나 거실의 테이블, 침실 아래 등에 흩어져 있으면, 일을 미루게 되고 그러면 일의 결과가 좋을 수 없다. 정해진 공간에서 집중해서 공부하면 어려운 과목에서도 좋은 성적을 얻을 수 있다는 사실을 몸소 보여 주는 기회도 된다. 집 안 전체에 흩어져 있는 종이들을 치우고 우리 삶에 필요한 일에만 전념할 수 있는 훌륭한 공간을 집에 만들어 보자.

먼저, 당신에게 필요한 것과 이 공간을 어떻게 당신에 맞게 사용할 수 있을지를 알아보기 위해 몇 가지 질문을 할 것이다. 수첩을 꺼내라. 준비되었는가? 계획을 잘 세우면 당신에게 맞는 완벽한 홈 오피스를 만들 수 있다.

공간 사용 계획 세우기

왜 홈 오피스가 필요하다고 생각하는가? 직장에서 못한 일을 마무리하려는 목적인가? 아니면 집에서 개인 사업을 하려는가? 청구서를 처리하고 집안일을 하기 위해 사무 공간이 필요한 전업 주부인가? 새로운 공간에서 어떤 일을 하고 싶은지 구체적으로 모두 적어라. 어떤 일을 할지 확실히 알고 난 뒤에 현실적으로 공간을 바라보라. 당신이 원하는 일을 하기에 충분한 공간인가?

이 공간을 사무용 공간으로만 쓸 것인가, 아니면 다른 목적으로도 쓸 것인가? 제일 흔하게 쓰는 용도로는 홈 오피스 용도와 손님용 방 혹은 운동 공간으로 쓰는 것이다. 손님용 방으로도 쓰기로 했다면, 자주 손님들이 와서 자고 가는가? 어떤 손님이 와서 장기간 있으면 당신이 일하는 데 영향을 미치지 않겠는가? 지금 있는 침대는 공간을 얼마나 차지하는가? 침대를 소파베드나 데이베드, 접어서 벽장에 넣을 수 있는 머피 베드, 3~4인용 소파로 바꿔서 규모를 줄일 수 있는가?

두 사람 이상이 이 방을 사용하려 하는가? 가장 흔한 예로 한 공간에서 아내가 낮에 집안일을 처리하고 저녁때는 남편이 일과 관련한 사항을 마무리하는 것이다. 그런데 두 사람이 서로 다른 개인 사업을 운영한다면 어떻게 해야 할까? 두 사람 모두 전화통화를 할 때 소음은 어떻게 처리할 것인가? 아니면 한 사람이 마감 기한이 코앞에 다가온 일과 씨름 중일 때, 다른 사람이 전화통화 중이라면 어떨까? 이런 사무실 구성이 현실적일까?

실제적인 공간 꾸미기

당신은 아마 홈 오피스에서 많은 시간을 보내게 될 것이다. 그러니 이 공간을 기능성 있게 만드는 것뿐 아니라 자꾸 들어가고 싶게 만드는 것도 중요하다. 여기서는 필요한 것들과 신경 써야 할 것들을 살펴보기로 한다. 그래야 이 공간에서 이루어 낼 일을 계획할 수 있다.

1. 책상이 두 개 필요한가? 두 개의 책상이 들어갈 공간이 있는가? 만약 그렇다면, 책상들은 종류가 다른 것인가 비슷한 스타일인가? 당신이 사용하고 싶은 가구를 누군가에게 받았다면, 신경 써서 페인트칠이라도 하는 것은 어떤가?

2. 붙박이 옷장을 사무실 용품이나 기록 자료를 위한 저장 공간으로 바꿔서 사용할 수 있는가? 옷장에 붙박이 선반이 있으면 멋지겠지만 평범한 책장을 넣어도 괜찮다. 옷장에 선반이 이미 있다면, 이 선반에서 천장 사이에 선반을 하나 더 넣을 수 있는지 살펴보라.

간단한 나무판 하나와 양 쪽에 버팀대만 있으면 선반을 만들 수 있다. 무거운 재질의 선반을 달고 싶다면, 떨어지지 않게 보강해야 한다.

3 방에 옷장이 없다면, 진열장 같은 가구를 놓을 공간은 있는가? 중고를 구할 수도 있고, 저렴한 가구를 살 수도 있다.

4 방을 새로 칠해야 하는가? 바닥은 어떤가? 청소를 해야 하는가? 아니면 마룻바닥에 러그를 깔아야 하는가?

5 벽면은 어떤가? 보면서 마음이 즐거워지고 이 공간에서 일하고 싶어지게 만드는 물건들을 벽에 걸어라. 나는 러셀 크로우가 나오는 영화 〈글레디에이터〉를 좋아해서 영화 포스터를 액자로 만들어 걸었다. 이 포스터는 내가 매일 용기 있게 일할 수 있는 힘을 준다. 당신에게는 어떤 이미지가 좋은가?

6 방에 창문이 있는가? 블라인드나 롤스크린, 혹은 커튼을 새로 사야 하는가?

7 만약 가능하다면, 간단하지만 효과가 좋은 풍수법을 따라해 보자. 문을 등지고 앉지 말고 문 쪽을 향해 앉아라(그렇지만 문과 일직선으로 앉으면 안 된다). 어떤 힘을 느낄 수 있을 것이다.

8 사무용품은 앞에서 설명한 것을 참조해서 지금 필요한 것과 보충용으로 쓸 것들을 쌓아 둬라. 너무 많이 쌓아 두지는 말라. 용지가 누렇게 되거나 펜이 쓰기도 전에 말라 버릴 수 있다.

당신에게 필요한 장비 목록을 만들어 보라. 오늘날 가장 보편적인 목록은 다음과 같다.

데스크탑 혹은 노트북

스피커

프린터

서류 분쇄기

스캐너

팩스

　마지막으로 중요한 사항은 시간을 절약하는 방식으로 사무실을 세팅하라는 것이다. 이미 책상 정리와 서류 정리는 자세하게 다뤘다. 홈 오피스를 꾸밀 때 참고하면 좋을 것이다. 이번 달부터 읽기 시작했다면 그 부분을 먼저 읽어 보기 바란다.

　이제 당신이 원하는 홈 오피스의 모양이 명확하게 떠올랐을 것이다. 이제 쇼핑 목록을 작성하고 다음 주가 되기 전에 필요한 물건들을 준비하자. 변화를 시작해야 할 때다.

즐거운 공간으로 꾸며라

이제 계획이 생겼으니 실행에 옮겨 보자. 혹시 페인트칠이나 가구 배달에 시간이 걸려서 더 시간이 필요하다면, 다시 스케줄을 짜면 된다. 아직 더 사야 할 물건들의 목록을 작성하고 쇼핑하러 갈 날짜를 정해라.

이번 주에는 방 청소를 해야 한다. 큰 쓰레기봉투를 준비해라. 다른 방으로 가구를 옮길 필요가 있으면 도와줄 사람에게 미리 부탁하도록 하자.

사무 공간에 필요한 장비 점검

안 쓰는 방을 사무실로 바꿀 때 도움이 되는 몇 가지 가이드라인이 있다.

1 사무실을 사무실과 손님용 방처럼 두 가지 목적의 공간으로 사용

하려면 사무 가구를 한쪽에 두고 손님용 침대는 반대쪽에 둬라. 물리적으로 분리해 놓으면 기능도 확실하게 분리된다. 깔개를 사용하는 것도 공간을 분리하는 좋은 방법이다.

2 가구는 지금 당장 옮기기 바란다. 침대가 매우 크다면 침대를 치우고 데이베드나 접었다 펴는 소파베드, 벽이나 벽장 속에 떼었다 붙였다 하는 머피베드를 이용하는 것이 좋다. 방은 깔끔하게 유지하면서 손님이 왔을 때 자고 갈 수 있는 준비가 늘 되어 있을 것이다.

3 방을 두 가지 목적으로 사용하는데 그 안에 붙박이 옷장이 있다면, 옷장도 역시 두 가지 역할을 해야 한다. 붙박이장 대신 그냥 책꽂이를 쓰면 사무용품을 저장하기가 좋다. 바퀴가 달리고 튼튼한 플라스틱으로 만든 3단이나 4단 서랍장을 한두 개 놓고 사용할 수도 있다. 맨 위에 있는 서랍은 깊이가 얕아서 작은 사무용품들을 넣고 아래 더 깊은 서랍에는 서류나 바인더를 넣으면 된다. 최상의 선택은 아니지만 유사시에는 도움이 될 것이다.

4 책상에 서랍이 부족하다면 위에서 말한 서랍장을 하나 놓고 평소에는 벽장 안에 두었다가 일할 때만 꺼낼 수도 있다. 서랍 두 개짜리 서류 캐비닛을 두 개 놓고 큰 나무판을 올려서 넓은 책상을 만들어 쓸 수도 있다. 평범한 문도 책상으로 만들 수 있다. 컴퓨터 전선을 손잡이 구멍으로 통하게 하면 된다. 가까운 매장에서 목재용 페인트를 구입할 수 있다. 만들어 보면 훌륭한 선택이라는 사실을 알게 될 것이다!

5 벽장에 철 지난 옷들을 쌓아 놓고 있는가? 아니면 방을 손님용으로 쓰는 경우, 벽장도 반 정도는 손님들을 위해 비워 두는가? 어떤 상

황이든 상관없이 벽장 안을 정리해야 한다. 철 지난 옷들을 벽장에 넣을 때는 천으로 된 옷 커버에 넣어서 걸어 놓는 것은 어떤가? 옷 몇 벌을 한꺼번에 넣을 수 있는 크기의 옷 커버도 있다. 그러면 제 철이 아닌 옷들을 깔끔하게 보관할 수 있다. 닳았거나 찢어진 옷은 버리고, 올해 안 입은 옷은 자선단체에 기부하라.

집에서 일을 하는 사람이라면 잠옷 바람으로 침대 정리도 안 한 상태에서 일하고 싶어진다. 아이들이 사무실을 왔다 갔다 해도 그냥 놔둔다. 그러나 사무 공간과 당신이 여기서 성취하고자 하는 일을 존중하는 마음이 있다면 그렇게 놔둬선 안 된다. 집 밖에 있는 사무실에 갈 때 샤워도 하지 않고 땀내 나는 옷을 입고 가는가? 절대 아니다. 급한 상황이 아니라면 집에서도 그렇게 하지 마라.

고객들 중에 많은 사람들이 집에 사무 공간과 취미 생활을 위한 공간을 만들고 싶어 한다. 스크랩 북 만들기 같은 취미는 공간이 많이 필요하다. 책상보다는 긴 테이블에 앉아서 하기를 원할 것이다. 예쁜 목재 테이블이나 접이식 테이블, 서랍장이나 톱질용 작업대 위에 올려놓은 문짝을 이용해 보라. 이런 테이블을 만들면 정리 과정에서 창의성이 발휘될 수 있다.

무선 인터넷 사용

이번 주 중반까지는 실제적인 공간으로 바뀌어야 한다. 끝으로, 집에서 무선 인터넷을 사용하는 방법을 생각해 보자. 사실 무선 인터넷 시스템을 설치하는 것은 매우 쉽다. 그렇게 하면 더운 여름날 뒤뜰에 앉아서 노트북을 이용해 일을 할 수 있고 겨울에는 저녁을 하면서 식탁에 앉아서 일을 할 수도 있다. 당신의 배우자도 집에서 일을 해서 사무실을 같이 써야 한다면 무선 공유기의 이점을 활용하라. 한 사람이 전화로 일 처리를 할 때, 다른 사람은 노트북으로 회사 일을 할 수 있다. 현대 과학 기술이 제공하는 서비스를 최대한 활용하라.

여기서 주의할 것은 서류나 노트북을 일하던 장소에 그대로 두지 말라는 것이다. 일과 시간이 끝나면, 모든 것이 사무실에 돌아와 있어야 한다. 혼자서 아이들을 키우고 있다면 정말 중요한 사항이다. 일이 당신의 삶을 지배하게 놔두기 쉽기 때문이다. 가족들과 함께하는 시간은 무엇보다도 중요하다는 사실을 명심하라. 당신은 아이들에게 모든 것에는 제자리가 있고 모든 행동에는 적절한 때가 있다는 것을 가르치는 모범이 되어야 한다.

자, 한 달간의 힘든 일을 자축하라. 당신에게 주는 선물은 무엇인가? 당신은 확실히 받을 자격이 있다.

아직 어린아이를 직접 돌보고 있다면, 사무 공간이라 해도 아이들은 늘 당신 옆에 있어야 한다. 아이들이 혼자 놀 수 있도록 아이 용품을 옆에 두자. 아니면 이 방에서만 갖고 놀 수 있는 장난감 바구니를 두면 된다. 혹은 애완동물과 함께해야 한다면, 동물의 침대와 바구니 등을 사무 공간에 둔다.

행복 실천하기

- 자투리 시간을 버리고 있다는 생각이 든다면, 출퇴근 시간을 활용해 보자. 책이나 오디오북을 통해 정보를 습득하거나 머리를 비우는 시간으로 활용하면 생산성을 높여 줄 것이다.
- 가족과 함께하는 시간이 더 필요하다고 판단한 워킹맘이라면, 근무시간 선택제나 재택근무 전환을 고려해 보자. 어떤 결정이 자신과 가족 전체를 위해서 도움이 될지 현실적으로 고민하자.
- 만약 집에서 일하기로 했다면, 사무 공간에 대한 계획을 세워 보자. 이것은 재택근무를 결정하기 전에 고려해야 할 부분이다.

출장

여유롭게 다녀오기

1WEEK

정보를 동기화하라

2WEEK

갑작스러운 출장에 대비하라

3WEEK

짐을 줄여라

4WEEK

비용 정산은 한 번에 끝내라

직장 연락처 업데이트하기
집 매일 감사할 일 3가지씩 적기

10/12 사무실을 대대적으로 정리했더라도 출장을 다녀와서도 똑같은 수준으로 질서를 유지하기는 매우 어렵다. 이 문제를 해결하기 위해서는 확실한 계획과 얼마간의 경험이 필요하다. 이번 달에는 사무실 정리뿐 아니라 출장 계획을 세울 때 도움이 되는 비결을 제시하려고 한다.

연락처를 업데이트하자

연락처를 꾸준히 업데이트하는 사람은 거의 보지 못했다. 컴퓨터나 주소록에 기록해야 할 중요한 연락처가 모니터나 책상 위에 있는 포스트잇에 적혀 있지 않은가? 반대로 회사를 그만두거나 당신 삶에서 연관이 없어져서 삭제해야 할 번호는 없는가? 이제, 정리 작업을 해야 할 때다. 매일 5분 동안 될 수 있는 한 많은 연락처에 대한 정보를 수정하라. 이런 일이 습관이 되면 3주 안에 모두 따라잡을 수 있으며, 그러면 연락처 정보를 유지하기 쉬워진다.

감사하는 습관을 기르자

　매일 밤 잠자리에 들기 전에 하루를 돌아보며 감사할 일을 세 가지씩 적어 보자. 가능하면 그날 하루 동안 한 행동에서 감사할 일을 찾아내자. '감사하는 태도'를 기를 수 있다. 예를 들어, '오늘 아침에 고속도로로 운전해서 갈 수 있어서 감사하다. 접수원인 팸과 하루 종일 기분 좋게 일할 수 있어서 감사하다. 아침에 모든 영업용 전화를 쉽게 끝낼 수 있어서 감사하다'와 같이 일상의 사소한 일에서 감사를 찾는 것이다.

정보를 동기화하라

이번 주의 모든 내용은 직장생활을 하면서 사용하는 다양한 도구에 있는 정보를 동기화하는 것이다. 지금 노트북, 사무실 컴퓨터, 플래너, 서류가방 등이 당신이라는 행성을 중심으로 돌고 있는 각각의 위성 역할을 하고 있다. 모두를 같은 태양계의 일부로 만들어 보자.

서류

당신이 이 책을 순서대로 따라왔다면 이미 효율적인 서류 정리 시스템을 갖추었을 것이다. 아직 서류 시스템을 정리하지 않았다면, 이번 주에 하길 바란다. 잘 만든 서류 정리 시스템은 유능한 비서 부럽지 않다.

출장 갈 때면 중요한 서류를 가져가고 싶을 것이다. 하지만 막상 어떤 자료를 가져가야 할지 결정하기가 쉽지 않다. 그럴 때는 차분하게 1분만 생각해 보자.

서류 중에 가장 필요한 부분만 복사해서 가져가는 걸 어떨까. 서류 중심으로 진행되는 일만 아니라면 중요 자료만 추리면 된다. 만약 필요한 자료를 놓고 왔다면, 사무실에 있는 동료에게 자료의 위치를 알려 주고 스캔을 하거나 이메일, 팩스로 보내 달라고 부탁하면 된다. 요즘은 비즈니스센터를 운영하면서 출장 온 사람들에게 편의를 봐주는 호텔이 많다.

서류가방

이상하게 들리겠지만, 지금껏 서류가방을 정리하는 사람을 거의 본 적이 없다. 그 가방 안에는 대개 오래된 사탕, 부서진 스테이플러 같은 고장 난 사무용품, 몇 달 전에 끝난 발표와 회의 자료가 들어 있다. 당신의 서류가방 안에는 무엇이 있는가? 가방 안을 깨끗이 청소하고, 어딜 가든 도움이 될 만한 물건이나 현재 출장에서 필요한 자료 외에는 모두 꺼내 정리하자.

서류가방을 다시 쌀 때 도움이 될 몇 가지 가이드라인을 소개한다.

- 음식물 : 여행을 할 때는 빨리 기운을 차리게 해주는 영양바 같은 음식이 필요하다. 그러나 서류가방에 음식을 넣을 때는 쉽게 상하거나, 흐르거나, 새거나, 터질 만한 음식은 절대 넣지 말고 출장에서 돌아오면, 서류가방에 있는 음식물을 확실하게 치워야 한다.
- 사무용품 : 보통 사무실에서 쓰는 스테이플러, 테이프, 고무밴드,

클립 등 사무용품을 사용해야 한다면, 어떻게든 양을 줄여서 가져 가라. 혹은 그곳에서 구입하라.

- **서류** : 사무실의 서류가 정리된 상태로 제자리에 있듯이 출장 갈 때 도 필요한 서류를 가방에 잘 분리해서 넣고 도착해서도 정리된 상 태를 유지하도록 한다. 마법의 공식처럼 불필요한 서류는 빼고, 한 곳에 분류해서 모아 놓으면, 출장길에서의 정리도 아주 쉬워질 것 이다.

- **가방** : 솔직한 눈으로 서류가방을 들여다보라. 해지거나 닳거나 너 무 낡았거나 구식은 아닌가? 학회에서 공짜로 받은 것은 아닌가? 당 신이 원하던 디자인인가? 서류가방을 잘 살펴보고 바꿔야 할지 생 각해 보라. 가방은 정기적으로 비우고 청소하라. 적어도 일주일에 한 번, 아니면 매일 밤 집에 와서 하면 더 좋다. 불필요한 종잇조각 이나 서류들은 모두 버려라. 쓰레기, 재활용품, 분쇄기에 넣을 것 등을 바로바로 처리해라. 다음 날에는 사무실에 돌려놓을 서류들을 정리하고 기록으로 저장할 자료들은 저장고에 반드시 갖다 놓아야 한다.

노트북

비행기나 호텔방에서 일을 하려고 준비하다가 사무실 컴퓨터에 있는 정보를 노트북에 업데이트하지 않았다는 사실을 문득 깨달은 적이 있는 가. 노트북을 들고 출장을 갈 때는 이 부분을 항상 염두에 두어야 한다.

또 배터리 충전 케이블을 꼭 챙기도록 한다.

출장 갈 때 그쪽에서 사용할 수 있는 컴퓨터가 있다면 USB만 가져가도 된다. 출장 준비를 할 때는 노트북과 컴퓨터의 정보를 동기화하고 이메일을 보내고 USB에 필요한 자료를 저장해야 한다. 노트북도 사무실 컴퓨터와 똑같은 방식으로 정리를 하라. 주의할 점은 시도해 보고 싶은 새로운 방식은 집에 있는 컴퓨터에서 하고, 노트북과 사무실 컴퓨터는 반드시 동기화하라는 것이다.

소형 전자기기

사용 중인 소형 전자기기는 출장을 떠나기 전에 업데이트를 하자. 모든 전자기기의 정보를 동기화해서 모두 같은 말을 하고 최신 정보를 유지할 수 있도록 만들어라.

한번은 휴대폰을 웅덩이에 빠뜨린 적이 있다. 그것은 곧 내 연락처가 다 사라졌다는 뜻이다. 후에 알게 된 일이지만, 내가 쓰던 통신회사에는 연락처를 자동으로 업데이트하고 사이버 공간에 저장해 주는 서비스가 있었다. 정말 뻔한 이야기이지만, 전자기기를 사면 사용 설명서를 꼼꼼하게 읽는 것이 좋다. 아니면, 주위에 최신 기기에 정보가 밝은 친구들에게 어떻게 하는지 물어 보거나 관련 강의를 들을 수도 있다. 장기적으로 볼 때 필요한 일이다.

갑작스런 출장에
대비하라

이런 경우를 상상해 보라. 하루 일과를 막 시작하려는데 갑자기 다른 도시에서 열리는 학회에 참석하라는 지시를 받았다. 여러 가지 걱정이 앞서기 시작한다. 이 경우 출장 간 사이에 진행 중인 프로젝트와 일상 업무가 차질 없이 진행되려면 먼저 어떤 일을 해야 할지 파악하고, 가정에서 어떤 특별한 계획이 필요할지 결정해야 한다. 이 부분을 차례로 살펴보자.

사무실에서의 준비 사항

출장을 위해 사무실에서 준비해야 할 일은 지난번에 휴가를 위해 준비한 일들과 비슷하다. 책상, 서류, 사무 공간은 모두 정리된 상태여야 하고 당신이 없을 때도 동료들이 필요한 자료를 쉽게 찾을 수 있어야 한다.

중요한 차이점은 휴가 때처럼 당신이 없어도 일을 처리할 수 있도록 동료들이 대신 해주기를 바라는 대신 계속 연락을 주고받을 계획을 세워야 한다는 것이다.

사무실에 일급 비밀 자료가 있다면 잠금장치가 있는 서랍에 넣어야 한다. 자료의 중요성과 크기에 따라 서류 캐비닛 안의 서랍이나 책상서랍에 넣고, 개인적인 서류들은 집에 보관한다.

정리법의 핵심은 항상 일을 잘 처리할 수 있을 만큼의 분량으로 작게 나누라는 것이다. 갑작스런 출장인 경우라면 매일 할 일을 목록으로 만든다. 목록 중에 당신이 돌아와서 할 수 있는 일들(A로 표시한다)과 당신이 없을 때 비서나 동료들에게 맡겨야 할 일(B로 표시)을 결정한 뒤, 당신이 없을 때 처리해야 할 일들에 관한 요청 사항을 세세하게 작성한다. 요청서는 동료에게 작별 인사를 할 때 주지 말고 미리 줘야 한다. 일을 할 사람이 당신과 일해 본 경험이 없으면 연습할 시간이 필요할 수도 있다. 그 사람에게 직접 해야 할 일을 알려 주거나 메모로 알려 줄 시간을 계산에 넣어야 한다.

다음 할 일은 지금 진행 중인 모든 프로젝트의 목록을 만드는 일이다. 각 프로젝트 옆에 보고서 제출 기한이나 프로젝트를 끝내야 할 날짜를 쓴다. 당신이 없어도 크게 영향을 받지 않을 일들은 잠시 옆으로 미뤄둔다.

이제 당신이 없을 때 끝내야 할 프로젝트에 집중해 보자. 당신을 대신해서 일을 마무리할 사람이 있는가? 아니면 출장 가기 전에 한두 시간 더 야근을 하면서 처리해야 하는가? 비행기나 호텔에서 일을 할 수 있는가?

만약 출장 기간과 프로젝트의 마감 기한이 겹칠 때는 그 프로젝트를 위해 가져가야 할 자료 목록을 작성하는 것이 다음 단계다. 머리로만 하기에 일이 너무 복잡하고 감당이 안 될 때는 서류를 가져가는 것이 좋다.

지금 당신이 5개의 프로젝트를 진행하고 있다고 가정해 보자. 그중 3개는 출장을 가도 크게 영향을 받지 않는 일이지만, 2개는 떠나기 전이나 출장 중에라도 신경을 써야 할 일이다. 서류를 꺼내 메모를 할 때는 서류 가방에 프로젝트별로 분리해 놓아야 한다는 것을 명심해야 한다. 큰 서류봉투나 끈으로 묶을 수 있는 비닐 홀더를 사용할 수도 있다.

집에서의 준비 사항

집에 아이들이 있고 바로 출장을 떠나야 한다면, 당신의 출장길은 훨씬 더 복잡할 것이다. 떠나기 전에 집안일을 정리해야 할 뿐 아니라 가족들의 감정적인 반응까지도 해결해야 한다.

집에서는 배우자든 가족 중 한 명이든 혹은 아이 돌보미든, 당신 대신 책임을 지는 사람이 중요한 물품의 위치를 꼭 알고 있어야 한다.

막판 돌발 상황에 대비할 수 있는 만반의 준비를 해야 한다. 하지만 곧 출장길에 올라야 한다면, 재빨리 준비할 수 있는 방법을 강구해야 한다. 소매를 걷어붙이고 큰 쓰레기봉투와 타이머를 손에 쥐고 시작하자.

방 하나당 타이머를 10분씩 맞추고 버릴 것을 다 버린다. 다른 방에 둘 물건들은 옆에 치워 놓는다. 10분이 지나면 옆에 치워 둔 물건들을 제자리에 돌려놓는다. 이때 절대 한눈팔지 말아야 한다. 일할 때 집중하는 것과 똑같이 집중해야 한다. 음악이 도움이 된다면 음악을 틀어 놓고 하자.

1 떠나기 전에 해야 할 일들의 목록을 만들라. 식료품이나 기저귀, 주스 등을 살 필요가 있는가? 쇼핑하러 갈 때는 목록을 꼭 가지고 가라. 지금은 충동구매 할 시간이 아니다.

2 당신을 대신할 사람에게 알려 줄 모든 것을 목록으로 만들어라. 목록에는 위급 상황 시 연락할 전화번호, 방과 후 활동 등도 포함된다. 학교나 병원에서 써야 할 위임장이 필요하다면 사인을 해서 잘 보이는 곳에 둬라. 다른 사람에게 팩스로 보내야 할 경우를 위해 복사본 한 장도 챙겨라. 연락처 정보가 모두 유효한지 여부도 꼭 확인하라.

원한다면, 앞에서 말한 정보를 프린트해서 여러 방에 놔둔다. 당신이 직접 전화를 해서 정보를 얻을 수 있게 휴대폰에도 위급 시 연락처를 모두 저장하라.

3 애완동물을 봐주는 사람에게도 설명서를 남겨라. 쇼핑 목록을 만들 때 애완동물 사료와 간식도 챙겼는가? 당신의 대리인에게 수의사 연락처와 가까운 동물 응급 시설 위치도 알려 줘야 한다.

4 이제 청구서를 체크해야 할 시간이다. 가기 전에 지불해야 할 청구서가 있는가? 출장 기간에는 어떤가? 연체 수수료를 내야 하거나 신용 등급이 위험해지지 않도록 주의를 기울여라.

5 친구들과의 모임이나 다른 모임에 참석 여부를 답해야 할 사항이 있는가? 모임 주선자에게 참석 못한다는 연락을 확실히 하라.

6 이밖에 특별히 챙겨야 할 것이 있는가? 집을 떠날 때 모든 것이 제자리에 있다고 확신할 수 있어야 한다. 그래야 몸은 출장을 가면서도 마음과 영혼과 심장을 집에 놓고 가는 대신 출장지에서 일에 전

넘할 수 있다.

쉽지는 않겠지만 다음 사항도 고려해 보기 바란다. 아이들은 당신을 보고 싶어 할 것이다. 그러나 언젠가는 아이들도 집을 떠나 출장을 다니면서 일을 하게 될 것이다. 아이들에게 어른이 된다는 것이 어떤 것인지를 보여 주는 기회일 수 있다. 당신이 하는 일이 그들을 부양하고 키우기 위한 일이라고 말해 줘라.

죄책감 때문에 비싼 선물을 사다 주면 당신의 사랑스런 아이들은 당신과 이 상황을 이용할 방법만 배우게 된다. 그 대신 당신이 어디에 갔다 왔는지 알 수 있도록 공항에서 파는 티셔츠나 컴퓨터 게임기를 사서 중요한 날 아이에게 선물하도록 하자.

가장 큰 선물은 당신이 집에 돌아가서 사랑하는 가족들과 1대 1의 특별한 시간을 갖는 것이다. 떠나기 전에 미리 계획을 세워서 집 근처에서 할 수 있는 일을 찾아보고 달력에 날짜를 표시하라. 당신이 일 때문에 집을 비워야 한다는 사실을 받아들일 수밖에 없지만, 그 보상으로 특별한 시간이 주어진다는 기대감을 아이들에게 심어 줘야 한다. 아, 그리고 그 특별한 시간에는 휴대폰을 두고 가라.

짐 풀기

고객들 중 학회에 참석하고 집에 돌아오면 학회에서 기념품으로 준 가방을 절대 풀지 않는 사람들이 많다. 그러나 이런 가방을 쌓아놓는 것은 사무실의 귀중한 공간을 버리는 일이다.

　학교나 자선단체에 가방을 기부하는 것은 어떤가? 가방이 튼튼한 천으로 만들어졌고 크기가 적당하다면 장바구니로 써도 좋다. 학회에서 받은 종이들을 버리고 서류 시스템에 추가할 것은 없는지 살펴보라. 아니면 새로 주소록에 저장해야 할 사람들의 이름과 연락처가 있을 수도 있다. 정확한 컴퓨터 파일이나 휴대폰에 그 정보를 저장하고 종이는 버려라. 학회에서 받은 자료 역시 읽고 난 뒤에는 쓰레기통에 버려라.

짐을 줄여라

여행을 많이 하면 할수록 짐은 간소화되고 정말 필요한 것만 가져가게 된다. '적을수록 좋다' 는 말이 가장 중요해지는 시점이다. 출장 초보자라면 이번 주 내용을 꼼꼼하게 살펴보자. 반대로 경험이 많은 사람이라면, 한 번 훑어보고 필요한 부분만 참조하도록 하자.

짐을 줄이는 법

출장을 갈 때는 두 벌의 정장만으로도 문제가 없을 것이다. 한 벌은 입고 가고 한 벌은 가방에 넣어라. 변화를 주고 싶다면 옷을 더 챙기기보다는 작은 소품들을 가져가라. 남자는 셔츠와 타이, 여자는 블라우스나 스웨터를 입으면 된다. 주얼리나 스카프를 이용할 수도 있다. 신발은 두 켤레 가지고 가라. 혹시 일정에 파티가 있지 않다면, 이 정도로 충분하다.

전에 가 보지 않은 호텔에서 묵어야 한다면, 그 호텔에서 제공하는 편의시설이 무엇인지 미리 체크하자. 비행기에 액체가 든 병을 들고 타기는 어려우니 샴푸는 호텔에서 제공하는 것을 쓰자.

짐 쌀 때 필요한 체크리스트

비행기를 타야 한다면, 항공사의 규정을 꼭 체크해 보라. 그리고 다음 목록은 짐을 쌀 때 필요한 모든 리스트다. 이 중에서 당신에게 필요한 것만 챙겨 보자.

기본 소지품

콘택트렌즈 세척액과 렌즈 여유분

선글라스를 포함한 안경

데오도런트

휴대용 면도기

향수

로션

네일 파일이나 손톱용 줄

매니큐어, 매니큐어 리무버

면도용 물품

비누

칫솔, 치실, 가글액

치약

지갑이나 주머니에 넣을 여행용 휴지

화장과 머리 손질에 필요한 물품

샴푸

컨디셔너

헤어 젤이나 무스, 헤어스프레이

아이섀도

아이펜슬

볼터치, 붓

파운데이션

머리빗

립스틱, 립글로스, 립밤

마스카라

파우더

핀셋

구급약품

반창고

응급 처치용 연고

소독용 붕대

구강 체온계

일회용 밴드

처방전이 필요한 약

응급 상황에 대비해 처방전 한 장을 더 가져가라

처방전 없이 살 수 있는 약

제산제

두통약

수면제나 귀마개

비타민제

근육 진통제나 파스

알레르기용 약품

곤충 퇴치제와 벌레 물린 데 바르는 연고

옷

블라우스와 셔츠

스웨터

편안한 바지와 청바지

정장 바지

정장 치마

드레스 : 평상복이나 파티용

신발 : 정장용, 스포츠용, 평상복용

양말 : 정장용, 스포츠용, 평상복용

스타킹이나 레깅스

반바지

수영복, 샌들

운동복

재킷

코트

속옷 및 잠옷

목욕용 가운과 슬리퍼

브래지어, 속옷

파자마나 나이트가운

서류

위급 시 필요한 연락처

멤버십 카드

위치 정보와 지도

운전면허증

친구와 가족의 주소록

보험증서 : 의료보험, 여행 보험 등

백신 접종 기록

여권과 여권 사본

티켓 : 항공권, 연극이나 뮤지컬 티켓 등

돈

현금

신용카드와 체크카드

기타

카메라, 배터리, 충전기

휴대폰, 충전기

변환기나 어댑터

여성 위생 용품

보석

노트북 컴퓨터, 보충용 배터리, 배터리 충전기

작은 여행용 우산, 우비

휴대용 작은 가방

읽을거리

퍼즐, 게임, 카드 한 벌

여행 수첩과 볼펜

헬스용 복장 같은 운동용품

가방 자물쇠

응급용 반짇고리

일에 필요한 문서

쌍안경

손전등

다양한 크기의 지퍼백

물티슈

비용 정산은
한 번에 끝내라

비용 정산 보고서는 정확하게 작성하고 문서화해야 해서 제출하는 데 시간이 걸린다. 많은 사람들이 특별한 프로젝트에 매달려야 하고 매일 하는 업무 때문에 이 일에 시간을 내기가 어렵다고 말한다. 이번 주에는 보고서를 쉽게 쓸 수 있는 몇 가지 팁을 알아보려 한다.

영수증은 한 곳에 모아라

큰 서류봉투에 앞으로 떠날 여행의 이름과 날짜를 표시한 뒤 출장 중 매일 사용한 영수증을 이 봉투에 넣는다. 아니면 영수증을 여행가방 안 지퍼로 잠그는 주머니에 모았다가 집에 돌아와서 미리 준비해 놓은 봉투로 옮긴다.

영수증을 한 곳에 모아 두기만 해도 비용 상환 보고서를 만드는 일이 훨씬 쉬워진다.

매일 영수증 위에 구입 목적을 메모하고 날짜와 총액에 동그라미를 친다. 이렇게 하면 보고서를 만들 때 기억하기 훨씬 쉬워질 것이다.

영수증과 함께 비용 보고서도 복사를 한다. 짐을 옮기거나 보고서 작성 중에 잃어버린 자료가 있어도 백업이 없어서 곤경에 처할 일은 없을 것이다. 비용 보고서는 돌아오자마자 서류로 작성한다.

사업상 비용 영수증은 출장에서뿐만 아니라 매일 매일 생긴다. 상환용인지 세금 정산용인지 상관없이 영수증은 모두 보안이 가능한 곳에 보관해야 한다. 서류 폴더를 하나 만들어서 책상에 있는 서류 보관 서랍에 넣어라.

마지막으로, 비용을 정산해서 돈을 받고는 싶은데 서류 작성할 시간이 없다면 대신해 줄 사람이 없는지 찾아서 부탁한다.

고객 중 한 명은 처제가 출장 비용 상환 문제를 늘 업데이트해 준다고 한다. 그는 회사 일로 세계를 돌아다녀서 정산할 비용이 수천 달러가 된다. 처제가 서류를 작성해 주는 대가로 그녀의 가족들이 외식할 때 형부가 비용을 부담한다. 두 사람 모두가 만족하는 윈-윈 전략이다.

집에 머리 좋은 10대 자녀가 있는가? 자질이 있고 믿을 만한 사람에게 이런 일을 기꺼이 맡겨 보라.

- 다녀왔을 때 사무실이 정리되어 있기를 바란다면, 떠나는 마지막 순간에 사무실 정리를 하라.
- 여행가방 싸는 법을 익혀라. 가방에 너무 많은 짐이 들어가면, 육체는 물론이고 정신적으로도 피곤해진다.
- 출장 중 영수증이나 마일리지 등은 귀찮더라도 한 곳에 모아라. 시간과 노력을 줄여 줄 것이다.

인사고과
나만의 반전 준비하기

1WEEK

인맥을 새로운 시각으로 보라

2WEEK

기회를 적극적으로 잡아라

3WEEK

이력서를 업데이트하라

4WEEK

인사고과는 미리 준비하라

리얼 행복습관

 내 것으로 만들지 못한 새로운 습관에 다시 도전하기

한 해 중 11월은 지금까지 직장이나 일터에서 배웠던 모든 것에 감사하는 시간을 갖는 때다. 개인적이고 새로운 공간에서 자신이 성장한 것을 느끼기를 바란다.

반복되는 일상을 체크하라

당신은 10개월 동안 계속해서 새로운 습관을 만들어 왔다. 이번 달은 그동안 얼마나 성장했는지를 돌아보는 시간이다. 당신이 좋아하는 습관은 무엇인가? 쉽지 않은 일은 무엇인가?

이번 달에는 가정과 직장에서 습관으로 만들지 못한 일들을 찾아 다시 시도해 보자. 만일 모두 잘하고 있다면 몇 가지 습관을 함께 모아서 새로운 시스템을 만들어 보자.

이번 달에 무엇을 할지 결정을 내리고 수첩에 적어라. 그렇지 않으면 좋은 의도로만 그치고 만다. 마음을 굳게 먹어야 한다.

인맥을 새로운
시각으로 보라

　직장에서 인간관계만큼 중요한 것은 없다. 자주 보다 보면 관계가 형성되게 마련이다. 당신은 누구와 일하고 싶은가? 당신이 좋아하고 신뢰하는 거래처 사람은 누구인가? 누가 당신에게 기회를 제공할지는 아무도 모른다. 회사 접수계원이나 지난달에 박람회에서 만난 사람이 당신에게 뜻하지 않은 기회를 제공할지도 모른다. 사회적으로 출세할 수 있는 기회는 바깥 세상에 있다. 그런 기회를 만들고 싶다면 찾으려고 노력하는 수밖에 없다.

　인맥은 때로 일처럼 느껴질 수도 있지만, 사실 그럴 필요는 없다. 이번 주에는 회사 동료와 경비실 직원까지 모두가 함께 일하고 싶어 하는 사람이 되기 위해 노력해 보자.

동료들과 점심, 저녁, 술을 같이하라

당신은 어떤가? 점심시간에 사무실 문을 잠그고 혼자서 밥을 먹는 사람으로 알려져 있는가? 누군가와 우연히 만나면 "이런, 언제 한번 점심이나 같이해야 하는데"라고 말만 하는 사람인가?

어떤 동료와 어울리는 게 즐겁다면 전화를 걸거나 짧은 이메일 초청장을 보내 보자. 이 사람에 대해 좀 더 알게 되면 직장에서 피할 수 없는 어려움이 닥쳤을 때 도움이 될 수도 있다. 다른 회사에서 일하는 사람이라면, 언젠가 직장을 바꾸려고 할 때 서로 도움이 될 수도 있다. 설사 도움이 별로 안 되는 사람이라도 혼자 밥 먹지 말고 같이 얼굴을 대면하여 식사를 나누도록 하자.

회사가 후원하는 공공복지 사업에 자원하라

대부분의 대기업이 여러 종류의 자선사업을 후원하고 있는데, 이런 곳에 등록해 보자. 심각한 병에 걸린 자녀가 있거나 가족이 있는 회사 동료를 위해 모금을 할 수도 있다. 해비타트 운동 같은 자선단체는 지역 사회에 집을 지어 주는 일을 하는데 망치를 휘두를 착한 남자와 여자를 구하고 있다. 강이나 호수 근처에 살고 있다면 태풍이나 장마 등의 기상재해나 관광객으로 인한 쓰레기를 치울 사람들이 필요할 것이다. 밖으로 눈을 돌려서 지역 사회에 필요한 행동들을 생각해 보라.

또 상사에게 보고할 만한 적절한 기부 사업이 있는지 연구해 보자. 광고에 재주가 있다면 회사가 지역 사회에 알려질 수 있는 절호의 기회라는 사실을 상사에게 상기시켜라. 이것은 진정한 윈-윈 전략이다. 지역 신문사나 방송국에서 그런 이벤트에 대해 특별한 칼럼이나 방송 시간을 할애해 줄 것이다.

일과 관련된 단체에 가입하라

내가 고객을 만나면서 항상 놀라는 일 중 하나는 정말 듣도 보도 못한 직업을 가진 사람들끼리도 의외로 같은 식송의 사람들과 활발하게 교류하고 있다는 사실이다. 잡지나 뉴스레터들이 그 일을 지원하고 수많은 단체들이 개인과 개인을 연결해 주고 있다. 여기서 인맥은 핵심이다. 조합에 가입하면 회사에 관한 정보를 알릴 수 있을 뿐 아니라 미래의 고객이 될 수도 있는 다른 회사 사람들과 관계를 맺을 수 있다. 그들의 회사에 자문을 해줄 수도 있고 그 회사에 정직원이 될 수도 있다. 그리고 물론 당신의 회사에서 사람을 구할 때 빈자리를 채울 수도 있다.

명함 갖고 다니기

주말이나 쉬는 날에도 명함을 갖고 다녀라. 친목 모임이나 공항 같은 공공장소에서 도움이 되는 순간이 있을 것이다. 나는 당신에게 주위 모든 사람과 인맥을 맺으려는 짜증나는 사람이 되라고 하는 것이 아니다.

당신이나 당신의 회사가 제공하는 서비스를 필요로 하는 사람들을 위해 준비하라는 것이다.

새로운 기술 배우기

현재 받는 연봉보다 더 많이 받고 싶은가? 당신이 내놓을 수 있는 비장의 카드는 자신의 기량을 높이는 것이다. 일과 후나 주말에 수업을 한 가지 들어라. 회사에서 쓰는 최신 프로그램을 배우고, 학점은행에 등록해서 학사학위를 따거나 더 높은 학위를 따기 위한 자격을 취득하는 것이다.

또 그동안 인맥 관리를 필요악으로 생각했거나 거기에 투자할 시간이 없다고 생각했다면, 이번 주에는 새로운 가능성으로 눈을 돌리기 바란다. 나 역시 지금의 멘토로 그리고 친구로 만나는 사람들을 처음 소개 받았을 때는 이렇게 깊은 관계를 맺게 될지 몰랐다. 인맥 관리를 다른 눈으로 바라보라. 정말 그럴 가치가 있다.

기회를 적극적으로
잡아라

학회나 영업 박람회가 귀찮게 느껴지더라도 참석해 보자. 의외로 인맥을 넓힐 수 있는 좋은 기회다. 지금은 가능한 한 사람을 많이 만나는 것이 좋다.

학회나 박람회를 활용하라

학회나 영업 박람회에 가면 같은 직종에서 일하는 사람들의 여러 단면을 볼 수 있다. 다른 회사들이 어떻게 일하는지도 볼 수 있다. 이런 모임은 이번 달 마지막 주에 할 1년 업무 평가서를 준비하고 급여 인상 요청을 할 때 필요한 자료 수집에 도움이 된다.

새로운 직장을 열심히 구하고 있는 중이라면, 박람회나 학회는 그야말로 대박 찬스다. 잠재된 고용주 수백 명이 한 자리에 모여 있는 셈이다.

물론 당신은 아주 조심스럽게 접근해야 한다. 현재 다니고 있는 회사에
서 안다면 아주 곤란할 것이기 때문이다.

새로운 기술을 연마하라

대규모 모임의 시간을 최대한 활용할 수 있는 몇 가지 방법들에 대해
생각해 보자.

1. 당신은 낯을 많이 가리는가? 그럴 때는 별로 중요하지 않고 안전한
   공간에서 연습하라. 과일가게에 가서 과일을 사다가 잠깐씩 수다
   를 떨거나 아이의 학교에서 다른 부모들과 얘기를 나누는 것이다.
   이렇게 하는 것이 제2의 천성이 될 때까지 해보자.
2. 첫인상을 남길 기회는 단 한 번뿐이다. 만약 누군가 첫 대면에서
   직업이 뭐냐고 물었을 때, 한두 문장으로 간결하게 답한다면 좋을
   것이다.
3. 첫인상 말이 나와서 하는 말이지만, 현대는 외모지상주의라고 해
   도 과언이 아닐 만큼 외모에 관심이 아주 많다. 혹시 옷차림이 유
   행에 뒤처지지는 않았는가? 큰돈 들이지 않고도 세련되게 보일 방
   법을 찾아보자.
4. 비즈니스에는 말을 들어주는 기술이 중요하다. 이 기술이 뛰어나
   다면 당신은 당신을 차별화할 수 있는 좋은 무기를 가진 것이다.
5. 학회에서 돌아와서는 당신에게 의미 있는 시간을 만들어 준 사람

에게 개인적인 편지를 보내라. 이메일이 더 빠르고 비용도 절감되겠지만, 가능하면 손으로 편지를 써라. 당신은 그 사람이 만난 수많은 다른 사람들보다 특별한 존재감을 갖게 될 것이다.

6 학회 가방을 비울 때 새로 받은 연락처를 주소록이나 컴퓨터 파일에 저장하라. 인맥을 넓히려고 애쓰고 노력한 것을 허사로 만들지 말라.

7 집을 떠나면 현재 나의 직장생활과 가정생활을 새로운 눈으로 볼 수 있다. 좋은 일에 더 감사하고 변화가 필요한 일에 대한 걱정이 줄어들 것이다.

이력서를
업데이트하라

살다 보면 미래에 대해 적절한 준비가 되어 있지 않아서 크게 당황스러울 때가 있다. 이번 주에는 사회생활에 대한 1년간의 기록을 재정비해 보자. 직업을 찾아야 할 때가 아니면 신경 쓰지 않는 문서, 이력서부터 시작해 보자.

이력서

비록 원하던 직장에서 일하고 있더라도 이력서는 최신 버전으로 구비해 놓는 것이 좋다. 전혀 생각지도 않은 때에 기회가 올 수 있기 때문이다. 이력서의 형식과 스타일은 시대에 따라 달라지므로 온라인 검색을 할 필요가 있다. 이 주제에 대한 책들도 많지만, 포털사이트에 '이력서 쓰는 법'이라고 치면 가장 최신 정보를 얻을 수 있다.

이력서를 쓰는 일은 매우 재미없는 일인 것 같다. 하지만 이력서를 매년 업데이트하면 현재 상황까지 추적하는 일이 매우 쉬워진다. 직장을 바꾸지 않았어도 직장에서 이룬 성과를 한눈에 알 수 있다. 사실 이런 업데이트는 지난해에 직장에서 이룬 성과를 의식적으로 연결하고 인지하는 과정으로 생각하면 된다.

당신이 자랑스러워하는 결과를 내기까지 당신만의 잠재된 기술은 무엇인가? 회사의 총결산액에 어떤 기여를 했는가? 당신의 성장을 잘 파악하라. 언제 어디서 미래를 향한 문이 열릴지 모른다. 당신이 이룬 것이 무엇인지 확실하지 않다고? 이런 생각이 너무 부담스럽거나 혼자 하기에 너무 쑥스럽다면 동료나 친구와 얘기해 보자. 당신이 보지 못하던 특별한 모습들을 보게 될 것이다.

더구나 회사 내 자선사업과 같은 활동을 했다면 크게 어필할 수 있다. 또 그동안 일과 후에 한 여러 가지 공부들도 힘을 실어 줄 것이다. 한편 은퇴를 계획하고 있다면, 이력서를 업데이트하면서 그동안 성취한 일들을 반추해 볼 수 있다.

퇴직연금

퇴직연금은 처음에 계약서를 작성한 후에도 주기적으로 검토해야 한다. 돈은 당신이 직접 관리하고 방향을 잡아야 할 유용한 자산이다. 당신이 투자한 곳이 어디인지 월급에서 얼마나 공제되는지 잘 알고 있어야 한다.

금융 관련 서류철에는 주식 거래, 금융 시장 펀드, 부동산 투자, 그 외 재테크와 관련된 항목들을 세분화해서 보관하는 것이 좋다. 투자를 하게 되면 서류가 많아지기 때문에 개인 금융 상담가나 세무사, 주식 거래인 등에게 물어 봐서 세금 신고를 위해 필요한 서류는 어떤 것인지 확실하게 체크해야 한다. 나머지는 분쇄기에 넣어라. 혹시 실수할까 싶어서 사람들은 모든 서류를 다 챙겨 놓는 경향이 있다. 그러면 서류 캐비닛이 심각하게 부풀어 오른다. 이런 정보는 매우 사적인 것이므로 사무실이 아니라 집에 있는 서류 정리 시스템에 두어야 한다.

의료 기록과 보험 정보

의료 기록과 보험 정보는 서류 캐비닛에서 가장 중요한 부분 중 하나다. 다음 항목은 폴더로 각각 분리해야 한다.

- 보험회사의 최신 보험금 안내서
- 보험회사의 최신 약관
- 의사가 작성해야 할 환급 서류
- 환급 받아야 할 보류된 의료 청구서
- 환급 서류
- 모든 가족의 건강 관련 서류

이런 단순한 행동들이 시간과 돈을 아끼게 하고 자존감을 높여 준다.

인사고과는
미리 준비하라

학창 시절, 학교 교무실에 불려 간 적이 있는가? 식은땀이 나고 손이 축축해지고 뱃속이 꾸륵거리지 않았는가? 인사고과를 곧 내야 하고 급료 인상을 요청해야 한다는 말만 들어도 예전의 그 신체적 반응이 비슷하게 나타날 것이다. 이번 주에는 이에 대비해 자료를 준비할 것이다. 이런 일은 감정을 배제하고 미리 준비하면 그렇게 힘들지 않다.

인사고과 자료 준비하기

당신이 신입사원이라면 다른 동료들에게 인사고과에 정확히 어떤 자료가 필요한지 물어 보자. 사실 회사 인사부에는 그런 과정을 쉽게 만들어 주는 정해진 체크리스트가 있다. 이 일을 시작하기 전에 그들과 얘기해라. 당신을 평가할 사람에 대해 많이 알아 두는 것도 현명한 일이다.

회사 정책은 책임자들의 개성에 따라 가지각색이 된다. 유비무환이라는 말도 있지 않은가. 다음은 인사고과용 자료를 튼튼히 해줄 질문이다.

1 동료들과의 관계는 어떤가?

2 능률적으로 일하고 있는가?

3 꾸준하게 일하고 있는가?

4 프로젝트를 제때 끝내는가?

5 상사에게 칭찬 받은 적이 있는가?

6 당신과 당신의 일이 부서에 기여한 바는 무엇인가?

7 지각한 적은 없는가?

8 일이 늦게 진행되면 자청해서 다른 사람을 돕는가?

9 상황에 따라 기꺼이 야근을 하는가?

10 집에서도 일에 열중하는 때가 많은가? 퇴근 후 새벽에도 업무와 관련된 이메일을 보낸 적은 없는지 체크해 보면 알 수 있다.

긍정적인 면들을 테이블 위에 많이 올려놓을수록 인사고과는 좋아진다. 보고서가 뛰어날수록 급여 인상 요청이 받아들여질 가능성이 높다. 앞에 놓인 목록을 읽어 보니 뭔가 모자란다고 느껴진다면, 수첩을 꺼내어 메모를 하라. 당신이 좋은 결과를 얻고 회사에 기여했다고 생각하는 바를 모두 적어라.

주의사항은 감정을 앞세우지 말라는 것이다. 급여 인상을 위한 인사고과나 회의를 할 때 눈물을 보이거나, 분노를 표출하거나 징징거리거나 해서는 안 된다. 회의를 하면서 당신의 관리자가 뭐라고 말하든 좋은 가르침을 줘서 고맙다고 말하라. 감정이 올라오는 것을 참을 수 없다면, 보고서에 있는 내용뿐 아니라 실적을 바꿀 방법이 있는지 생각할 시간을 달라고 요청하라. 시간이 지나면 마음을 가라앉히고 서류를 만들 수 있을 것이다.

급여 인상 요청하기

훌륭한 인사고과를 받았다면 급여 인상을 요구하고 싶어질 것이다. 그렇다면 당신이 바라는 인상 폭이나 실질적인 필요액을 계산하기 전에 그 분야에서 같은 일을 하는 다른 사람들이 얼마를 받는지 알아보자. 그리고 액수뿐만 아니라 더 많은 연봉을 받는 사람들이 어떤 자격증을 갖고 있는지, 교육이나 연수를 얼마나 더 받았는지, 얼마나 오랫동안 이 일을 해 왔는지, 그리고 당신의 회사와 비교할 때 그들의 회사는 어떤지 알아보자. 만약 당신이 작은 회사의 재무 담당자라면 마이크로소프트사에서 같은 일을 하는 사람과 비교하면 안 된다. 회사의 사정도 고려해야 한다.

모든 준비가 끝났다면, 상사와 면담 요청을 하고 좋은 인사고과를 준 것에 감사하라. 면담의 목적을 직접적으로 말하고 당신이 검색한 현재 연봉 수준에 대해 말하라. 당신이 받고 싶은 금액을 결정하고 면담해야 한다. 당신이 제시한 금액에서 깎였으면 깎였지 더 올릴 수는 없다.

상사에게 당신의 업적 말고도 당신만의 기술을 상기시켜라. 다른 곳에서 이직을 권유하고 있다는 사실을 말하거나 그만두겠다고 협박해서는 안 된다. 그런 전략을 썼다가는 나중에 당할 수도 있다. 만약 반응이 부정적이면, 급여 인상을 위해 더 필요한 사항이 정확히 무엇인지 차분하게 물어 봐야 한다. 그리고 다시 이 문제로 상의하기까지 얼마나 시간을 둬야 하는지도 물어 보라.

최악의 경우 회사에서 연봉을 인상해 줄 수 없는 상황이라도 낙담하지 말라. 그럴 경우를 대비한 계획을 가지고 면담에 들어가라. 휴가나 월차를 더 많이 받을 수도 있고 전에 얘기했던 근무시간 선택제 같은 혁신적인 개념도 얘기해 볼 수 있지 않을까? 사람들은 남의 상황을 자신의 상황처럼 똑같이 느끼거나 세세한 부분까지 잘 알지 못한다.

이번 달은 자기 성찰과 검색의 달이었다. 성장을 위해 준비하는 일은 쉽지 않지만, 그 결과로 얻을 수 있는 보상은 무시할 수 없다.

행복 실천하기

◉ 꼭 참석해야 할 학회나 박람회가 귀찮은가? 그곳에는 의외로 많은 이익과 특권이 있다. 그곳을 자료 수집이나 인맥 관리의 장으로 활용해 보라.

◉ 1년이 다 되어 가는데, 그동안 무엇을 했는지 잘 모르겠다는 생각이 드는가? 이력서 같은 개인 업무 서류를 업데이트해 보자. 한눈에 들어올 것이다.

◉ 급여 인상을 요청하고 싶은데, 인사고과만 생각하면 두려운가? 감정을 앞세우지 말고 자료부터 준비하라. 올해는 작년과 다를 것이다.

DECEMBER

12

연말
넉넉한 삶 누리기

1 WEEK

연말계획은 현실적으로 짠다

2 WEEK

다른 사람에게 맞추려고 애쓰지 않는다

3 WEEK

몰려드는 일은 우선순위로 대응하라

4 WEEK

유쾌하게 마무리하라

리얼 행복습관

직장 'No'라고 말하기
집 건강에 좋은 간식 먹기

12/12 드디어 12월이다. 마무리를 잘해서 재미있고 편안한 연말 휴가를 보내자.

이번 달에는 기존의 연말 분위기를 바꿀 수 있는 아이디어 몇 가지를 제시하려고 한다. 한 해가 마무리되는 시점이라 모든 일은 마감에 들어가고 매우 바쁠 것이다. 게다가 개인적인 약속도 많을 것이다. 그러나 당신은 이미 일의 우선순위를 정하는 법을 배웠다. 두려워하지 말고 지난달 당신이 작성한 한 해의 업적을 생각하며 즐겁게 새해를 맞이하자.

거절하는 습관을 기르자

이번 달에는 새로운 습관을 들이기보다 예전 습관 하나를 강화하는 것이 좋다. 지금처럼 일이 많은 시기에 이 습관은 생존을 위한 결정적인 무기가 될 수 있다. 무슨 습관일까? 바로 거절하기다. 당신의 일과 이성과 시간에 따라 중요한 것을 정하고 태도를 분명하게 하라.

건강에 좋은 간식을 먹자

12월에는 사무실 주변에 먹거리가 넘친다. 그것도 그냥 음식이 아니라 고칼로리에 먹으면 바로 엉덩이에 군살로 남을 쿠키, 초콜릿 등이다. 이번 달에는 그날 먹을 건강 간식을 챙겨 가자. 당근을 자르고 씻어서 지퍼백에 넣거나 슬라이스 치즈를 갖고 가거나 사과를 백 속에 챙겨 가자. 건강한 음식으로 배를 채우고 혈당이 유지되면 단것에 그다지 집착하지 않는다. 설탕은 단기간에 에너지를 높여 줄 뿐이다. 건강 간식은 하루를 피곤함 없이 지낼 수 있게 해주고, 더구나 살도 찌지 않는다.

연말 계획은
현실적으로 짠다

작년 이맘때 회사가 어땠는지 생각해 보자. 직장에서 12월은 재미있는 달인가? 아니면 연말 휴가를 위해 많은 일을 해야 하는 압박이 많은 달인가? 이번 주에는 당신의 현실 상황과 개인적인 기대를 모두 만족시킬 계획을 세울 것이다. 앞으로 세울 계획은 분수에 맞는 선물 주기, 크리스마스 장식하기, 재미있는 이벤트 열기 등이 포함된다. 자, 시작해 보자.

연말 휴가를 위한 로드맵

크리스마스와 연말을 맞아 올해 안에 직장에서 하고 싶은 일들을 두세 가지 적어 보고 피하고 싶은 일들도 두세 가지 적어 보자. 모두 실행 가능한가?

중요한 것은 이 모든 것은 당신에게 선택권이 있다는 것이다. 옆 자리에 앉은 메리가 온통 크리스마스 장식물로 꾸며 놨다고 그것을 따라 할 필요는 없다.

경계선을 과감하게 그어라. 자신이 이 시기에 이루고 싶고 하고 싶은 일이 무엇인지 구체적으로 생각할수록 다른 사람들의 요구나 의견에 흔들리지 않게 된다. 당신이 세운 계획은 건전한 경계를 세우는 데 도움이 된다.

연말 휴가를 위해 해야 하는 일들은 모두 육체적, 정신적, 감정적인 에너지가 필요하다. 그럴 만한 힘이 비축되어 있는가? 일할 때와 마찬가지로 놀 때도 각각의 계획을 하나씩 선택해서 실현 가능한 단계로 잘게 나누자. 우선 사람들이 가장 어려워하는 선물 주기부터 시작해 보자.

단체 선물

동료에게 줄 단체 선물에서 어떤 규칙이 있는가? 단체 선물로 나갈 비용을 조절할 수 있는 방법이 있다.

1 **비밀 산타** : 인원이 많은 모임에서 선물을 주고받을 수 있는 가장 좋은 방법이 비밀 산타다. 모두 자기 이름을 종이에 써서 상자에 넣고 한 사람씩 뽑는다. 뽑힌 종이에 적힌 사람을 위해 각자 선물을 준비하는 것이다. 선물의 가격은 1만 원 선으로 제한한다.

2 **자선단체에 기부** : 자선단체에 단체 기부를 하는 것도 의미 있을 것이다. 금전적인 기부 말고도 교회나 복지단체를 통해 소개 받은 한

가정을 돕는 일 등 여러 가지 형태의 기부가 있다.

개인 선물

개인적으로 선물하기로 마음먹었다면 쇼핑을 하러 가기 전에 계획을 세워야 한다. 가장 중요하게 생각할 것은 예산을 확실하게 세우는 것이다. 너무 감정만 앞세우다 나중에 금전적인 곤란을 겪으면 낭패다. 현실적인 예산을 세워 수첩 오른쪽 위 공란에 적어라.

먼저, 선물을 주고 싶은 사람들의 목록을 작성한다. 각 사람의 이름 옆에 주고 싶은 선물 한두 가지를 쓰고 예상 금액을 적는다. 그런 다음 각각의 금액을 합산한다. 대부분의 경우 총액은 처음 생각한 예산을 넘게 된다. 그러면 사람 수를 줄이거나 선물 비용을 줄여서 처음에 정한 예산에 맞춘다. 카드로 대신할 수도 있다.

다른 사람에게 맞추려고
애쓰지 않는다

지난주에 예산에 맞춰 선물을 사는 일에 성공했다면, 재정적으로 곤란함을 겪지 않을 것이다. 이번 주에는 시간 예산에 대해 생각해 보자. 지난주와 마찬가지로 감정을 앞세우지 말고, 침착하게 대응하면 된다. 이제, 12월에 가장 시간을 많이 잡아먹는 연말 회식에 대처하는 법을 알아보자.

연말 회식

대부분의 회사에서는 12월에 회식을 한다. 1년 동안 고마웠다는 의미로 회식을 갖는 것은 확실히 이해할 만하다. 그리고 이런 회식이 재미있을지 또 누가 아는가! 하지만 그런 모임은 가족이나 친구들 모임보다 우선시 된다. 연말 회식이 즐겁기보다 의무사항으로만 느껴진다면 그저 시간을 잡아먹는 모임일 뿐이다. 다음 사항을 고려해 보자.

1 아주 먼 장소에서 열리는 회식은 일하는 시간을 많이 뺏는다. 교통량이 많을 때 운전하는 것은 시간 낭비다. 혼잡한 퇴근길 교통 상황이 끝나고 난 후 사무실에서 나와 회식 중간에 도착하거나 맨 처음 도착했다가 일찍 빠져나와서 집에서 한 시간 정도 일을 할 수도 있다.

2 모든 회식에 참석하려고 애쓰지 마라. 당신을 회식 자리의 꽃이라고 생각하는 그 사람들은 당신이 시간에 쫓겨 제대로 일을 하지 못했을 때 실망할 사람들이다.

3 이 책에서 선택의 중요성에 대해 말한 적이 있다. 제때에 맞춰 일을 끝내는 것이 회식 자리에 참석하는 것보다 훨씬 가치 있는 일이다. 그리고 당신 자존감에 대한 문제이기도 하다.

회식에 가느냐 마느냐

당신은 몇 달 동안 이런 저런 형태로 노력해 왔으므로 이제 우선순위 정하기에 능숙해졌을 것이다. 지금은 일과 관련된 사항뿐 아니라 삶의 모든 것을 우선순위라는 저울에 올려놓고 무게와 가치를 가늠해야 할 때다. 옳은 길을 가기 위해 스스로 해야 할 질문이 몇 가지 있다.

1 이 회식이나 친목 모임이 당신의 사회생활에 얼마나 큰 영향을 미

치는가?

2 당신이 얼굴이라도 비치지 않으면 고객이나 회사 상사가 기분 나
빠 하는가?

3 당신은 회사를 대표하는 주요 인물인가? 아니면 그냥 재미있는 일
을 찾는가? 당신이 초대에 응하려고 하는 이유를 이해하는 데 도움
이 되는 질문이다.

4 이 모임 때문에 일하는 시간을 다른 날로 미뤄야 하는가? 현실적으
로 볼 때 일의 기한에 맞출 수 있는가? 만약 그렇다면 일주일의 스
케줄을 다시 짜라.

몰려드는 일은
우선순위로 대응하라

회사 일이 연말에 몰리다 보면, 당신에게 더 많은 일을 하라고 요구할 수도 있다. 이럴 때 필요한 것이 우선순위 정하기다. 목표를 모두 이뤄야 할 그날부터 거꾸로 세어 일정을 다시 짜고, 연말 휴가 등 보상을 생각하며 일해 보자.

늘어난 업무량 조절하기

갑자기 업무량이 많아지면 당신은 반사적으로 잠을 덜 자고 일을 더 하며 그냥 밀어붙이려 할 것이다. 이제 여기 제시한 몇 가지 단계를 고려해서 일을 해보자.

1 당신에게 주어진 새로운 프로젝트를 중요도 순서나 마감 기한 순

서로 늘어놓는다.

2 각각의 프로젝트를 끝내기 위해 꼭 필요한 단계들을 목록으로 만든다.

3 목록이 만들어졌으면, 달력에 항목별로 해야 할 일정을 써 넣는다. 이렇게 함으로써 일이 제대로 되어 가고 있다는 느낌을 받을 수 있고 일에 대한 부담감도 줄어든다.

4 새 마감 기한에 맞춰 일정을 다시 조절하자.

5 새로운 프로젝트에 관해서 서류철을 만들고, 새로운 자료들이 도착하는 대로 보관하라.

6 제일 긴박한 프로젝트를 수행할 때, 비서나 다른 동료가 도와줄 수 있는 부분이 있는가? 이것은 특히 큰 회사에서 가능한 방식이다. 1년 중 각각의 부서가 바쁜 시기가 모두 다르기 때문이다. 당신의 파견 요청이 빈둥거리면서 놀고 있는 한 사람을 구제해 줄 수도 있다.

다시 말하지만, 이렇게 준비하는 데는 시간이 걸린다. 준비 단계 없이 닥친 일을 서둘러 해치우고 싶겠지만, 잠시 숨을 돌리고 한 발 물러서 보자. 시간을 갖고 이런 단계를 밟아 나가면서 얼마나 쉽게 일을 끝낼 수 있는지 지켜보자. 처음 생각했을 때보다 훨씬 더 많은 회식 자리에 참석할 수 있게 될지 누가 아는가?

병가와 여행

병가와 여행을 같은 항목 안에서 다루는 게 놀라울 수도 있다. 하나는 골칫거리를 대변하고 다른 하나는 즐거움을 대변하는 것이니까. 그러나 이 두 가지는 당신의 일정 관점에서 보면 양날의 검이다. 어느 쪽이든 부재중이라는 사실에는 변함이 없다.

흔히 사람들은 자기 자신 외에는 정보에 접근하지 못하도록 한다. 나는 이런 고객들을 만나면 구체적인 직무 해설서를 쓰라고 제안한다. 그들이 회사를 떠날 때 새로 온 사람은 최소한 어떤 시스템이 있는지의 단서 정도는 얻을 수 있다. 직장에서 휴가 여행 관련 장애물을 처리할 수 있는 몇 가지 팁이 있다.

1 동료가 연휴 기간에 여행을 떠나려고 한다면, 그의 부재가 당신의 일과 마감 기한에 미치는 영향을 당신이 정확히 알고 있는지 확인하라. 그 프로젝트를 진행시키기 위해 필요한 특별한 자료를 그에게 요청하고, 자료가 마련되어 있지 않다면 어떻게 자료를 준비할 수 있는지 물어 보라.

2 사람들은 자신의 자료를 공유하는 데 불안감을 느낀다. 행여 누군가 자신의 일을 가로채서 공을 세울까 두려워해서다. 동료에게 우리가 같은 팀이고 우리 둘 모두를 위해 자료를 요청하는 것이라고 안심시켜라. 그래도 반응이 없으면 관리자나 팀장에게 말하는 것도 신중하게 고려해 보라. 이 방법은 최후의 수단이다.

3 2인조를 만들어 일을 할 수도 있다. 휴가 때 내 일을 맡아서 해줄 수 있다면 나도 그렇게 해준다. 우리는 모두 다른 강점과 약점이 있다. 각자의 강점과 약점을 강화하고 보완할 수 있다면 일의 능률이나 성과가 더 좋을 수 있다.

4 당신에게 조수가 있다면, 프로젝트 기한을 그가 알고 있는지 확인해야 한다. 그는 당신을 도와주는 사람이므로 그를 잘 활용하자. 그리고 누가 아는가? 그가 프로젝트에 도움이 될 만한 새로운 아이디어를 제공해 줄지.

5 마지막으로, 예상치 못한 일로 프로젝트를 기한 내에 해낼 수 없다고 판단되었을 때, 아무 말 없이 숨어 비리지 밀라. 팀상이나 고객에게 곧바로 이야기해야 한다. 누구나 연말엔 마감 압박을 느끼기 때문에 일이 쉽게 풀릴지도 모른다. 대화와 소통으로 해결해 보자.

유쾌하게
마무리하라

당신이 1년 동안 얼마나 많은 것을 했는지 잠시 뒤돌아보라. 올해 시도한 새로운 습관들 중 몇 가지나 몸에 배어 정착되었는가? 아직까지 아무 생각 없이 습관대로 하고 있는 일은 몇 가지나 되는가? 당신은 시간이든, 돈이든, 에너지든 뭐든 절약해서 좀 더 능률적으로 일할 수 있는 단계를 밟아 왔다. 그것은 선택의 문제였다. 아니, 결정의 문제였다.

과거에 반복한 일상의 습관은 도움이 되지는 않지만 익숙해서 편안했다. 새로운 습관도 계속 반복하면 곧 익숙해지고 편안해진다. 지금 원하던 만큼 정리된 상태가 아니라서 속상한가? 너무 자책하지 마라. 자신을 믿고 계속 노력하면 남들이 부러워하는 단계에 이를 것이다. 포기하지 않으면 된다.

올해의 마지막 주에 당신은 올해를 마무리하고 연말연시를 즐길 준비를 하고 있을 것이다. 그래서 더 이상 실천할 일은 주지 않겠다. 다만 몇 가지 질문이 있다.

지금까지의 상황 평가하기

이제 미래를 바라볼 시간이다. 크리스마스부터 새해까지는 옛것을 청소하고 새로운 것을 세우는 시기다. 외면적으로도 청소를 하고 버리지만, 내면적으로도 마음속 거미줄을 치우고 오랫동안 꿈꾸던 세계를 세워야 할 때다. 당신이 원하는 새해를 맞이하기 위해 연습할 몇 가지를 소개하겠다.

1 당신의 일상생활을 가장 많이 바꿔 놓은 직장이나 가정에서의 습관은 무엇인가? 각각에서 적어도 다섯 가지는 쓰기를 바란다. 이 습관 중에 범위를 확장하고 생활에 더 적용시킬 수 있는 것이 있는가? 생활이 좀 더 매끄럽게 진행되도록 몇 가지 습관들을 엮어서 실행해 볼 생각을 해보았는가?

2 시도하자마자 바로 포기해 버린 습관이 있는가? 왜 이 습관을 포기했는지 이유를 생각해 봤는가? 모든 습관을 꼭 실천해야 하는 것은 아니지만 포기한 이유는 알고 있어야 한다. 몇 가지 습관은 너무 어렵고 귀찮아서 포기했는가? 그랬다면 나는 그럴 수 있다고, 괜찮다고 말해 주고 싶다. 나는 각각의 습관들을 모두 특별한 이유로 선택했고, 실제로 그들은 잘 조화를 이룬다. 당신의 일상생활이 더 나아질 수 있도록 한 번 더 기회를 갖는 것이 어떤가?

3 내년 사회생활의 목표는 무엇인가? 구체적으로 써라.

4 1년 전과 비교해서 달라진 점은 무엇인가? 이것도 구체적으로 써라.

- 직장에서 더 편안해진 것을 느끼는가?
- 새로운 서류 정리 시스템으로 생활이 더 쉬워졌는가?
- 정리 시스템을 도입해서 업무 단계가 간소화되고 생산성이 높아졌는가?
- 우선순위 정하기가 되는가?
- 스트레스가 줄었는가? 짧은 명상이나 운동의 도움을 받았는가?
- 당신의 변화가 동료에게도 영향을 미쳤는가?

위 질문들이 이번 주에 가장 중요한 내용이다. 지금까지 한 정리법이 당신의 직장생활에 미친 영향을 알 수 있게 해주기 때문이다.

이제 정리 시스템을 갖췄으니 매일 매일 유지하기만 하면 된다. 만약 올해 당신이 원하던 만큼 시스템을 갖추지 못했다면 내년에도 계속해서 노력하면 된다. 지금까지 이룬 것을 자랑스럽게 생각하라.

정리법은 균형이 핵심이다. 사회생활 이외의 시간을 정리하는 데 다 쓰지 마라. 정리에 대한 기술을 습득해서 나머지 시간을 자신을 위해 잘 활용하는 것이 정리의 목적이다.

나와 만나기

'하나를 보면 열을 안다'는 말이 있다. 당신의 집과 사무실은 마치 하나처럼 겹쳐질 것이다. 사무실이 정리되었다면, 정리 안 된 집이 불편하게 느껴질 것이다.

나는 이 책으로 당신의 직장생활이 좀 더 쉬워졌기를 바란다. 혼란 상태가 정돈되면, 우리는 '마음의 소리'에 귀를 기울일 수가 있다. 당신은 아무도 대신할 수 없는 세상에서 유일한 한 사람이다. 내면이 이끄는 소리를 따라 내년 한 해도 건승을 빈다!

✚ 플러스 정보 ──────────────── 소망 게시판 만들기

맨 처음에 소망 게시판을 만들라는 제안을 했는데 1년 내내 그 일에 대해 언급하지 않았다는 사실을 눈치챘는지 모르겠다. 소망 게시판은 지금 시기에 만들면 좋다. 자신의 목표가 확실하게 와 닿는 사진을 찾아 붙어 보자. 보는 것이 믿는 것이다.

행복 실천하기

- 일정에 지장을 주지 않고 지인들끼리 연말 파티를 즐기고 싶다면, 지금까지 배운 정리법을 기초로 계획을 세워 보자.
- 연말의 분주한 일정으로 혼란스럽다면, 우선순위 정하기와 달력을 활용해 일을 처리하자. 깔끔하게 정리될 것이다.
- 내년에 이루고 싶은 목표를 구체적으로 세워 보자. 올해 당신이 실천한 '21일 행복습관'이 그것을 이루어 줄 것이다.

행복은 삶의 방향성에 달려 있다

"어디다 뒀더라?"는 단순히 건망증을 나타내는 말이 아니다. 물건을 찾는 데 많은 시간을 소비하는 습관은 자신의 공간에 속한 물건과 시간을 통제하지 못한다는 뜻으로 해석해야 한다.

이런 생각은 지난 여름, 화제를 몰고 왔던 TV 프로그램 〈화성인 바이러스〉의 '쓰레기와 동거 중인 23세 난장판女' 편에 출연하면서 다시 한 번 느낀 점이기도 하다.

촬영장에 도착해서 쓰레기 썩는 악취가 나는 집과 그 집과는 너무나 대조적인 집주인의 '멀쩡한' 모습에 충격을 받았다. 5시간 넘게 청소하고, 해충 박멸하고, 집 안 물건을 정리해 주면서 만감이 교차했다.

집주인은 집이 이렇게 된 특별한 이유가 있는 것이 아니라 "일이 너무 힘들어서 치우는 걸 미루다 보니 어질러진 것뿐이다"고 말했다. 그런데 아이러니하게도 그렇게 귀찮아서 미룬 일이 아무리 피곤해도 샤워 한 번 하려면 찜질방까지 가게 만들고, 냄새를 없애려고 에어컨을 1년 내내 가동하게 만들었다. 벌레 때문에 불을 끄고 잠을 잘 수도 없었다.

그녀는 시간과 노력, 돈이 배로 들어갈 수밖에 없는 상황이 되자 스스로도 견디지 못해 방송 신청을 하게 된 것이다. 그녀의 태도가 옳다 그르다를 떠나 내 눈에는 그녀 또한 고달픈 직장인 중 한 명으로 보였다.

정리컨설턴트란 일을 하면서 직장인들이 겪는 어려움에 크게 공감했다. 과거와 달리 평생직장이란 개념이 없어진 지금, 우리는 매일 매일 쫓기듯 뜀박질을 하다 보니 어디로 가는지도 잊은 채 속력 내기에만 열을 올리고 있다. 길을 잃은 상태에서 불안하고 초조한 것은 당연한 일이다.

그러나 직장이 전쟁터로 인식되어서는 안 된다고 생각한다. 과장하거나 축소하지 말고, 달라진 환경에 직면했을 때 느끼는 스트레스의 실체를 있는 그대로 보려는 노력이 필요하다.

직장인들이 느끼는 스트레스는 시간 관리에서부터 업무 공간을 지배하는 서류, 이메일 그리고 인간관계 등에서 기인한다. 이런 문제는 시간 관리를 포함한 정리 습관을 통해서 해결할 수 있다.

정리 습관과 시간 관리의 연계성은 그동안 시간 관리 분야의 책을 통해 꾸준히 소개되었다. 시간이라는 보이지 않는 대상을 통제할 수 있는 구체적인 실행법은 정리 습관이기 때문이다. 미국에서는 이런 부분이 일찍 실용화되어 소위 '정리전문가' 들이 어려움을 겪는 사람들을 도와주고 있다. 저자는 그 분야에서 20년을 일한 전문가 중에서도 전문가다.

그동안 시간 관리 분야 책을 많이 읽었지만, 주로 필요성만을 강조하거나 슈퍼맨이나 할 수 있을 것 같은 수많은 지침만 내려 줘 실제로 활용하기에는 어려움이 많을 거란 생각을 했다.

그러나 이 책 《행복 플래너》는 그런 점들을 보완해 스스로 자기 인생의 설계자, 플래너가 될 수 있도록 도와주고 있다. 저자의 수많은 경험을 들어 쉽게 풀어 쓴 것은 이 책의 장점이라 하겠다.

이 책을 통해 잃어버린 삶의 방향을 되찾고, 자신에게 맞는 변화법을 찾길 바란다. 그로 인해 자신이 노력한 만큼 성과를 이루고, 올해는 그에 걸맞은 보상을 받을 수 있길 진심으로 바란다.

국내 1호 정리컨설턴트

윤 선 현

●　　　'희생자란 없다. 다 자신들이 원한 결과다' 란 말이 있다. 삶을 더 좋게 만들 방법들을 알고도 모른 체한다면 그 결과는 본인의 책임이다. 반드시 실천을 권한다. 조금만 바꿔도 일상이 달라질 것이다.

그러나 다 실천하기가 부담스럽다면, 일단 당신의 상황과 필요에 따라 아래 실천법을 고르기 바란다. 건강하려고 먹는 음식도 사람에 따라 다르듯 각자의 행복 레시피는 다를 수 있다. 질문의 끝에 있는 숫자는 관련 페이지다.

변화의 첫걸음, 나와 마주하기

내 마음이 원하는 방향을 알 수 있는 구체적인 방법이 있을까?　27~30, 36~37

왜 일을 미루게 될까?　133~141

정리의 모든 것, 규칙적인 일과

바쁜 아침 시간을 여유롭게 보낼 방법은 없을까?　43~47

일정 관리는 어떻게 해야 할까?　150~154, 158~160, 174~189, 342~343

출퇴근 시간을 활용할 방법이 있을까?　274~278

회복의 공간, 휴식

긴장을 풀고 여유를 되찾으려면 어떻게 해야 할까?　24~25, 226~232

세상에서 가장 쉬운 21일 행복 실천법

행복 플래너

초판 1쇄 인쇄 2011년 12월 7일
초판 1쇄 발행 2011년 12월 12일

지은이 | 레지나 리즈
옮긴이 | 이고은

펴낸이 | 김명숙
펴낸곳 | 나무발전소
기획 · 편집 | 류선미
교   정 | 신순자

등록 | 2009년 5월 8일(제313-2009-98호)
주소 | 서울시 마포구 합정동 358-3 서정빌딩 7층
이메일 | tpowerstation@hanmail.net
전화 | 02)333-1962
팩시밀리 | 02)333-1961

ISBN 978-89-962747-8-0 13320

＊책값은 뒤표지에 있습니다.